·彩图版·

龚书铎⊙主编

白话精编二十四史

○卷·新唐书 新五代史

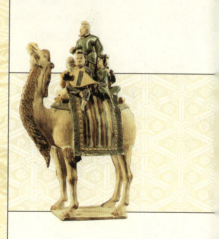

巴蜀书社

白话精编
二十四史 第七卷 新五代史 新唐书

图书在版编目（CIP）数据

白话精编二十四史／龚书铎主编 .—成都：巴蜀书社，
2016.10

ISBN 978-7-5531-0739-4

Ⅰ．①白… Ⅱ．①龚… Ⅲ．①中国历史－古代史－纪
传体②二十四史－译文 Ⅳ．① K204.1

中国版本图书馆 CIP 数据核字（2016）第 231862 号

白话精编二十四史 第七卷　　　　　　　　　　**龚书铎 主编**

策划组稿	林建
责任编辑	施维　张照华　肖静　封龙　童际鹏　张亮亮
出　版	巴蜀书社
	成都市槐树街2号　邮编610031
	总编室电话：（028）86259397
网　址	www.bsbook.com
发　行	巴蜀书社
	发行科电话：（028）86259422 86259423
经　销	新华书店
制　作	日阅图书（www.rzbook.com）
印　刷	天津市光明印务有限公司
版　次	2016年10月第1版
印　次	2016年10月第1次印刷
成品尺寸	165mm×230mm
印　张	160
字　数	3000千字
书　号	ISBN 978-7-5531-0739-4
定　价	298.00元（全十卷）

前 言

　　鲁迅先生曾说："历史上写着中国的灵魂，指示着民族的未来。"中国的历史，无疑是我们国家和整个华夏民族的灵魂所在。从有文字以来，中国人就对历史的记述有着浓厚的兴趣。"左史记言，右史记事"滥觞于前，孕育了中国几千年来持续不断的历史记述制度，不仅"世有史官"，而且设立专门的著史机构；除了国家专门组织的著史工作之外，大量的私人著史活动也是风起云涌，从不同的角度，以不同的观念并在不同的深度和广度上反映了历史的真实，从而形成了一股汹涌澎湃的文化思潮，影响深远。

　　在这样的制度和文化背景下，几千年来，中国产生的历史著作可谓汗牛充栋，为了有所区别，于是产生了"正史"和"野史"之分。在浩如烟海的历史著作中，就正史而言，"二十四史"无疑是其中的佼佼者，是中国历史文化遗产中的璀璨明珠。

　　作为正史总集的"二十四史"是中国史学主干，由清乾隆帝钦定后，正史遂成为"二十四史"的专有名称。它从《史记》（司马迁著）至《明史》（张廷玉等著）共计24部、3243卷，约4000万字。"二十四史"的著作年代前后相差计1800年，是世界图书史上独有的巨著。

　　"二十四史"全部按照纪传体的形式，采取以人物为中心、以时间为顺序的方式记事，完整、系统地记录了从传说中的黄帝到明朝末年四千多年间中华民族形成、发展、融合、兴旺的历史轨迹，全面展示了历代王朝的兴亡盛衰规律，翔实而细致地记载了各个历史时期的经济、政治、文化、科技、军事、疆域、民族、外交等多方面内容以及宝贵的历史经验教训。

　　为了让读者能够轻松阅读这一皇皇巨著，我们编撰出版了这部《白话精编二十四史》，从24部史书中选取具有代表性的精华篇章编译为白话，遵循"信达雅"的原则，保持原书风貌，浓缩原著精华。为了适应现代读者的审美需求，本书打破了传统正史读物的条条框框，版式设计新颖别致，书中插配了近千幅与史书内容相关的绘画、书法、建筑、陶瓷、金银器等精美图片，通过这些元素的完美结合，将读者带进一个真实而多彩的历史空间，让读者全方位、多角度地去感受中华文明和华夏民族智慧之所在。

新唐书

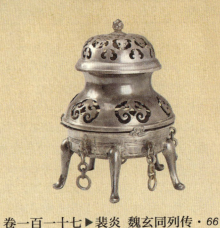

新五代史

新唐书

新唐书

首都师范大学历史学院教授 博士生导师
阎守诚

　　《新唐书》是北宋欧阳修、宋祁等撰，记述唐朝（618～907）历史的纪传体史书。全书225卷，包括"本纪"10卷、"志"50卷、"表"15卷、"列传"150卷。书名原为《唐书》，虽然成书三十年后就有人称之为"新书"或"新唐书"，但正式题为《新唐书》是始于清武英殿本。北宋重修唐书，是认为后晋所修唐书（即《旧唐书》）"纪次无法，详略失中，文采不明，事实零落"。原因是修撰者身处五代乱世，资料缺失，编撰粗疏。《新唐书》于嘉祐五年（1060）修成，历时17年。主持修书的欧阳修、宋祁是享有盛名的文史大师，参与修书的吕夏卿、宋敏求、刘羲叟、梅尧臣都是著名学者。

　　《新唐书》的优点是"其事则增于前，其文则省于旧"。"事增"是和《旧唐书》相比，所载史事丰富，尤其是中晚唐的史事大为充实。"文省"是指文词典雅、简洁。但为了追求事增文省，因而有不少删节失实的地方。

　　《新唐书》的另一个优点是"表""志"翔实。新书诸"志"比旧书详细，《食货志》由原来的2卷增至5卷，《地理志》由4卷增至8卷。并且新增写了《兵志》《选举志》和《仪卫志》，在正史中是第一次，为《宋史》此后诸史沿袭。旧书无"表"，新书恢复《史记》设"表"的传统，立宰相、方镇、宗室世系和宰相世系4"表"，便于查阅。从总体上看，新、旧《唐书》各有所长，都是研究唐史的基本史籍。

玄宗本纪

唐 玄宗李隆基当政期间，唐朝由盛转衰。年轻时，他胸怀大志，发动兵变，铲除了韦后等人，并诛杀了太平公主。即位之初，他励精图治，知人善任，启用了姚崇、宋璟、张九龄等一批贤臣，并开拓边境，威震突厥、吐蕃等国。在他统治的开元年间，唐朝国富力强，创造了历史上有名的开元盛世。然而，在统治的后期，他宠爱杨贵妃，并任用李林甫、杨国忠等一批嫉贤妒能的奸相。同时，他信任边将安禄山，并委以重任，导致安禄山兵力强盛，不受朝廷节制，最终发动了历史上有名的"安史之乱"。这场叛乱虽然平定下来，但从此以后，唐朝元气大伤，地方割据势力越来越强大，国运也由盛转衰。

【发动兵变】

唐玄宗李隆基，是唐睿宗李旦的第三个儿子。他相貌英俊、体格勇武，自小聪慧，骑射、音律、历算、天文之类，样样精通。他最初被封为楚王，后来改封为临淄郡王。

景龙四年（710），他前往京师觐谒中宗，敏锐地洞察到了朝廷潜伏的阴谋，因此借故留在京师，以伺其变。果如所料，不久韦皇后就谋杀了中宗，执掌了朝政大权，一时朝廷震荡，人心惶惶。玄宗趁机与太平公主的儿子薛崇简、尚衣奉御王崇晔、公主府典签王师虔、朝邑尉刘幽求、苑总监钟绍京、长上折冲麻嗣宗、押万骑果毅葛福顺和李仙凫、道士冯处澄、僧普润密谋讨伐韦后。有人提议应事先告知相王李旦。玄宗说："不能告诉相王。此事成败未卜，如果他同意我们的计策，这会使他也卷入危险之中；如果他不同意，我们的行动就要破产了。"

于是，在一个漆黑的夜晚，借着夜幕的掩护，玄宗与刘幽求率领羽林兵，偷偷潜入禁苑，同时葛福顺、李仙凫等人，率领万骑攻打玄武门。当玄宗一行来到两仪殿时，宿卫的禁兵早已得知风声，纷纷响应，杀死了韦后。天亮以后，李隆基才告诉相王。相王流着泪说："幸亏靠你，我才能幸免于难。"于是玄宗被任命为殿中监、检校陇右群牧大使等职。

睿宗即位后，玄宗被立为皇太子。景云二年（711），玄宗以太子身份监国，并有权任免六品以下的官员。延和元年（712），占星官员说："帝座的星象将有变动。"睿宗说："太子贤德，我已决意传位于他，以避灾祸。"七月，睿宗下诏，传位于皇太子李隆基。

【励精图治】

开元初年，玄宗皇帝励精图治，勤于政事。太平公主自恃公主的身份，骄纵不法，肆无忌惮。鉴于前朝女主乱政的教训，玄宗即位不久，就果断诛杀了太平公主及其党羽。同时，他提拔贤能，任用了大批贤臣，如宋璟、姚崇等人，让他们执掌宰相等要职，成为他的股肱之臣。对于老百姓，他施行仁政，诏令停止那些不必要的营造建设，以避免劳民伤财。同时他放宽刑罚，削减了很多囚犯的刑期，并让地方官员收葬暴露野外的遗骸。

开元元年（713），皇后亲自养蚕种桑，以做天下人的榜样。次年，他在前殿当着众多朝臣的面，焚毁掉许多价值连城的珠玉锦绣，以杜绝王公大臣的奢华之风。这年八月，他又汲取历朝的昏君乱臣的教训，禁掉女乐歌伶。鉴于吐蕃等外族对边境的威胁，他重视军备，在骊山讲武，检阅军队，并派遣军队征伐契丹……因为这种种有力的措施，唐朝很快国威大振，使邻国大受震动，以致吐蕃遣使前来求和。当突厥前来犯边的时候，面对强大的唐朝军队，他们大败而归。因为玄宗的德政，以及大唐强盛的国力，开元三年，突厥部的三姓葛逻禄甚至率领着大量的部众前来归附。然而，尽管吐蕃遣使求和，却一再背叛盟约，派兵骚扰唐朝边境。开元四年，吐蕃入寇松州（今四川松潘），被松州都督孙仁献击败，吐蕃再次求和。开元五年二月，河南、河北发生大规模蝗灾、水灾，庄稼歉收，玄宗体恤民情，免去受灾地的税赋。

开元六年（718）正月，突厥再次请和。二月，朔方道行军大总管王晙率兵讨伐突厥。八月闹旱灾，玄宗亲自审问囚犯，平复冤案，并减免囚犯的刑罚。十月，玄宗赐帛给河南府、怀州、汝州和郑州的父老。十一月，给宗室的后裔封赏官职。开元七年闰七月，因为旱灾，玄宗避开正殿，停止太常的音乐，并削减膳食。开元八年正月，宋璟被罢免宰相职务。三月，免除遭受水旱之州拖欠的赋税，并免除戍边或征战的士兵家属一年的徭役。九月，突厥入侵甘州和凉州，凉州都督杨敬述与突厥交战，被突厥打败。契丹也入侵边疆，朝廷任命王晙和韦抗率兵加以讨伐。

❀ 照夜白图卷·唐·韩幹

"照夜白"是唐玄宗李隆基的坐骑。此图用笔简练，线条纤细道劲，马身微加渲染，雄骏神态已表现出来。

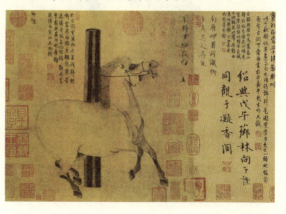

开元九年（721）二月，突厥再次请和，玄宗下诏免除了全国七年以前拖欠的赋税。四月，兰池胡人康待宾入侵边境。五月，玄宗赦免了死囚犯和流放充军的犯人。七月，王晙擒获了康待宾。八月，兰池胡人康愿子入侵边地。开元十年四月，张说被任命为朔方军节度大使。五月，突厥再次遣使请和。九月，张说在木盘山打败了康愿子，并将他活捉。吐蕃攻打小勃律，被北庭节度使张孝嵩击败。开元十一年正月，减轻了东都囚犯的刑罚，流徙以下的罪行的犯人全部被赦免。受赡养的老人全部赐予物品。皇上又停留潞州（今山西长治），免除百姓的五年徭役。又赦免太原府的囚犯，免除百姓的一年徭役，贫穷人家则免除三年，功臣之家免除五年。又赐予八十岁以上的老人为名誉县令，妇女为名誉县君夫人。四月，玄宗任命张说为中书令，吏部尚书王晙为兵部尚书、同中书门下三品。

开元十三年（725）正月，皇帝派遣使者，安抚天下的州郡，并收葬朔方、陇右、河西等地阵亡的将士尸骨。三月，玄宗封皇子李潭等为王。十一月，皇帝到泰山封禅，并大赦天下。御驾经过之处，都免除一年的徭役。又特许天下人尽情聚饮七天。玄宗又来到孔府，用牛羊等做祭品，祭祀孔子，免除墓地附近五户人家的徭役。开元十四年二月，张说被罢免宰相职务。

开元十五年正月，河西、陇右节度使王君㚟在青海打败了吐蕃。九月，吐蕃入寇瓜州，擒获了刺史田元献。接着又入侵安西，被安西副大都护赵颐贞击败。同月，回纥攻打甘州，王君㚟战死。开元十六年正月，赵颐贞再次在曲子城击败了吐蕃。七月，吐蕃入侵瓜州，被刺史张守珪打败。接着，陇右节度使张志亮等人在大莫门城与吐蕃交战，再传捷报。八月，吐蕃在祁连城被唐军击败。九月，因为久雨不晴，

鹡鸰颂·唐·李隆基

皇帝再次下诏，减免囚犯的刑罚。开元十七年二月，嶲州都督张审素攻克了云南的昆明城和盐城。三月，张守珪和吐蕃在大同军交战，吐蕃战败。这一年，萧嵩被任命为中书令。十一月，皇帝遍拜祖宗的陵墓，并大赦天下，免去当年一半的赋税。玄宗又褒扬百姓中孝敬父母者，以及义夫节妇等，免除他们的终身徭役。沿途迎接皇帝的各州县，也被免除当年的徭役，士兵等也有所赏赐。

开元二十一年（733）正月，皇帝临幸温泉宫。闰三月，幽州副总管郭英杰与契丹会战于都山，郭英杰战死。十二月，萧嵩、韩休被罢免了宰相。张九龄受到皇帝的器重，被任命为中书侍郎等职。次年，张九龄被擢升为中书令。六月，幽州节度使张守珪将俘获的奚部和契丹的战俘献给朝廷。十一月，下诏免除关内、河南等地农田不满百亩的百姓当年的赋税。十二月，张守珪与契丹交战，斩杀了契丹王屈烈。开元二十三年正月，皇帝下诏，戍边的士兵如果家中有父母年过七十的，士兵就可以回家奉养双亲，并让百姓尽情聚饮三天。八月，玄宗下诏免除了鳏寡孤独之人当年的赋税。十月，突骑施侵犯边地。开元二十四年正月，北庭都护盖嘉运打败了突骑施。八月，突骑施请求和谈。十一月，裴耀卿、张九龄被罢免了宰相职务，李林甫兼任中书令，逐渐受到皇帝的宠信。朔方军节度副大使牛仙客被擢升为工部尚书、同中书门下三品。

开元二十五年（737）三月，张守珪在捺禄山打败了契丹，河西节度副大使崔希逸在青海打败了吐蕃。四月，玄宗废掉了皇太子李瑛，以及鄂王李瑶、光王李琚，并将他们处死。开元二十六年正月，牛仙客被任命为侍中。玄宗下诏将京兆府的稻田赐给贫民，并禁止王公进献珍宝。六月，忠王李玙被立为皇太子。九月，益州长史王昱在安戎城被吐蕃打败。开元二十七年二月，群臣上献尊号，尊称玄宗为"开元圣文神武皇帝"，并大赦天下。八月，碛西节度使盖嘉运在贺逻岭击败了突骑施，并活捉了可汗吐火仙。河西、陇右节度使萧炅也打败了入侵的吐蕃。开元二十八年十月，皇帝临幸温泉宫，让寿王的妃子杨氏（即杨贵妃）做道姑，号太真。因为徐州和泗州二州无法养蚕，免除了两州当年的赋税。开元二十九年五月，皇帝下诏，访求通晓《道德经》《庄子》《列子》《文子》等书的有道之人。

【为政昏朽】

天宝元年（742）正月，玄宗大赦天下，并更改年号。下诏京师的文武百官毛遂自荐担任州刺史。十二月，陇右节度使皇甫惟明在青海打败了吐蕃，河西节度使王倕攻克了吐蕃的渔

白话精编二十四史

第七卷

海、游奕军等地，朔方军节度使王忠嗣在紫干河追上并打败了奚人，进而出兵讨伐突厥。天宝二载四月，皇甫惟明攻克了吐蕃的洪济城。天宝三载八月，拔悉蜜攻打突厥，杀死了乌苏米施可汗，割下他的首级，前来进献朝廷。十二月，皇帝在东郊祭祀九宫贵神，并大赦天下，下诏让每户人家都收藏《孝经》一书。

天宝四载（745），王忠嗣在萨河内山打败了突厥。三月，皇帝将外孙独孤氏的女儿封为静乐公主，嫁给契丹松漠都督李怀节；杨氏的女儿封为宜芳公主，嫁给奚饶乐都督李延宠。八月，皇帝将杨太真册封为贵妃。九月，契丹、奚人都杀死公主，起兵反叛。皇甫惟明在石堡城（青海西宁市西南）与吐蕃交战，副将褚诩战死。天宝五载七月，朝廷处死了括苍郡太守韦坚、播川郡太守皇甫惟明。天宝六载正月，大赦天下，流放的官员中，年老者可以退职。三月，陈希烈被任命为左丞相。这一年，安西副都护高仙芝与小勃律国交战，并打败了敌军。天宝七载，群臣给皇帝上尊号，号为开元天宝圣文神武应道皇帝，并大赦天下，免除了百姓次年的租庸。

天宝十一载（752）二月，突厥部落阿布思侵犯边境。六月，御史大夫兼剑南节度使杨国忠在云南打败了吐蕃，攻克了故洪城。十一月，李林甫死了，杨国忠被任命为右丞相。天宝十二载六月，阿布思部落向朝廷投降，这年九月，阿布思被擒获。天宝

🔸 **唐明皇幸蜀闻铃处**

十三载二月，杨国忠被进封为司空。三月，陇右、河西节度使哥舒翰击败吐蕃，收复了河源九曲等地。五月，皇帝来到勤政楼，百官尽情宴饮，北庭都护程千里将被俘的阿布思献给朝廷。六月，剑南节度留后李宓在西洱河与云南蛮族交战而死。

天宝十四载三月，安禄山在潢水打败了契丹。十一月，安禄山反叛，攻陷了河北诸郡。范阳守将何千年杀死了河东节度使杨光翙，归附叛军。皇帝任命伊西节度使封常清为范阳、平卢节度使，讨伐安禄山。郭子仪被任命为朔方军节度副大使，与太原尹王承业、河南节度采访使张介然、上党郡长史程千里一道，共同讨伐安禄山。十二月，安禄山攻陷了灵昌郡，接着攻陷陈留郡，活捉了太守郭纳，

张介然被杀。安禄山势不可当，很快又攻克了荥阳郡。封常清在瓮子谷与安禄山交战，大败而逃。接着安禄山攻克了东都洛阳，河南尹达奚珣向安禄山投降。恒山郡太守颜杲卿打败并活捉了何千年，攻克赵、钜鹿等十四郡。封常清、高仙芝被皇帝处死。哥舒翰被任命为太子先锋兵马副元帅，镇守潼关，郭子仪在河曲打败了安禄山的部将高秀岩。此月，平原郡太守颜真卿、饶阳郡太守卢全诚、司马李正起兵讨伐安禄山。

【叛臣作乱】

天宝十五载（756）正月乙卯，安禄山攻陷恒山郡，擒获了颜杲卿等人，并随后攻陷了邺、广平等九郡。李光弼被任命为河东节度副大使，率兵讨伐安禄山。安庆绪侵犯潼关，被哥舒翰击败。二月，嗣吴王李祇在陈留打败了安禄山部将谢元同，李光弼攻克了常山郡，与郭子仪会师，打败了安禄山的部将史思明。三月，颜真卿攻克了魏郡。史思明入侵饶阳、平原等地。随后，张巡在雍丘打败了安禄山的部将令狐潮，李光弼也攻克了赵郡。五月，鲁炅在滍水被安禄山打败，逃跑到了南阳。六月，颜真卿在堂邑打败了安禄山的部将袁知泰。哥舒翰在灵宝西原遭遇到安禄山，被叛军打败。同一天，郭子仪、李光弼在嘉山打败了史思明。哥舒翰被部将擒获，向安禄山投降，于是潼关陷落。玄宗准备亲征，走到马嵬时，左龙武

大将军陈玄礼杀死了杨国忠等人，杨贵妃也被赐死。同一天，张巡在白沙坞打败了安禄山的部将翟伯玉。然而安禄山早已攻陷了京师。七月，皇上进驻普安郡，任命皇太子为天下兵马元帅，统辖朔方、河东、河北、平卢等地的节度使。随后，皇帝来到蜀郡，并大赦天下，所有受安禄山胁迫反叛但能归诚朝廷的人，都予以宽免。不久，皇太子在灵武即位，并奏报玄宗，玄宗派遣韦见素、房琯、崔涣等人前去册封皇帝。

至德三载（758）十月，肃宗收复了京师，奏报太上皇。十二月，太上皇从蜀郡返回，住在兴庆宫。上元元年（760），移居到西内甘露殿，后来在神龙殿去世，终年七十八岁。

论赞

赞曰：从高祖到中宗为止，几十年间，多次有女主擅权，唐朝的国运几次断绝而又得以延续。玄宗平定韦后的叛乱，起初他非常勤勉，励精图治，开元年间，出现了太平盛世；后来他忘记了居安思危，沉溺于各种声色之欲，以至于流亡失国而毫无悔悟之心。考察其为政的初期和末年，差别是多么大啊！治理国家的人，一定要引以为鉴啊！

宪宗本纪

新唐书 ●本纪●

唐 宪宗是唐顺宗长子，在位的十五年间，他勤勉政事，君臣同心同德，一心想复兴唐朝的国势。他以史为鉴，广开言路，积极听取群臣的意见，敢于任用果断有为的宰相，积极削弱藩镇的势力，重振中央政府的威望，并取得了显著成果，成就了唐朝的中兴气象。他是被后世评价较高的一位唐朝皇帝。然而，遗憾的是，他后来迷信神仙，不务朝政，最终被宦官陈弘志所杀。

▶【谋划削夺藩镇势力】

宪宗名叫李纯，是顺宗的长子。他的母亲是庄宪皇太后王氏，贞元四年（788），宪宗被封为广陵郡王。二十一年，被册立为皇太子。永贞元年（805）八月，顺宗下诏，命太子即位，是为宪宗。他刚刚即位，剑南西川节度使韦皋就死了，行军司马刘辟自称为留后。十一月，夏、绥、银等州的节度留后杨惠琳起兵反叛。

元和元年（806）正月，宪宗大赦天下，并更改年号。赐给文武百官以勋爵，百姓中高龄老人被赐予米帛羊酒。本月，长武城使高崇文被任命为左神策行营节度使，率领左右神策京西行营兵马使李元奕、山南西道节度使严砺、剑南东川节度使李康等人，发兵讨伐刘辟。太上皇在这月驾崩。刘辟攻陷了梓州，擒获了李康。三月，高崇文攻克了梓州，杨惠琳也被诛杀。六月，减免死罪以下犯人的刑罚，并向百姓中八十岁以上的老人家中赐粮

食和布匹等物。高崇文和刘辟在鹿头栅交战，将他击败。稍后，严砺又在石碑谷击败刘辟。次月，平卢军节度使李师古死掉了，他的弟弟李师道未经朝廷任命，自称为留后。不久，高崇文在玄武与刘辟交战，再次将他击败。八月丁卯，宪宗将皇子李宁等人分封为王。九月，严砺在神泉和刘辟交战，刘辟再次败北，高崇文也攻克了成都。十月，皇帝下诏，减免剑南东西川、山南西道当年的赋税，被刘辟胁迫叛乱的官员将领，也予以宽免释放。同时下诏收葬死亡的将士，供给其家属五年的粮食。刘辟很快就被诛杀掉了。

元和二年（807）正月，在太清宫献上贡品祭祀，并大赦天下，封赐文武官员以及皇室的后裔，高龄老人赐予米帛羊酒，并授予名誉官职。二月，邕管经略使路恕击败黄洞的蛮族，捉拿了他们的首领黄承庆。十月，镇海军节度使李锜反叛，杀死

了留后王澹。朝廷命淮南节度使王锷率兵加以讨伐。很快，镇海军兵马使张子良就捉拿了李锜。十一月，李锜被朝廷所诛杀。

元和三年（808）正月，群臣为宪宗上献尊号，号为"睿圣文武皇帝"，并大赦天下。六月，西原的蛮人首领黄少卿归顺朝廷。元和四年正月，宪宗免除了山南东道、淮南、江西、浙东、湖南、荆南等地的税赋。三月，成德军节度使王士真死亡，他的儿子王承宗自称为留后。闰月，适逢旱灾，京师减免没有杀人却被判死罪的犯人的刑罚，又禁止刺史在境内擅自厘定专卖税率，以及各道节度使上贡额外的贡物，并禁止黔中、福建等地掠夺良民作为奴婢，并削减飞龙厩喂养的马匹。七月，吐蕃请求和谈。八月，环王入侵安南等地，被都护张舟击败。十月，成德军节度使王承宗反叛，捉拿了保信军节度使薛昌朝。朝廷任命左神策军护军中尉吐突承璀率兵加以讨伐。十一月，彰义军节度使吴少诚死亡，他的弟弟吴少阳自称为留后。

元和五年（810）正月，左神策军大将军郦定进和王承宗交战，郦

定进战死。四月，河东节度使范希朝、义武军节度使张茂昭在木刀沟和王承宗交战，将他击败。七月，赦免了王承宗。幽州卢龙军节度使刘济死亡，他的儿子刘总自称为留后。十月，张茂昭献上易州和定州，归顺朝廷。此月，义武军都虞侯杨伯玉谋反被诛，义武军兵马使张佐元也因谋反而死。元和六年（811）闰十二月，溆州首领张伯靖反叛，并侵犯播州和费州。

元和七年（812）正月，振武境内黄河暴涨，毁坏了东受降城。四月，宪宗下诏让老百姓在每亩农田种上两棵桑树。八月，魏博节度使田季安死亡，他的儿子田怀谏自任为知军府事。十月，魏博的军士拥护田季安的将领田兴主持军事。皇帝减免死罪以下犯人的刑罚，并给文武百官承袭的子孙加官晋爵。此月，魏博节度使田兴献上魏、博、贝、卫、澶、相六州，归顺朝廷。十一月，宪宗赦免了六州官员的罪过，免除当地一年

唐宪宗淮蔡奏功

节度使严绥、忠武军都知兵马使李光颜、寿州团练使李文通、河阳节度使乌重胤联兵讨伐吴元济。元和十年（815）二月，严绥在磁丘和吴元济交战，被敌军打败。河东守将刘辅杀掉丰州刺史燕重旰，被处以死刑。三月，忠武军节度使李光颜在临颍与吴元济交战，将他打败。四月，他再次在南顿打败敌军。五月，又在时曲打败了吴元济。七月，王承宗有罪，因此取消他的朝贡。八月，李师道的部将訾嘉珍在东都反叛，被留守吕元膺击败。乙丑，李光颜在时曲与吴元济交战，大败。十一月，李光颜、乌重胤在小溵河打败了吴元济。接着，吴元济又在固始败于李文通之手。十二月甲辰，武宁军将领王智兴在平阴和李师道交战，打败了叛军。

元和十一年（816）正月，幽州卢龙军节度使刘总在武强和王承宗交战，打败了叛军。朝廷免除了邻近州县二年的赋税。二月，王承宗焚毁了蔚州。四月，李光颜、乌重胤在凌云栅和吴元济交战，打败了敌军。同时，刘总在深州和王承宗交战，官军再次获胜。朝廷免除了京畿等地拖欠了两年的赋税。五月，宥州士兵发生兵变，

的徭役，老年人、孤寡或残疾人，都被赐予衣物粮食，军士也得到了封赏。

元和八年（813）四月，黔中经略使崔能出兵讨伐张伯靖。五月，荆南节度使严绥也出兵讨伐。此年七月，剑南东川节度使潘孟阳加入到讨伐的队伍。最终，随着八月湖南观察使柳公绰的出兵，张伯靖终于投降。十二月，振武将领杨遵宪反叛，驱逐了节度使李进贤。

【平定吴元济割据势力】

元和九年（814）五月，因为旱灾，免除了京畿等地的夏税。闰八月，彰义军节度使吴少阳死亡，他的儿子吴元济自称为知军事。九月，山南东道

本纪

新唐书

驱逐了刺史骆怡，夏绥银节度使田缙平定了兵变。同月，云南的蛮人入侵安南。次月，蜜州海水泛滥。唐邓节度使高霞寓在铁城和吴元济作战，惨败而归。十一月，邕管经略使韦悦收复了宾州和峦州。十二月，西原的蛮人攻陷了岩州。

元和十二年（817）四月，唐邓隋节度使李愬在嵯岈山和吴元济交战，击败了吴元济的军队。同月，吴元济在郾城再遭重创，被李光颜击败。此后，吴元济一蹶不振，连连败退，五月，在张柴被李愬击败。八月，吴元济虽略有好转，在贾店击败了乌重胤的军队，但进入九月后，吴元济又在吴房被李愬打败。李愬一鼓作气，乘势在十月攻克了蔡州。吴元济被擒获，押送到京师，十一月被诛杀了。这一年，容管经略使阳旻攻克了钦州、横州、浔州和贵州。

元和十三年（818）正月，宪宗大赦天下，免除了元和二年（807）以前的欠税，又向民间的高龄老人赐予米帛羊酒。三月，横海军节度使程权上献了沧州和景州，归顺朝廷，程权到京师朝见皇帝。四月，王承宗上献了德州和棣州，被宪宗赦免。六月，免除德州、棣州、沧州、景州一年的徭役。七月，宣武、魏博、义成、横海军联兵讨伐李师道。十月，吐蕃入侵宥州，被灵武节度使杜叔良在定远城击败。

元和十四年（819）正月，田弘正在阳谷和李师道交战，打败了叛军。

二月，李师道被朝廷处死。七月，韩弘进献了汴州、宋州、亳州、颍州等地，归顺朝廷，韩弘前来京师朝见。群臣向宪宗进献尊号，号为元和圣文神武法天应道皇帝。沂海将领王弁杀死了观察使王遂，自称为留后。两个月后，王弁被处死。十月，安南将领杨清杀害了安南都护李象古，并起兵谋反。吐蕃也在此月入侵盐州。十一月，朔方将领史敬奉在瓠芦河和吐蕃交战，打败了吐蕃。

元和十五年（820）正月，宦官陈弘志谋逆，弑杀了宪宗，终年四十三岁，谥号为"圣神章武孝皇帝"。

论赞

赞曰：宪宗英明果断，刚刚即位，就奋发图强，立志平定叛乱，能采纳明智的谋略，不受众人的迷惑，终于能平定叛乱，取得成功。自从吴元济被诛杀之后，强大的藩臣边将都有悔过之意，想要归顺朝廷。此时，唐朝的国威眼看就要重新振兴。然而在晚年时，他却重用小人，从而使大业不能善终，而自身遭受不测之祸，被弑臣弑杀，这就比德宗还要可悲了。哎！小人能败坏国家，不一定要逢上昏庸的君主，即使君主聪明有智，如果受到迷惑的话，也能酿成祸患啊。

宣宗本纪

唐 宣宗是唐宪宗的儿子，以皇太叔的身份继承了帝位。他即位后，勤于政事，孜孜求治，为恢复祖宗基业做出了不懈的努力。在位期间，他为甘露之变中蒙难的群臣全部昭雪平反，并力图铲除宦官势力，但最终没有成功。宣宗用法无私，从谏如流，为人恭谨节俭，体贴百姓，使十分腐败的唐朝呈现出了小康局面，宣宗也因此被誉为"小太宗"。

【斥李党】

宣宗名叫李忱，是宪宗的第十三个儿子。他的母亲是孝明皇太后郑氏，最初他被封为光王，性格严肃稳重，少言寡语，宫中人都认为他资质愚钝，不够聪明。会昌六年（846），武宗病重，左神策军护军中尉马元贽拥立光王为皇太叔。三月，皇太叔在武宗灵柩前即位，是为宣宗。四月，开始临朝处理政事，将母亲尊为皇太后。然后他罢免了李德裕，任命李让夷为司空，并大赦天下。翰林学士承旨、兵部侍郎白敏中被任命为同中书门下平章事。他分封皇子李温等人为王。七月，李让夷被罢免。八月，将武宗安葬在端陵。九月，云南的蛮人侵犯安南，经略使裴元裕击败了他们。

大中元年（847）正月，在太清宫举行朝献祭礼。宣布大赦，更改年号。他恢复已死亡或被贬降的官员的爵位。二月，天下发生旱灾，他避离正殿，缩减膳食，重新审理

京师被囚禁的罪犯，停止了太常音乐，减少百官的食物，又放出五百名宫女和五坊的鹰犬，停止供给飞龙厩的马粮。五月，张仲武与奚北部落交战，并打败了他们。吐蕃、回鹘等族入侵河西，河东节度使王宰率兵加以讨伐。十二月，将太子少保李德裕贬为潮州司马。

大中三年（849）二月，吐蕃将秦州等地归献给朝廷。三月，皇帝下诏，让待制官、刑法官、谏官轮流到宫中商讨国政。四月，幽州卢龙军节度使张仲武死亡，他的儿子张直方未经朝廷许可，自称为留后。五月，武宁的军队发生叛乱，驱逐了节度使李廓。十月，京师、振武、天德、灵武、盐夏等地都有地震发生，吐蕃将维州等地归还给唐朝。

【中兴唐室】

大中四年（850）四月，由于连降阴雨，宣宗下诏，京师、关辅等地

🔥 唐宣宗焚香读疏

贡的物资，免除积欠的租税，并发放粮食赈济饥民。同月，浙西东道发生兵变，驱逐了观察使李讷。大中十一年（857）五月，容管军发生兵变，驱逐了经略使王球。七月，成德军节度副大使王绍鼎死亡，他的弟弟王绍懿自称为留后。

大中十二年（858）二月，废掉了穆宗的忌日，撤掉了光陵的朝拜和守陵的宫人。三月，盐州监军使杨玄价杀掉了盐州刺史刘皋。四月，岭南发生兵变，驱逐了节度使杨发。五月，湖南发生兵变，驱逐了观察使韩琮。六月，江西都将毛鹤驱逐了观察使郑宪。同月，南蛮入侵边境。七月，容州将领来正叛乱，被处死。八月，宣歙将领康全泰驱逐了观察使郑熏，淮南节度使崔任铉兼宣歙池的观察处置使，率兵加以讨伐。十月，康全泰被处死。十二月，毛鹤被处死。

清理囚犯，并免除度支、盐铁、户部拖欠的钱财。八月，幽州卢龙的军队发生叛乱，驱逐了节度使张直方，衙将张允伸自称为留后。十一月，党项羌人侵犯邠州等地。次月，朝廷任命凤翔节度使李安业、河东节度使李拭率兵讨伐党项。

大中五年（851），赦免了平夏和南山的党项羌人。同年十月，沙州人张义潮将瓜州、沙州等地归还朝廷。十二月，盗贼砍伐景陵的门戟，湖南有饥荒发生。

大中九年（855）正月，成德军节度使王元逵死后，他的儿子王绍鼎自称为留后。四月，朝廷禁止岭外百姓卖儿鬻女。七月，因为旱灾，朝廷派遣使者巡察安抚淮南等地，削减上

大中十三年（859）八月，宣宗在咸宁殿驾崩，终年五十岁，谥号为"圣武献文孝皇帝"。

论赞

赞 曰：宣宗精于听取谏议，并做出决断，却过于苛察，毫无仁慈之心。哎，从此以后，唐朝就衰败了！

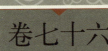

上官昭容 杨贵妃列传

上官昭容和杨贵妃，都是唐朝宫室中备受皇帝宠信的嫔妃。上官昭容天资聪颖，又依附于武则天，因此权倾朝野。中宗即位后，她再次受到宠信和重用。她生活不检点，和武三思、崔湜等人私通，后来李隆基发动兵变，将她诛杀掉。而杨贵妃则是唐玄宗最宠爱的妃子，皇帝因为她的缘故，重用杨国忠为相，并宠信杨氏姐妹。于是，杨氏一家权势熏天。后来，安禄山发动兵变，唐玄宗迫于禁卫兵的义愤，被迫将杨贵妃杀死。

【两朝重用一女官】

上官昭容，名叫婉儿，是西台侍郎上官仪的孙女。她的父亲名叫上官廷芝，与上官仪都死于武后执政期间。母亲郑氏，是太常少卿郑休远的姐姐。上官婉儿刚出生不久，就和母亲一起被收入后宫。她天资聪颖，擅长写文章。十四岁的时候，武后召见她，当场命题让她写文章。上官婉儿文不加点，须臾而成，就像早就构思好的一样，而且书法也极其秀媚。武后大悦，免去她的奴婢身份。此后，她便在宫中掌管诏命，有时也参与决策大臣们的奏议以及天下大小政事。曾经有一次，她因为忤逆武后的旨意，差点被处死，但武后怜惜她的才华，没有杀她，仅处以脸上刺字的刑罚。

中宗即位之后，十分信任她，拜她为昭容，并封她的母亲郑氏为沛国夫人，又令她专掌起草诏令。她因为与武三思有奸情，在诏书中推崇武氏，贬低唐室宗室。她姨妈的儿子王昱担任拾遗，告诫她说：“当年武氏得志，将皇上囚禁在房陵，但皇上最终还是复兴了天下，这是天意，不可心存侥幸。现在武三思虽然趁机得幸，但天下人都知道，他终有一日，必然败灭，你现在依附于武三思，将会遭到灭族之祸呀。”但上官婉儿对此置若罔闻。后来，节愍太子起兵，诛杀武三思，叫开肃章门搜寻上官婉儿。上官婉儿对中宗说：“我死后，就会接着搜寻皇后和皇上了。”中宗于是和皇后一起，带着上官婉儿，登上玄武门躲避。后来起兵失败，上官婉儿才免于一死。

【生活糜烂】

上官婉儿还劝中宗扩大书馆，大召天下诗文才子，邀请朝中善诗文的大臣入馆。多次赐宴游乐，赋诗唱和，流连竟夕，醉不思归。上官婉儿常常代中宗、韦后和公主们作诗，文采新丽，被当时的人传诵唱和。对大臣所作之诗，中宗又令上官婉儿进行评定，对于获胜者，赏赐贵重无比的金爵。

当时，皇帝左右的女官都允许随便外出。上官婉儿和皇帝宠爱的宫女们，都在宫外建造了住宅。那些奸邪淫秽的男人们竞相造访，肆意狎昵，以求谋得高官要职。崔湜与之私通，因此被推荐当了知政事。他开辟商山的道路，还未过半，上官婉儿就上疏皇上，虚夸他的功劳。

景龙四年（710），临淄王李隆基发动政变，起兵讨伐韦皇后及其党羽，上官婉儿一并被处斩，年仅四十六岁。

▶【独冠后宫的杨贵妃】

玄宗贵妃杨氏，是隋朝梁郡通守杨汪的后裔，最初是寿王的妃子。开元二十四年（736），武惠妃去世，有人推荐说杨妃容貌倾城，于是她受到皇帝的召见。皇上惊异于她的美貌，就谎称寿王妃想做女道士，重新为寿王聘选妃子，并为杨妃赐名"太真"。杨太真从此受到皇帝的宠爱。她善于歌舞，通晓音律，又非常聪颖，处处让皇上满意。皇帝非常高兴，于是专宠她一人。天宝初年，太真被封为贵妃，她的亲族也大受封赏，堂兄杨国忠等人逐渐显贵起来。她的几个姐姐也从此权势熏天，以至于压过了公主。

有一天，贵妃受到皇帝谴责后，被送还杨府。到中午的时候，皇帝还不肯吃饭，却鞭打身边的人，迁怒于他们。高力士想试探皇帝的心思，于是请求将贵妃殿中的供帐以及司农准备的酒食送给贵妃，皇帝立刻应允了，又额外赐给她御膳。高力士明白了皇帝的心思，当晚就请求让贵妃还宫。贵妃见到皇帝，立刻跪下谢罪，皇帝的怒气立刻消解了，并加以抚慰。从此，贵妃更加受宠，几个姐姐也沾光，每年被赐予几百万脂粉钱。

地方官员见状，纷纷进献奇珍异宝，以逢迎贵妃。岭南节度使张九章、广陵长史王翼因为贡献了称心的宝物，立刻被擢升了官职，于是贡献之风大行。贵妃喜欢吃荔枝，而且

《簪花仕女图》中的贵妇像·唐

要吃新鲜的，于是皇帝专门设置驿马传送，使者日夜兼程，赶了几千里路，到京师后荔枝仍然没有变味。

天宝九载（750），贵妃再次受到皇帝责备，被送还杨府，杨国忠于是和吉温商量对策。吉温于是叩见皇帝，说："妇人有过错罪该处死，但陛下为何吝惜宫中一席之地，而将她送出去受辱呢？"皇帝大受感动，停止吃饭，下令宦官将御膳赐给贵妃。贵妃通过宦官谢罪说："我罪当万死，然而除身体外，都是皇上所赐。皇上恩情深厚，我现在就要死了，却无以报答。"于是用刀割下一缕头发，让宦官上奏说："我就要和陛下诀别了，留下这个做纪念吧。"皇帝见状大惊失色，立刻将她召回，宠爱如初。

【命殒马嵬】

起初，安禄山镇守边地有功，深受皇帝的宠爱。皇帝下诏让他与贵妃的姐姐们约为兄弟，而安禄山为逢迎贵妃，将贵妃当做母亲来服侍，因此深得贵妃欢心，每次来朝，贵妃都要设宴欢迎他。后来安禄山谋反，以诛杀杨国忠为名，且指斥贵妃和姐姐们的罪状。皇帝想要禅位给太子，杨家人非常恐惧，在家中大哭。杨国忠入宫告诉了贵妃，贵妃见皇上，以死相求，皇帝这才取消了禅位的念头。皇帝等一行人逃到马嵬（今陕西兴平西）时，陈玄礼等请求为国事考虑，诛杀杨国忠。然而杨国忠被杀后，军队仍喧

闹不已。皇帝派高力士问原因，他们说："祸患的原因还在。"皇帝不得已，只好与贵妃诀别，贵妃被带走，缢死在路旁的佛寺下，用紫色褥子包裹了尸体，埋葬在路旁，时年三十八岁。

皇帝从蜀中返回，经过马嵬时，派人去祭祀贵妃，并下诏改葬。礼部侍郎李揆说："将士们杀了杨国忠，现在改葬贵妃，他们会心疑不安。"皇帝只好作罢，但秘密派遣宦官将贵妃改葬。打开坟墓时，贵妃随身携带的香囊还在，宦官进献给皇帝，皇帝悲痛哭泣。皇上又命令将贵妃的容貌画在别殿，早晚都去观看，每次都哽咽流泪。

🔸 陕西西安华清池中的莲花汤

唐玄宗沐浴的汤池，叫"九龙汤"，浴池中立有一对用白玉雕成的莲花，莲花上喷出清澄的泉水，似碎琼乱玉，故又名"莲花汤"。

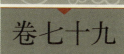

李建成 李元吉列传

李 建成和李元吉都是高祖李渊的儿子。高祖建国以后，李建成被立为太子。他俩和秦王李世民一起南征北战，陆续平定了各地的割据势力，最终建立了大唐帝国。然而，李世民战功卓著，手下聚集了大批英雄豪杰，因此大大威胁到太子的地位。李建成因此心生猜忌，和李元吉一起，设下各种计谋和圈套，图谋铲除李世民。然而，他俩所有的阴谋全部破产，李世民反戈一击，发动了历史上著名的玄武门政变，将李建成和李元吉杀死。

【隐太子平定贼兵】

隐太子李建成，生性散漫放荡，不受约束，又耽于酒色，喜欢狩猎游乐，平时跟随在他身边的，也尽是些豪侠之徒。

隋朝末年，高祖奉诏在汾州、晋州等地讨捕叛贼，留下李建成在河东（今山西）护持家族。高祖起兵后，秘密召集李建成和李元吉前往太原。当时隋朝官吏悬赏追捕他们，他们就走小路赶到太原，李建成被任命为左领军大都督，并率兵平定西河，后来跟随高祖平定京师。唐朝建立后，李建成被册立为世子。

高祖称帝后，李建成被立为皇太子。时值胡人刘仚成等人进犯边疆，李建成在鄜州大败敌军，斩杀千余人，给俘获的敌军将领授予官职，放他们回去招降其他的胡人。刘仚成与其他胡人前来投降，李建成害怕他们人多，就欺骗他们说要筑城，趁投降的

胡人筑城时，暗中领兵杀死了六千人，刘仚成于是投奔梁师都。而且李建成为人骄横，对士兵残酷无情，毫无体恤之心。他巡幸北部边界时，曾经有四百名贼兵投降，他下令割下他们的耳朵后全部放走。

适逢秦王屡建战功，天下的英雄豪杰纷纷归附，威胁到太子的地位，于是太子中允王珪和洗马魏徵等人劝说太子讨伐刘黑闼，以笼络山东的豪杰，培植自己的势力。于是李建成请旨前往。后来在洺水（洺河，河北南部）打败了刘黑闼，但官军杀伤太多，连俘虏也全部杀死，因此结怨很深。不久刘黑闼卷土重来，山东大乱。朝廷命令齐王李元吉前去讨伐，下诏投降者能被赦免，但敌军无人相信。李建成到达后，安抚俘虏，并将他们全部放掉，老百姓很高兴。敌军听说后非常恐惧，连夜就逃跑了，官兵在后乘胜追击。此时，刘黑闼的兵力还是

很强大的，李建成就放掉被囚的敌军，让他们回到军营，劝告其他士兵解甲还乡。敌人军心动摇，士兵纷纷散去，李建成轻易地活捉了刘黑闼。

【图谋秦王】

高祖晚年沉溺于后宫，张婕妤、尹德妃等人最受宠爱，亲戚都担任官府的官员。李建成和李元吉合谋，在宫中结交嫔妃，来巩固自己的位置。当时，天下还没有平定，秦王率兵在外征战，嫔妃们很少见到他的面。洛阳平定后，皇帝派妃子们前去挑选后宫的珍宝，还可为自己的兄弟请求一官半职。但秦王却封藏了府库，也没有将官职授予妃子们的弟兄，因此妃子们都对秦王心怀怨恨。后来，秦王又因为其他的事情，得罪了张婕妤、尹德妃等人。于是，她们就在高祖面前中伤秦王，从此高祖逐渐疏远了秦王。

后来突厥入侵，皇帝和群臣商议，想要迁徙都城，秦王极力予以劝阻。李建成却觐见皇帝说："秦王想借抵御敌人的机会，阻止迁都的计划，以巩固自己的兵权，图谋篡位。"皇帝听说后，心中更加不喜欢秦王了。

起初，皇上的诏令，和太子、秦王、齐王的命令并行天下，朝廷内外都恐惧不安，不知该听从谁。

李建成于是暗中招募四方的勇士和长安的不法少年，总共两千多人，作为东宫的卫队，驻扎在左右长林门，号称"长林兵"。他又命令左虞侯率可达志招募幽州的突厥兵三百人进入宫中，想要攻打秦王。有人告诉了皇帝，皇帝将李建成招来，加以责备，并将可达志流放到隽州。

华阴人杨文干向来凶暴，李建成亲近他，任命他为庆州总管，令他招募兵马遣送到京师，图谋兵变。当时皇帝在仁智宫，秦王和李元吉跟随左右，李建成对李元吉说："秦王要拜见众多妃子，他的珍宝

三彩镇墓兽·唐

18

很多，会借机贿赂她们。我怎么能束手待毙呢？安危之计就取决于今天了。"李元吉说："好。"李建成于是命令郎将尒朱焕等人送兵器给杨文干，催促他起兵。尒朱焕心中害怕，就报告了谋反的情状。皇帝因为李建成是主谋，不忍心治罪，仅仅下诏逮捕了王珪、魏徵等人，想要杀死他们，以推托太子的罪过。皇帝下手诏，召见李建成，李建成却心怀恐惧，不敢前往，后来终于听取了詹事主簿赵弘智的建议，前往谢罪。他见到高祖后，伏身叩头请罪，长久不敢起来。高祖大怒，将他囚禁于帐幕中，并派禁兵把守。这时杨文干已经攻陷宁州，距离仁智宫不远，皇帝很惊恐，找来秦王商议对策，并许诺等到平定杨文干后，立秦王为太子。秦王率领士兵，很快平定了杨文干的叛乱。然而，李元吉和几个宠妃却多次为李建成求情，皇帝改变了心意，重新下诏，让李建成留守长安。然而兄弟之间的怨恨却越来越深。

李建成等人邀请秦王夜间饮酒，酒中有毒，秦王突然发作，吐血数升，淮安王扶他回到西宫。皇帝前来探视，又敕令李建成说："秦王不能饮酒，不要在夜间聚饮了。"李建成和秦王如此水火不容，高祖既惦记着秦王的功劳，又不忍心废掉太子，于是想让秦王回到洛阳行台，将陕州以东的地区交给秦王，让他全权主持，计划日后让兄弟俩分而治之。秦王将要出发

时，李建成等人谋划说："秦王如果获得土地和士兵，必然后患无穷；如果留在京师，不过是一介平民而已。"于是暗中使人游说皇帝，说秦王回到洛阳后，不会再回来了。于是高祖打消了这个念头。

【兵变被诛】

不久突厥侵犯边疆，李建成举荐李元吉率兵讨伐，想要依靠李元吉的兵力谋反。长孙无忌、房玄龄等人劝秦王先下手为强。秦王于是秘密上奏，说李建成淫乱后宫，又说李建成图谋杀死自己。皇帝大惊，说："明天我会审问此事，你一定要在早朝时参见。"张婕妤将此事告诉了李建成，于是李建成找来李元吉商量，李元吉说："请召集宫中兵马，假称有病不去上朝。"李建成说："好，但不一起入朝参见，怎么知道事情的结果呢？"第二天早上，李建成和李元吉乘马来到了玄武门，秦王已经先到了，跟随着九个勇士护卫。当时皇帝召集了裴寂、萧瑀等人入宫。李建成和李元吉走到临湖殿时，发觉有变故，立刻返身逃走，秦王随即高声呼喊，李元吉想要引弓射箭，三次都拉不开弓。李建成被秦王射死，年仅三十八岁。李元吉中箭逃走，被尉迟敬德追上杀死

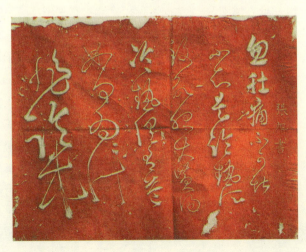

了。很快东宫、齐王府的三千兵马攻打玄武门，因门已关闭不得进入，后来就溃逃了。皇帝问计于裴寂等人，萧瑀等人劝高祖将秦王立为太子，委以军国大事。皇帝听从了他们的建议。

【李元吉平贼失利】

巢剌王李元吉，小名叫三胡。他刚出生时，太穆皇后厌恶他的容貌，拒绝养育他，奶妈陈善意为他哺乳。李元吉长大后，阴险好战，因为长期据守边疆，更是骄奢淫逸。他经常让家奴数百人身披甲胄，演练战事，互相攻打杀戮，死伤众多。有一次，他自己也被刺伤，陈善意劝阻他，李元吉大怒，命令壮士将她活活打死，后来私下给她谥号"慈训夫人"。

刘武周侵犯汾、晋等地，皇上诏令右卫将军宇文歆协助李元吉防守。李元吉喜欢打猎，外出时经常装载着三十车猎具，他说："我宁可三天不吃饭，也不可一天不狩猎。"他还常常在夜里私自外出，骚扰民间女子。宇文歆多次进谏，李元吉都不听。于是宇文歆上表皇上说，不能与他一起守城。皇上下诏让李元吉回朝。李元吉暗中让百姓到朝廷为他说好话，才得以回去任职。刘武周率领五千骑兵屯守在黄蛇岭，李元吉派将军张达带领一百步兵，前去试探敌人兵力，张达以兵少为由拒绝，李元吉强迫他出兵，结果刚一交战就全军覆没。张达十分愤怒，于是，引领刘武周攻陷了榆次。李元吉一路退守到并州，敌军的势力日益强大。李元吉欺骗司马刘德威说："你率领老弱兵士守城，我率精兵出战迎敌。"借机携带财物和妻妾趁夜出城，逃回京城。并州沦陷。皇上大怒，命令他从此跟随秦王出征，不再独自统领军队。

后来，在平定东都时，李元吉伏击王世充，大获全胜，被拜任为司空。后经多次升迁，做了司徒，兼任并州大都督。

【勾结谋乱】

当时秦王有功，超过太子李建成的威望，李元吉喜欢作乱，就想要图

肚痛帖·唐·张旭

《肚痛帖》不属于狂草，但它是张旭传世草书中最为著名的一种。此帖书写用笔变化莫测，但法度严谨，纵横跌宕，勾连回环，顿挫起伏，有若天成。

谋他们。于是，他对太子说："秦王的功业日益强大，皇上钟爱他。殿下虽然位居太子，但地位不稳，如果不早做计划，就会招致灾祸，请让我替殿下杀了他。"太子不忍心下手，但经不住李元吉反复鼓动，最终答应了。他们由此重金贿赂中书令封德彝，让他游说皇上，使皇上疏远秦王。李元吉还募集大量亡命之徒，大加赏赐，让他们为自己卖命。李元吉府中有人作诗，委婉地劝阻他："丹青饰成庆，玉帛礼专诸。"李元吉读了，仍不醒悟。典签裴宣俨被罢官，要到秦王府任职，李元吉害怕事情泄露，毒死了他。从此，没有人再敢进言。秦

王曾经跟从皇上到李元吉的府第，李元吉让将军宇文宝埋伏在内室，伺机刺杀秦王，太子坚决制止了此事，李元吉十分恼怒："我是为你出谋划策，对我有什么好处呢？"

突厥郁射设率兵入侵，包围了乌城，李建成荐举李元吉前去征讨，并调用秦王府的猛将秦叔宝等人，一同出征。皇上知道了，不加制止。李元吉趁机密奏，请求杀掉秦王，皇上说："秦王平定天下有功，没有罪过，不应该杀他。"李元吉说："秦王当初平定东都之后，不立刻回京，原地观望，并散发钱财以笼络人心，难道还不是谋反吗？"皇上沉默不语。李建成与李元吉谋划说："等到兵马出发后，我带秦王到昆明池，让埋伏在那里的勇士将他杀死，然后上奏皇上说秦王暴死，皇上肯定会相信。然后，我再劝说皇上传位于我，我立你为皇太弟，将秦叔宝等人都杀掉。"但是，率更令王晊将他们的阴谋偷偷告诉了秦王。于是秦王召集幕僚，商讨应对之策，幕僚们说："李元吉阴险毒辣，一旦得志，肯定不会侍奉太子。以前，护军薛宝用元吉二字拼成了'唐'字，李元吉大喜，说：'只要除掉秦王，取代太子易如反掌！'他还没有作乱，就预谋颠覆太子之位，大王如果不早下决心，除掉奸恶之人，国家就不再是唐朝的天下了。"秦王因此定下大计，发动了玄武门兵变。

李元吉死的时候，年仅二十四岁。

李承乾 李泰列传

常 山王李承乾和濮恭王李泰都是唐太宗的儿子。李承乾最初被立为太子，而李泰深受太宗的宠爱，因此李承乾心存忌恨，和李泰交恶。而李承乾为人暴戾残忍，后来因为受齐王李祐谋反的牵连，被废掉太子的职位。李泰觊觎太子的地位，太宗也有意立他为太子，后来受到大臣魏徵、长孙无忌等人的力谏，最终打消了这个念头。

▶【太子承乾】

常山愍王李承乾，字高明，生在承乾殿，就以此殿命名。太宗即位后，立他为皇太子。

当时，李承乾只有八岁，十分聪明，太宗很喜爱他。皇帝服丧期间，曾经让他处理政务，他很识大体。后来，皇上每次出行，就让他代理国事。承乾长大之后，喜好游山玩水，声色犬马，但他害怕皇上知道，所以行踪诡秘。他上朝时，谈论忠孝之道，情真意切，一下朝却和一帮小人亲近。有人因此向他进谏忠言，他态度严肃地痛心自责，然而却又暗中为自己辩解掩饰，因此大家认为他虽然贤明，却对事实缺乏体察。后来，李承乾的乖戾行为逐渐暴露出来，皇上为激励他的心志，每逢有大臣向他进谏良言，都赏赐金帛。但是，李承乾傲慢不驯，往往派人阴谋加害他们。当时，魏王李泰受人称道，皇帝喜欢器重他。李承乾脚上有病，不便行走，而且他很

害怕被废黜，所以与李泰交恶，而李泰也图谋取代太子，因此各自拉帮结派。东宫有一名戏子，容貌秀美，受到李承乾宠幸，皇帝因此大怒，让人将戏子杀死，很多人受牵连而死。李承乾认为是李泰告发了这件事，更加怨恨李泰。李承乾十分思念戏子，专门建立画室给他画像，并在苑中为他建造坟墓，早晚祭奠，痛哭流涕。更因为此事，他心内怨愤，假称有病，几个月没有上朝。

李承乾召集一些人，图谋杀害魏王李泰，没有成功，于是与李元昌等人阴谋策划攻打西宫。贞观十七年（643），齐王李祐在齐州造反，李承乾对纥干承基说："我东宫的西墙，离大内只有二十步远，齐州怎么能比呢？"碰巧，纥干承基因齐王叛乱受到牵连，被收捕入狱处以死刑，就告发了这件事。皇上诏令长孙无忌、房玄龄等人共同审判，将李承乾贬为百姓，流放黔州（今

四川黔江流域一带）。贞观十九年，李承乾死去，皇帝为此停止朝会，以国公之礼将他埋葬。

▶【魏王李泰】

濮恭王李泰，字惠褒。他开始被封为宜都王，后来改封魏王。李泰喜好结交士人，擅长写文章，皇帝诏令他在府中设立文学馆，允许他自己召集学士。后来李泰召集众人，编写了《括地志》。皇帝非常高兴，赏赐给李泰一万匹布帛，并前往李泰在延康坊的宅第，免除延康坊所有百姓一年的租金赋税。

李泰每月的俸禄比皇太子多得多，皇帝又下令李泰进入武德殿居住，侍中魏徵上奏说："魏王是陛下的爱子，想要他安全，就不应该让他住在会产生嫌疑的地方。武德殿在东宫的西面，以前海陵郡王李元吉曾经住在这里。虽然时代和事情都不同于往日，但人言可畏。何况魏王内心也对此感到不安，希望皇上免除这件事。"皇上醒悟过来，就中止了这件事。

当时，皇太子李承乾患了脚病，行走不便，李泰谋划要取代他，于是拉拢朝中大臣，结为朋党。李承乾害怕，暗地派人假冒李泰府中的人，到玄武门密奏皇上，奏章上写的都是李泰的罪行。皇上大怒，立即派人抓捕审问，但没有抓到。很快，太子的阴谋败露，皇上私下答应立李泰为太子，长孙无忌却坚持要立晋王李治。因为太原的一块石头上有"治万吉"

的字样，皇上又想听从长孙无忌的建议。李泰知道了，对晋王说："你和李元昌关系亲密，能不受牵连吗？"晋王十分忧虑。皇上对此感到奇怪，知道原委后，恍然大悟。皇上说："是啊，如果立了李泰，李承乾和李治都得死；如果立李治，李泰和李承乾却都会安然无恙。"于是将李泰囚禁，降为东莱王。

不久，李泰改封顺阳王（今山西富平）。皇上曾经拿着他的奏本，对左右的人说："李泰文辞优美，难道不是一位才子吗？我时刻想念李泰，但是为了国家大事，让他贬居在外地，也是一种两全之策。"贞观二十一年（647），李泰被晋封为濮王（今山东郓城北）。高宗即位以后，下诏李泰在府内设置官属，衣食住行都对他十分优待。李泰三十五岁时，在郧乡去世，被追赠为太尉、雍州牧。

🌸青釉贴花舞蹈人物纹瓷壶·唐

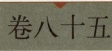

王世充列传

王世充是隋末唐初重要的地方割据势力，他靠谄媚而深得炀帝的欢心，被委以重任，并从此崭露头角。炀帝被杀后，王世充拥立越王杨侗为皇帝，又用计打败李密的军队，权势日重。后来他逐渐诛杀异己，独揽朝政，最终废掉越王，自立为帝。后来与秦王李世民交战，被秦王围城，无奈之下，只好投降。在李世民建立帝业的过程中，他是一个重要的竞争对手。

【谄媚事主】

王世充的祖父是西域胡人，叫支颓耨，后来迁徙到新丰，在他死后，他的妻子嫁给王粲做侧室。从此，支颓耨的儿子改姓王，并生下王世充。王世充性格狡诈，口齿伶俐，和众人辩驳的时候，他甚至能运用其辩才完全颠倒是非黑白，众人都无法辩倒他。

大业初年，王世充被授为民部侍郎，后来改任外官，先后担任江都赞治和郡丞。隋炀帝巡幸江南时，他察言观色，极力迎合炀帝的心意，将楼船装饰得非常华丽，亭台楼阁，极尽奢华，同时暗中搜集远方的奇珍异宝，呈献给炀帝。很快，他就赢得了炀帝的欢心，被擢升为江都通守兼任宫监事。

当时天下混乱，江南一带尤其动荡不安。王世充趁机结交江南的豪猾之徒，他假意开恩，赦免狱中的囚犯或减轻他们的刑罚，用以收买人心。当时，杨玄感在江南发动叛乱，兵力多达十多万人。隋朝将领吐万绪、鱼俱罗，讨伐叛军都没有成功。而王世充募集了上万的江都勇士，多次击溃了叛军。因为他深有谋略，每次都将战功归于手下的将士，缴获的财宝也都分给了士卒，因此很受将士们的爱戴，他们也乐意为他冲锋陷阵。

大业十年（614），齐人孟让发动叛乱，并骚扰临近的诸郡。叛军到达盱眙时，遇上王世充的军队。王世充假装怯敌，闭城不战，而且故意藏起精兵，仅仅挑选一些老弱的士兵出阵，以此迷惑敌人。孟让因此心生轻慢，大笑着说："王世充只是个舞文弄墨的家伙而已，哪里懂得军事呢？我一定要生擒他，敲锣打鼓，浩浩荡荡地开往江都。"当时城中的百姓坚壁清野，孟让的士兵得不到粮草，忍饥挨饿，怨声载道。于是孟让决定将兵力分开，以形成合围之势。王世充得知后，立刻派兵和孟让交战，然后假装失败，逃入城中，孟让更加轻敌，于是分遣部分围城的士兵，企图南行。王世充得知敌人放松了戒备，立刻传令全军，在半夜拆毁军中的灶台营帐，悄悄越过城墙，冲向敌军，顷刻间，就杀死敌军上万人，俘虏了十万余人。孟让仅仅带着数十个骑兵狼狈而逃。

炀帝听说后，对王世充大加赞赏，并委任他捕捉群盗，平定叛乱。此时，适逢突厥率兵前来侵犯，将炀帝围困于雁门（今山西代县），世充得知后，立即率领全部的江都士卒，前来救援。他在军中又假装忠良，整天蓬首垢面，流泪不止，战甲也从不离身，晚上睡在极粗糙的席子上，极力装出竭忠尽智的样子，为炀帝的安危担忧。炀帝得知后，对他更加信任。

为了逢迎炀帝，王世充又禀告炀帝说："江淮之地，有很多良家女子乐意入宫当宫女，可惜不能如愿。"炀帝大喜过望，于是下令挑选容貌姣好的女子，聘入后宫，为此耗掉银两无数。王世充准备好船只，将这些女子送往东都宫，路上遇到强盗的袭掠，押运的使者又惧又怕，甚至于将船只弄沉，偷偷逃跑。王世充压下这些事情，生怕被炀帝知道。

【独揽朝政】

炀帝被谋杀后，大臣们推举越王杨侗做皇帝，王世充被拜为吏部尚书，封为郑国公。后来宇文化及率兵北归。越王杨侗采纳了内史令元文都、卢楚等人的计谋，以高官为诱饵，让李密讨伐宇文化及；等到宇文化及兵败时，

🌀 舞伎图·唐

李密的军队必然也早已大伤元气，那时就可以将他们一网打尽。越王派使者前往李密军营，封以高官，并催促他北上讨伐宇文化及。李密让使者回信说，他会设法将宇文化及诱入黎阳，而后加以歼灭。越王的大臣们都很高兴，只有王世充说："元文都等人只会写写文章，不识时务大体。我们与李密的军队多次交战，并且杀死了他们的父子兄弟，一旦他们得势，必将我们斩尽杀绝。"

越王杨侗想要授予元文都御史大夫的职位，王世充力持非议，说："我们曾经商量好，左右仆射、尚书令、御史大夫等职位，只能授予功臣或旧臣。否则，人人都觊觎这些职位，怎么能齐心协力辅佐朝廷呢？"元文都因此怀恨在心，暗中与卢楚商量，准备等王世充朝拜的时候，在殿中埋伏甲士，将其杀死。然而，密谋者中，纳言段达胆小怕事，因此向王世充泄密。王世充连夜派兵袭击含嘉门，围住宫城，并杀死卢楚。此时，紫微宫的宫门还没打开，王世充叩开宫门，欺骗越王说："元文都等人密谋将您劫持，然后向李密投降。我得知后，连夜赶来，前来捉拿这些人。"然后段达擒拿住元文都，送给王世充，王世充立刻将他杀死。随后，王世充换下越王的卫士，全部代之以自己的心腹。天亮后，他入宫向越王请罪说："元文都、卢楚两个人企图谋逆，屠杀群臣，情急之下，我只好先斩后奏，将他们处死。"这样，朝政大权就全部落到王世充的手中。

不久以后，李密击败宇文化及，屯兵金墉（今河南洛阳西北部），士卒元气大伤。王世充想要袭击李密的军队，又担心有人反对，士气不一，于是他密令德阳门卫张永通，假称梦见有人告诉他："我是周公，能帮忙你们讨伐李密。"王世充禀告越王，并在洛水旁立祠，让巫师向众人宣告说："周公让军队赶紧进攻李密，将会大获全胜；否则的话，军队将会遭受疾疫。"世充手下的士兵大都是楚人，非常迷信，因此大家群情激奋，摩拳擦掌。王世充见状，挑选了两万精兵、两千骑兵，跨过洛水袭击李密。此时。李密正在北山休整，因为刚刚打过胜仗，毫不将王世充放在眼里，甚至都没设置壁垒。王世充深夜率领两百骑兵，隐蔽在山上。天要亮的时候，趁着李密的军队还是一片混乱，王世充冲上北面的山坡，然后大声呐喊着，从山坡上策马猛冲下来，冲进李密的军队，焚毁掉露宿的帐篷。受到惊袭，李密的军队四下溃散。李密仅带着数十个骑兵，仓皇而逃。

彩绘戴毡帽胡人骑马俑·唐

凯旋之后，王世充自封为太尉、尚书令等职。又在府门外张设了三张榜牍，分别招纳文学之士、骁勇的战将和能治理冤狱的断案之人。于是，每天上疏陈事的人络绎不绝，王世充都一一予以接见，即使是低贱的吏卒，也一视同仁。当初，王世充在杀死元文都之后，为了维护其信誉，就做了越王杨侗的母亲刘太后的义子。现在，他将太后的封号加奉为圣感太后。有一天，王世充和越王同席吃饭时，呕吐不止，怀疑自己被下了毒，因此不再朝见越王，只是派自己的心腹将领守护宫城。

【僭越称帝】

武德二年（619），王世充假传越王的诏令，自任为相国，总理百官，并进封郑王，授予九锡，出入的旌旗也和天子相同。术士桓法嗣揣摩到他的野心，于是呈献上《孔子闭房记》，其中有一幅画，画的是一个男子持一根木杆，在驱赶着羊群。桓法嗣解释说："隋朝是杨姓的天下；从《说文解字》来说，'干一'合为'王'，王在羊的后面，预示着大王要取代隋朝的天下。"又出示庄子的《人间世》《德充符》说："这两篇书名合起来，即与大王的名字相契，意味着大王接受上天的符命，德泽苍生，将成为真正的天子呢。"王世充大喜过望，立刻拜法嗣为谏议大夫。他又四处捕捉飞鸟，将符命写在帛书上，然后系在鸟的脖子上，将鸟儿放飞。当猎人捕捉到鸟儿，前来献上帛书时，王世充就授予他们官职。他又委婉地暗示百官，让他们劝他登上帝位。当时，纳言苏威年事已高，王世充因他德高望重，每封劝进表中，都要署上苏威的名字。另一面，他又密令段达要挟越王杨侗说："天命是无常的，郑王功高德劭，请陛下效法尧、舜，禅位给他。"越王大怒说："这是高祖打拼下来的天下，如果隋朝命不当绝，你不该说这样的话。如果真的是天命，又何必要禅让呢？你不是先帝的旧臣吗，还说这样的话？我还能仰赖谁呢？"王世充见此法不奏效，只好又想出一招，骗越王说："现在天下动荡，需要年长有德的人来治理国家。等天下安定后，我再将帝位还给陛下。"

四月，王世充假传越王杨侗的诏令，禅位给自己。王世充假意谦让了多次，然后登上帝位，将越王杨侗幽禁于含凉殿内。一个月后，王世充用鸩酒将越王毒死，杜绝了大臣重新拥立越王的念头。然后他又率领大军，浩浩荡荡地开赴黎阳（今河南浚县）城下，攻占了黎阳城。黎阳本是窦建德的守地，窦建德勃然大怒，于是发军攻占殷州，以报复王世充。

武德三年（620），王世充颁下诏书，大赦天下，又在伊阙（今河南洛阳南）修筑了练兵台，以增强武备。然而邻国大唐的国力日盛，政治又很清明，于是军心逐渐动摇，守将如罗士信、豆卢达等人，都暗中潜逃。为了禁止类似的事件，王世充开始实行连坐刑罚，一时民不聊生。

【兵败亡国】

武德三年七月，唐高祖李渊诏令秦王率兵讨伐王世充。新安一役中，秦王在慈涧城大败王世充。八月，秦王在青城宫布下军队，王世充带着全部的精兵，前来迎战。世充来到溪涧边，勒住马头，向对岸的秦王说："隋朝灭亡后，天下就分崩离析了。长安和洛阳各有其主，我谨守着自己的国

🔅 京杭运河图

大业年间，开凿京杭大运河，隋炀帝常沿河巡幸，群臣趁此时进献奇珍异宝，王世充即以此法得以擢升。

土，不曾生过非分之想。比如熊州和谷州，离我的国境不远，唾手可得，然而为了和贵国保持友好关系，我并没有侵占。而今天你翻山越岭，千里运粮，前来我的国境，是为什么呢？"秦王说："天下的人，都已归顺唐朝，只有你却执迷不悟。东都的士民前来我国，请求王师前去解救他们的苦难，父皇不忍拒绝，所以派遣我前来。如果你愿意投降，仍可以保住富贵；但倘若你决意抗拒王师的话，那就让我们决一雌雄吧。"

武德四年（621）二月，青城宫的守将献出青城宫，向秦王投降，秦王立刻率兵前往接管。王世充听说后，也率兵赶来，在谷水遇上唐军。秦王在对岸的北邙山严阵以待，命屈突通率领五千骑兵渡河作战。战事开始后，秦王就骑着战马，闯入王世充的兵营，王世充也毫不畏怯，率领步卒，列好阵形，殊死相抗。双方从辰时厮杀到

午时，王世充溃败，被杀或被俘的士兵，多达八千余人。秦王逼近东都，在城外挖好堑沟，将城团团围守。这样，王世充的士兵陷入了绝境之中，粮食很快就吃完了，于是士兵开始吃人肉，饿死的民众不计其数。后来，御史大夫郑颐实在忍受不了，就向世充请求出家做和尚，世充很气恼，杀死了郑颐。然而王世充却一筹莫展，只好日夜固守，等候窦建德的援兵。

五月五日，秦王俘获窦建德和王琬、长孙安世等人，将他们押解到东都城下，遍示王世充和他的部将。然后秦王释放长孙安世，让他进城向王世充汇报战败的来龙去脉。王世充心中惶恐不安，打算突围，然后退守襄、汉两地。然而，当他和部将商量的时候，帐下的将领却默不作声，山穷水尽之际，王世充只好率领将吏开城投降。秦王没收王世充府库中的财物，犒劳众多的将士。王世充被押解到长安，高祖历数他的罪状，王世充跪在丹陛前，叩头谢罪："我的确罪不容诛，但秦王曾经答应我，免我一死。"于是被废为庶人，举族迁徙到四川。但临行前夕，越王杨侗的臣僚之子、羽林将军独孤修德为报父仇，将王世充杀死。

论 赞

赞曰：隋炀帝荒淫无道，导致天下动荡，群盗多如牛毛。其中，最有名的，如黎阳的李密、江陵的萧铣、河北的窦建德、洛阳的王世充，他们彼此之间一直钩心斗角，互相争斗。但另一面，他们也假借仁义之名，招纳人才，僭越称帝，是群盗中的卓有建树者。他们本是凶暴之人，虽然称霸一方，却遇上英明贤德的唐朝君主，最终亡国丧身，自然是情理之中的事情了。

薛举 刘武周列传

新唐书
●列传●

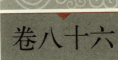

薛举和刘武周，都是隋末唐初的地方割据势力。他们性格都很豪爽，年轻时喜欢结交豪侠之士。后来，趁着隋炀帝末年的政治动荡，各自起兵反叛，并在一系列的军事胜利后，势力日益壮大，称霸一方。后来，薛举进犯唐朝，正锐不可当之时，忽然病死。他的儿子残暴无道，很快就在秦王李世民的进攻下国灭身死。刘武周也一度派遣将领侵犯唐朝，最初虽然获得了胜利，但后来，唐高祖派秦王李世民前来征讨，于是形势急转直下，刘武周连连败北，最后逃奔到突厥，并被杀死。

▶【薛举起事】

薛举是兰州金城人，容貌魁梧伟岸，勇敢果决，箭术高明。他家资殷厚，是当地的富豪，因此他喜欢结交豪侠之士，并受到众人的敬重。隋朝大业末年，他被任命为金城府的校尉，当时天下动荡，陕西一带盗贼蜂起。金城县令郝瑗为了讨伐盗贼，募集了数千士兵，任命薛举统领他们。薛举被授职的时候，大摆筵席，宴请郝瑗等人。正当酒酣耳热之际，薛举与儿子薛仁杲忽然下令埋伏的党羽擒拿住郝瑗等人，谎称他们意欲谋反，自己奉皇上的旨意，前来捉拿他们。然后，薛举起兵造反，很快就囚禁了郡县的官吏，并打开官府的谷仓，分发粮食，赈济贫穷饥饿的民众，自号为西秦霸王，改元"秦兴"，并册封儿子薛仁杲为齐公，小儿子薛仁越为晋公。不久以后，盗贼宗罗睺也率领部下前来归附，被封为义兴公。渐渐地，薛举招附了更多的盗贼，势力越来越强大，军队所到之处，攻无不克，锐不可当。

当时，隋朝将领皇甫绾率领士卒万人，屯守着枹罕（今甘肃临夏）这个地方。薛举率领二千精兵，前来攻袭。两军相逢于赤岸，当时风势很大，朝着薛举的军队刮来，然而皇甫绾却错过了这个大好时机，不肯进击。不久之后，风势忽然转向，刮向皇甫绾的军队，一时天地昏暗，飞沙走石，皇甫绾的军队乱作一团。趁着混乱，薛举率领骑兵，一马当先，冲向敌营。皇甫绾的军队立刻溃败下来。薛举就这样轻松地占据了枹罕。岷山的羌族头领钟利俗得知后，率领两万余人前来归降，薛举一时兵力大振。于是，他将薛仁杲晋封为齐王，东道行军元帅宗罗睺晋封为义兴王，辅佐薛仁杲；而后又封薛仁越为晋王，兼任河州刺史。然后，他又进兵攻陷了鄯州和廓州两地。就这样，在不到十天的时间内，薛举就占领了陇西的全部土地，兵力多达十三万人。

【与唐逐鹿】

大业十三年（617），薛举在兰州称帝，封妻鞠为皇后，仁杲为太子。然后，他在其祖坟所在地修建陵墓，又率领数万士兵，在陵墓前举行隆重的祭奠仪式。祭奠仪式结束后，他派遣仁杲围困秦州，派仁越发兵剑口，侵略河池等地，然而河池太守萧瑀拥城据守，阻挡了仁越的进攻。他又另外派遣常仲兴过河，攻击李轨，与李轨的部将李赟在昌松展开激战，结果常仲兴战败，全军覆没。而此时，薛仁杲已经攻下秦州，于是薛举迁都秦州。

薛仁杲率兵骚扰扶风等地，却遭到汧源人唐弼的抵抗，相持不下。起初，唐弼曾经拥立李弘芝为皇帝，部下有十万士兵。薛举派遣使者招附唐弼，于是唐弼杀死弘芝，投奔薛举。然而，趁唐弼放松戒备之时，薛仁杲率兵偷袭唐弼，部众归降，唐弼在慌乱之中，仅仅率领数百个骑兵，仓皇逃走。因为唐弼部下的归降，薛举的兵力更加强盛，号称有二十万。正当他意欲进

军京师之时，高祖入关，于是薛举改变计划，留下来攻打扶风一带，却被秦王击溃，士兵被杀死数千人，一直被追击到陇地。薛举素来知道秦王的威名，心存畏惧，意欲放弃陇地逃跑。郝瑗建议和梁师都结盟，并贿赂突厥，一起向东进发。薛举听从了他的建议，约突厥的首领莫贺咄设一起侵占唐朝的国都长安。碰巧，唐朝都水监宇文歆此刻正出使突厥，在莫贺咄设的营帐中，听闻此事后，立刻游说莫贺咄设，使其取消了和薛举联兵东犯的念头。薛举的联盟计划就此破产了。

武德元年（618），丰州总管张长逊发兵攻击罗睺，薛举得知后，立刻调遣全部兵力，前去增援罗睺，军队驻扎在析墌，并时常派遣一些散兵游勇，骚扰岐、豳两地。秦王世民前来截击，驻扎在高墌。秦王猜想薛举因为军粮不足，想要速战速决，因此秦王就坚壁清野，拒不出战，以此来拖垮薛举。适逢秦王生病卧床，薛举屡屡派兵挑衅。行军长史刘文静、殷开山等人，倚仗唐军兵力众多，因此心生懈怠，毫无防备。薛举趁机率兵在他们的背后

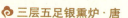

三层五足银熏炉·唐

发动突袭，唐军大败，死者过半，大将慕容罗睺、李安远、刘弘基等人全部战死。秦王被迫退到京师，薛举攻占下高墌，薛仁杲向宁州逼近。郝瑗又提议说："现在唐军吃了败仗，官兵被俘虏的不计其数，军心动摇，正是乘胜追击、直逼长安的大好时机。"薛举赞同他的意见，正打算依计而行的时候，却忽然生病，很快就死掉了。太子薛仁杲即位后，将薛举谥为"武皇帝"，但还没来得及安葬父亲的尸体，就被杀死了。

【兵败国灭】

薛仁杲力大无穷，骑术和箭术都很高明，军中号称他的勇悍足以抵挡万人。起初，薛举每次打胜仗后俘获的俘虏，薛仁杲都要割掉他们的舌头或鼻子。薛仁杲的妻子性情也很残暴，喜欢用鞭子抽打人，被打之人常常疼得在地上翻来滚去，于是她就将被打者的双脚埋在土里，使他露出腹背，继续狠狠地抽打。薛仁杲杀死了很多人，也四处奸淫，抢占别人的妻妾。他曾经擒获庾信的儿子，但庾信的儿子拒不投降。薛仁杲大怒，将他用火烤熟，把他身上的肉一片片割下吃掉。当他攻克秦州的时候，将秦州的富人倒挂着，将醋注入他们的鼻子，或者戳他们的阴部，以勒索

其钱财。薛举尽管也非常暴虐残忍，但和薛仁杲相比，则逊色多了，因此每每告诫薛仁杲说："你虽然很有才略，性情却过于暴虐，将来肯定会毁掉我们整个家族。"

薛仁杲即位后，对与他曾经关系不太融洽的将领，都心存猜忌。谋臣郝瑗因为薛举的病逝而流泪不止，以至于一病不起，这削弱了薛仁杲的实力。此时，秦王再次率领军队驻扎在高墌，手下的将军求战心切，秦王说："我军刚刚吃了败仗，士气消沉；而敌军刚刚打了胜仗，因此会心生骄傲。我们要闭城不战，挫伤他们的锐气，然后等到他们士气低落的时候，伺机出击，一鼓作气，就能擒获薛仁杲。"于是秦王向军中下令说："想要迎战的都立即处死！"这样过了很长时间后，薛仁杲的军粮供应不足，唐军再次有将领提出迎战，但秦王照旧不答应。不久，薛仁杲的部将牟君才、内史令翟长懋就率领部众向秦王投降了，左仆射钟俱仇也献出河州，向秦王投降。秦王估计破敌的时机成熟了，于是派遣将军庞玉在浅水原向宗罗睺发动进攻。战斗正酣之时，秦王率领精兵，攻击敌军的背后。宗

🏵 三彩四孝塔式罐·唐

罗睺大败，秦王率领骑兵一路追奔，同时命令全军出击，说："机不可失。此时追击一定能大获全胜，势如破竹。"半夜的时候，唐军来到析墌，等到天将亮，唐军已将析墌围得水泄不通。薛仁杲率领官员一起出城归降，秦王派大将薛仁杲押送到京师，将他与几十个党徒一起斩首。薛举父子的王国就这样覆灭了，它仅仅在陇西存活了五年。

当薛仁杲开城投降的时候，诸将纷纷向秦王庆贺，并不解地问秦王说："当初，宗罗睺虽然已经溃败，但薛仁杲的势力仍然很强大，足以守城，大王却能够攻下它，是什么原因呢？"秦王回答说："宗罗睺是一员健将，如果不紧紧追击，将他擒获的话，待他返回城中，情况就糟糕了。因此我紧紧追赶宗罗睺，然后迅速围城，兵贵神速，所以就攻克了贼城。"诸将听说后，都很敬服秦王的谋略与见识。

【刘武周智取马邑】

刘武周，瀛州景城人氏。他为人骁勇强悍，骑术和箭术都很高明，性格也很豪爽仗义，喜欢四处结交英雄豪杰。他的哥哥名叫刘山伯，曾经辱骂他说："你良莠不分，乱交朋友，将来一定会毁灭我们的家族。"刘武周心中很生气，因此离家，前往洛阳，在太仆杨义臣麾下做事。后来因为建有战功，被任命为建节校尉。回到马邑后，被任命为鹰扬府的校尉。因为

刘武周在本州早已经卓有名望，太守王仁恭非常器重他，让他监管左右虞侯。后来，刘武周与王仁恭的侍女私通，因为害怕事发被杀，兼以眼见天下动荡，心中有觊觎帝位的野心，因此在大庭广众之下煽动众人，说："今年本州饥荒，路上到处都是死人的尸骨，然而府君却不打开粮仓，赈济百姓，这哪里是顾念百姓的好官呢？"众人受到这番鼓动后，都很愤怒，对太守心怀不满。刘武周知道人心已经动摇，于是假装有病，在家卧床修养。等到他结交的豪杰之人前来探疾的时候，杀死耕牛，摆设酒席，大声说："现在四处都是盗贼，大家都饥饿难忍，那些安守本分、循规蹈矩的人，都活活地饿死在野外。现在官府里粮食多得都快腐烂了，有谁愿意和我一起前往，取些粮食出来？"在座的宾客纷纷响应。大业十三年（617），他率领着同伙张万岁等十多人，来到太守办公的衙门，刘武周假装拜见太守，张万岁从后面悄悄溜出，将太守杀死，然后提着头颅走出来，遍示众人。大家都很惊骇，不敢有丝毫的反抗。于是，刘武周打开官府的谷仓，赈济贫穷饥饿的百姓，并向辖地内的各城发出檄告，各城纷纷归附。很快，刘武周就得到上万兵马，自称太守，又派遣使者前往突厥，表示依附于突厥。

【僭称帝号】

雁门的郡丞陈孝意，以及虎贲郎将王智辩，共同发兵将刘武周所在的

列传

新唐书

桑干镇团团围住。危急中突厥的援兵赶到了，刘武周和突厥人合击王智辩的军队。王智辩大败，陈孝意仓皇逃跑，回到雁门，然而雁门人却将他杀死，将城献给刘武周。刘武周于是发兵攻克了楼烦，进入汾阳宫中，将宫女作为礼物，赠送给突厥作为回报，突厥的始毕可汗则送给刘武周很多马匹。因此，刘武周的兵力日渐强盛，不久就攻下定襄。突厥将刘武周立为"定杨可汗"，武周称帝，将妻子沮立为皇后，年号为"天兴"，又任命卫士杨伏念为左仆射，妹婿苑君璋为内史令。

起初，上谷的宋金刚拥兵万人，与魏刀儿结成同盟。当窦建德攻打刀儿的时候，宋金刚率领援兵前来救援，却被窦建德打败，因此率领残部四千余人退到西山。窦建德想要招抚宋金刚，宋金刚却面对手下诸将，悲愤地说道："窦建德杀死了魏王，我绝不接受招安，诸君可以带着我的头颅，前往窦建德的兵营，换取荣华富贵。"说完后，宋金

彩绘涂金着明光铠武士俑·唐

刚拔出刀来，想要自刎，众人紧紧抱住他，哭成一团，于是宋金刚带领部众，前来归附刘武周。刘武周早就听说宋金刚善于用兵，心中大喜过望，将他封为宋王，将征战之事交托给他，又分掉一半的家产给宋金刚。宋金刚也力图和刘武周结好，于是将妻子休掉，另娶了刘武周的妹妹，并劝说刘武周攻打晋阳，然后向南进军，争夺天下。刘武周授予宋金刚西南道大行台的职务。

【兵败身死】

武德二年（619），宋金刚率领两万士兵，前来攻打唐朝的疆土。军队驻扎在黄蛇镇，又与突厥兵相联合，因此锐不可当，很快就攻克榆次，占领介州，然后进军合围太原。高祖命令太常少卿李仲文率兵抗击，然而全军覆没，李仲文独自狼狈地逃回来。宋金刚趁势攻克平遥，攻占石州，杀掉刺史王俭，并侵犯浩州。高祖又命令右仆射裴寂为晋州道的行军总管，率领军队前来拦截，

34

然而裴寂也不幸战败。

齐王李元吉得知后，心中害怕，于是离开并州，匆忙逃走了，刘武周立刻率兵占领了并州。然后，他又派遣宋金刚攻陷了晋州，擒获了右骁卫将军刘弘基，然后又攻克浍州。夏县人吕崇茂杀死了县令，自称魏王，响应刘武周。隋朝的河东守将王行本也与刘武周合兵一处。形势一时急转直下，关中的人们听说后，心中惊惶不安。

高祖于是诏令秦王率兵前来攻打刘武周，军队驻扎在柏壁。又诏令永安王李孝基与于筠、独孤怀恩、唐俭等人，率兵攻打夏县却没有成功，军队驻扎在夏城的南面。吕崇茂与刘武周的部将尉迟敬德，率领军队袭击李孝基的军营，将四位将领全部擒获。然后尉迟敬德返回浍州，遇上秦王的军队，秦王主动出战，在美良川这个地方击溃了尉迟敬德。尉迟敬德于是和其他的将领前往蒲地救援王行本，然而秦王再次将他们击溃，蒲州向秦王归降。

此刻高祖来到了蒲津关，秦王得知后，从柏壁轻骑而来，拜谒父皇，宋金刚趁机围困住绛州。等到秦王返回的时候，宋金刚又赶紧带兵退去。这时，刘武周在浩州攻打李仲文，却无法攻克守城。刘武周派遣部将黄子英护送粮草，骠骑大将军张德政得知后，率兵将黄子英杀死，并俘虏了手下的士卒。由于连连败北，刘武周的军心动摇，甚至有将领偷偷逃跑。

宋金刚也因为缺乏粮草，被迫引

兵退去，秦王率兵一直追击到雀鼠谷，期间打了八仗，宋金刚屡战屡败，士兵被杀死数万人，辎重也丧失了上千乘。宋金刚于是逃窜到介州，唐军在背后紧紧追赶。宋金刚被迫率领余下的两万残兵从西门而出，背向城池列开阵形，军队绵延达七里之长。

秦王见状，于是将军队一分为二，北军由李世勣、程咬金、秦叔宝等人率领，南军由翟长孙、秦武通等人率领。两军开战后，秦王率领精锐骑兵冲上前来，击破宋金刚的阵营，宋金刚骑马逃走，尉迟敬德、寻相、张万岁等人却向秦王投降了。秦王接管了宋金刚的兵众，轻而易举地收复了介州。

刘武周闻讯，也率领着五百骑兵，放弃了并州城，逃入突厥。等宋金刚喘过气来，他重新收聚起残兵，想要拼死一战，然而手下的士卒却不肯从命，于是他只好率领百余骑兵，投奔突厥而去。就这样，并州被平定了，整个河东失地全部被收复。

不久以后，宋金刚背叛了突厥，想要返回上谷，然而他刚上路不久，就被突厥人发觉，突厥人派出追兵，将他杀死了。刘武周也想回到马邑，然而不慎泄密，突厥也将他一同杀死了。曾经煊赫一时的"定杨帝国"，仅仅存在六年就覆灭了。

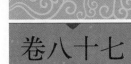
辅公祏 梁师都列传

辅公祏和梁师都，是唐初的另一重要割据势力。辅公祏最初和同乡人杜伏威聚众为盗，等到势力逐渐壮大，杜伏威对辅公祏心生疑忌。后来杜伏威归顺唐朝，入朝觐见之际，辅公祏发动兵变，举兵反唐。唐高祖派数路大军，联合讨伐，辅公祏兵败，后来在逃跑途中被擒获，并被处死。梁师都最初是夏州的豪姓大族，在隋朝末年起兵反叛并称霸一方。后来，在与唐军交战后，梁师都连连失利，于是企图勾结突厥，共同攻打唐军，但没有如愿以偿。后来，唐朝大军压境，他被堂兄弟梁洛仁杀死。

【义军领袖辅公祏】

辅公祏，是齐州临济人氏。隋朝的时候，他和同乡人杜伏威聚众为盗，侵犯淮南一带。慢慢地，杜伏威的兵力越来越强大，于是自称总管，以辅公祏为长史。当时，李子通占据江都一带，杜伏威派遣辅公祏带领数千精兵，渡江袭击李子通的军队。李子通的兵力是辅公祏的十倍，士卒精壮，锐不可当。于是辅公祏细心甄选了一千勇士，手持大刀，站在队伍的前列，又安排一千士兵紧随其后，下令说："任何人都只许前进，不许后退或逃跑，违令者，杀无赦！"其余的士兵殿后而行。队形刚刚布好，李子通就率领着整齐的方阵逼过来。这时，那些手持长刀的勇士一跃而起，个个奋不顾身，辅公祏又派遣军队左右夹击，李子通的阵容顿时大乱，很快溃败下来，几千士兵如潮水一般涌来，又如潮水一般退去，全部缴械投降了。后来，杜伏威以此次胜利为契机，派遣使者前去觐谒高祖，表示愿意归附唐朝。武德二年（619），高祖下令授予辅公祏为淮南道行台尚书左仆射，封舒国公。

然而，历史的发展总是有着惊人的相似之处，再亲密的合作伙伴也总会有裂缝的时候。当杜伏威与辅公祏最初起事的时候，两人关系非常亲密。杜伏威又推辅公祏为兄，因此军中都称辅公祏为辅伯，像敬重杜伏威一样敬重他。但渐渐地，杜伏威心生猜忌，对辅公祏颇为忌惮，唯恐其生二心，于是让自己的养子阚棱做左将军，王雄诞做右将军，让辅公祏做仆射；暗中剥夺了他的权柄。辅公祏心中怏怏不乐，于是假装师从故人左游仙，学习辟谷术，以韬光养晦。

【反唐兵败】

武德六年（623），高祖招杜伏威入朝，如此一来，杜伏威在淮南的势力便会成为辅公祏的囊中物。正是出于这层考虑，以及对辅公祏的猜忌，杜伏威决定由王雄诞执掌兵权，名义上让他辅佐辅公祏，暗中却告诫王雄诞说："我到京师后，你一定要恪守职责，小心辅公祏发动叛乱。"杜伏威离开后，左游仙游说辅公祏，怂恿他叛乱。碰巧王雄诞在家生病卧床，实乃天赐良机，于是辅公祏夺取了他的兵权，然后欺骗大家说，杜伏威密令他举兵起事。八月，辅公祏称帝，国号为"宋"，定都于陈国故宫；然后他杀死王雄诞，任命百官，以左游仙为兵部尚书、东南道大使、越州总管，同时他下令锻造各种兵具器械，搜集粮食，派遣徐绍宗入侵海州，陈正通侵犯寿阳。闻讯后，高祖诏令越郡王李孝恭前往九江，岭南大使李靖前往宣城，怀州总管黄君汉前往谯州，齐州总管李世勣从淮、泗两地，合兵讨伐。

李孝恭攻下芜湖等地，占领了梁山三镇。河南安抚大使任瑰攻占了扬州，守将龙龛投降。辅公祏又派遣冯惠亮、陈当世驻扎在博望山一带，陈正通、徐绍宗率领士兵，驻扎在青州山一带抗击唐军，孝恭率领军队大破敌军，惠亮、正通仓皇逃走，李靖一路在后追击了上百里，敌军溃不成军。辅公祏恐慌不已，弃城而逃，率领数万士兵，前往会稽和左游仙会合。然而一路溃逃下来，军心早已动摇，逃亡的士兵越来越多，等到了毗陵的时候，辅公祏手下仅剩下区区五百士兵，部将吴骚、孙安密谋擒获他，押送到唐朝。

辅公祏得知此事后，惊慌不已，赶紧与数十名心腹逃往武康，匆忙之下，连妻子儿女都抛弃了。然而，此时的他已经犹如过街之鼠，人人喊打，他在逃跑的路上便被乡民抓获，押送到丹阳。李孝恭下令将他杀死，并将人头传送到长安。从辅公祏辅佐杜伏威起事，割据江东，到辅公祏被杀死，历经十三年，至此江南被彻底平定。

【割据势力梁师都】

梁师都，夏州朔方人氏。他是郡中的豪姓大族，在隋朝时，他的官

🌸 狩猎纹高足银杯·唐

唐代酒具，1970年陕西西安南郊何家村出土。器身饰珍珠纹地，在地纹上用阴线刻出狩猎纹及奔跑的野猪、鹿、狐等。内底刻有工匠名"马舍"二字。

职是鹰扬府郎将。大业末年，他罢职回家，结聚乡中的豪猾之徒，起事反叛，杀死了郡丞唐世宗，占领了全郡，自称为大丞相，并与突厥的军队联合，四处攻城略地。后来，他战败隋朝将领张世隆的军队，占领了雕阴、弘化、延安等地。于是，他自立为梁国皇帝，又在城南举行祭天大典，又从地下挖出玉印，心中大喜过望，以为是祥瑞之兆。突厥的始毕可汗派人送来旌节，封他为大度毗伽可汗。于是，他带领着突厥士兵，占据河南，攻克了盐川等郡。

【勾结突厥】

武德二年（619），梁师都派兵进犯灵州（今宁夏灵武），长史杨则将他打退。于是梁师都与上千突厥骑兵在野猪岭一带驻营，延州总管段德操勒兵不动，不肯与梁师都交战。等到梁师都的士气更加低落时，段德操派兵出击。双方战斗正酣时，段德操率领着骑兵，出其不意地从侧翼袭击梁师都。梁师都的军队立刻溃败下来，四散逃跑，段德操乘胜追击了二百余里，俘获士兵无数。不久，梁师都再次率领五千士兵入侵，段德操出击，梁师都再次全军覆没，部将张举、刘旻等人纷纷投降。两战皆负，梁师都心怀恐惧，于是派遣尚书陆季览前往突厥，游说处罗可汗："隋朝已经灭亡，中国现在已经四分五裂，各地的割据势力势

三彩卧驼·唐

均力敌，都很弱小，因此纷纷依附于突厥。现在唐朝消灭了刘武周，国力非常强盛，正四处用兵，征讨各地的割据势力。师都很快也要溃败了，但突厥也危在旦夕。愿可汗效法魏孝文帝，引兵向南，前去攻击唐军，师都愿意做您的前锋。"处罗听从了他的建议，于是派遣莫贺咄设入侵五原，泥步设和梁师都进逼延州，处罗也亲自率兵，前来攻打太原，突利可汗则与奚、契丹等部落在幽州会合，窦建德也派兵从滏口出发，和可汗在晋、绛会师。但不久，处罗就死掉了，联攻的计划就此破产。

武德六年（623），梁师都的部将贺遂、索周等人，献出其管辖的十二州，归降唐朝。梁师都的兵力大为削弱，段德操趁机调出全部兵力，前来攻打东城，很快就将它攻克了，梁师都守据着西城，龟缩在城中。他派出使者向突厥颉利求救，颉利调拨了上万的精锐骑兵，前来增援。以前，稽胡大帅刘仚成率领众人归附梁师都，后来梁师都却听信谗言，杀死了刘仚成。刘仚成的部下心怀疑惧，如今见梁师都兵力日弱，于是纷纷反叛。梁师都的形势越来越危急，于是前去朝见颉利，唆使他向南侵犯，于是边境烽火连连，永无宁日，而突厥的势力也渐渐扩张到渭桥一带。

后来突厥国内政治动荡，梁师都失去了突厥的依靠，变得孤立无援。唐太宗趁机写信给他，劝他归降，被梁师都拒绝了。于是诏令夏州长史刘旻、司马刘兰前去攻打梁师都。唐军释放了俘虏，让他们回营，离间君臣间的关系，让梁师都君臣间互相猜忌。唐军又派出骑兵，毁掉庄稼，断绝了城中的粮草，士卒饥饿难耐，人心惶惶。于是梁师都手下的健将辛獠儿、李正宝、冯端等人，密谋擒拿梁师都，归降唐朝，未能成功，李正宝等人逃走了。

【身死国灭】

贞观二年（628），刘旻、刘兰上奏朝廷，说攻打梁师都的时机已经成熟，趁此机会可以一举消灭他。于是太宗下令柴绍、薛万均率军前来，又命令刘旻率领精兵强将，攻克朔方东城。颉利得知后，立刻率领骑兵，前来增援。这时天气奇冷，飘着鹅毛大雪，冻死了援兵的很多羊马。柴绍掉转马头，前来迎战，打败了援兵。然后率军兵临西城城下。城中守兵眼见最后的希望已经破灭，人心霎时就崩溃了。梁师都的堂兄弟梁洛仁见状杀死了梁师都，控制了局势，随即宣布投降唐朝。

就这样，梁师都从起兵割据夏州，到被梁洛仁杀死，共统治了十二年。

刘弘基 程知节 柴绍列传

刘弘基、程知节和柴绍，都是唐初有名的战将，为唐朝的建立和稳定立下了汗马功劳。程知节最初为李密效力，后来被王世充擒获。他伺机逃脱，投奔了秦王李世民，后来追随秦王打败了王世充、窦建德等割据势力，不久又参与了玄武门之变。柴绍是唐高祖的女婿，高祖起兵后，他前往太原追随高祖。后跟随高祖南征北讨，功勋卓越，并消除了党项等族对唐朝边境的侵扰。

▶【三朝功臣刘弘基】

刘弘基，雍州池阳（今陕西泾阳和三原）人氏。他年轻时，依赖祖上的功勋，被补授为隋朝的右勋侍。大业末年，他跟随炀帝出征辽东，因为财物匮乏，走到汾阴时，害怕因为误期而被处死，于是和部下故意犯法，杀死了牛，并指使官吏将他逮捕入狱。一年多后，他被赎出，从此四处逃亡，靠偷盗马匹来养活自己。到太原后，他暗中为高祖效力。他又察觉到太宗气度非凡，于是特别和太宗交好。从此，他蒙受信任礼遇，和太宗一同骑马出入，甚至间或被延请到内室。高祖将要起兵时，刘弘基募集士兵，得到两千人。后来，王威等人阻挠起兵，刘弘基就和长孙顺德埋伏在门后，命令左右捉拿他们。他随军攻克了西河，宋老生兵败后，跳下坐骑，躲在壕沟里。刘弘基将他斩首，因此被拜授为右光禄大夫。军队来到蒲地后，他引兵率先渡过黄河，攻克

了冯翊。后来，他被任命为渭北道大使，殷开山担任他的副使。他向西攻克了扶风，兵力达到六万人，后引军向南，渡过渭水，驻扎在长安的旧城。隋朝将领卫文升率兵前来应战，被刘弘基打败，活捉了上千名士兵。当时各路兵马还没有赶到，刘弘基立下了头功。高祖很高兴，赐给他二十匹马。平定京师后，他的功劳最大，被任命为右骁卫大将军。

朝廷出兵征讨薛举，在浅水原（今陕西长武东北）和敌军交战，八总管的兵马都战败覆没，只有刘弘基奋力作战，后来箭矢用尽，被敌人活捉了。高祖因为他临危不屈，就特别照顾他的家属。后来，薛仁杲被平定后，刘弘基才得以还归朝廷，官复原职。刘武周侵犯太原时，他驻扎在平阳，再次被敌军擒获。不久，他逃出敌营，被任命为左一总管。后来，他跟随秦王驻扎在柏壁，率领两千精兵，取道隰州，进逼西河，截断敌军的退路。

敌军兵力十分强盛，刘弘基于是坚守不战，以养精蓄锐。等到宋金刚败逃时，他率兵尾随到介休，然后与秦王合兵出击，大败敌军。多次迁升后，他被封为任国公。后来又随军征讨刘黑闼，班师后，擢升为井钺将军。适逢突厥侵犯边境，他率领上万步骑兵守备边疆。他在豳州北面，东至子午岭，西至临泾，修筑了很长的防御工事。

贞观初年，李孝常等人谋反，刘弘基因为与他交往受到牵累，被贬为平民。一年多后，他被起用为易州刺史，恢复了封爵。后来又被召回朝廷，授任为卫尉卿，并改封夔国公。他以年老请求辞职，被封为辅国大将军，只在初一和十五参加朝会，俸禄和职事官相同。太宗征讨辽东时，任命他为前军大总管，在驻跸山与敌军交战，立下功勋，封户被增加到一千一百户。死后，他被追赠为开府仪同三司、并州都督，并陪葬昭陵，谥号"为襄"。

起初，刘弘基生病后，赐给每个儿子十五名奴婢，五顷田产，并对他所亲近的人说："如果子孙贤明的话，他们就无须依赖很多的钱财；如果他们不成器的话，守着这些田财，也可以免受饥寒之苦了。"然后将其余的钱财都散发给亲属乡党。

【"混世魔王"程知节】

程知节本名叫程咬金，是济州东阿人氏。他武艺高强，善于使用马槊。隋朝末年，群盗蜂起，程知节的故乡也有盗贼侵犯，于是程知节聚集了数百名壮丁，保护乡里的安宁。后来他投靠李密的部队。当时李密挑选了八千士兵，由四个骠骑统领，分为左右卫军，号称为"内军"。李密常吹嘘说："这些士兵可以抵挡百万大军。"程知节当时被任命为四骠骑之一，很受李密的器重。后来王世充与李密交战，程知节率领内骑驻扎在北邙，单雄信率领外骑驻扎在偃师。王世充袭击单雄信的骑兵，李密派遣程知节和

⊙ 彩绘骑马武士木俑·唐

高昌王族张雄（584～633）墓随葬大量木俑。张雄是高昌左卫大将军，兼兵部要职，死后葬仪隆重。这组骑马武士木俑是他的部分仪仗队。木俑制作均分段雕刻出人物的上身、下身（与马的躯体连在一起）及马首、四肢，胶合成型。接缝处粘贴纸条，最后通体施以彩绘。

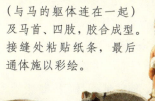

白话精编二十四史　第七卷

列传

新唐书

🔶 瓦岗寨咬金拜大图

此为清末年画，描绘在隋末好汉秦琼之母的寿宴上，程咬金与三十六条好汉义结金兰，并拜咬金为老大，共同起义瓦岗寨的场景。

裴行俨前去援助。救援途中，裴行俨被流矢射中，从马上滚下来，眼看就要被敌军擒获。危急之中，程知节立刻策马上前，前去救援。他挥舞着长矛，顷刻间就杀死了数名敌兵，敌军见状，惊惧万分，纷纷逃避，程知节翻身下马，将裴行俨抱在怀里，然后翻身上马，策马而去。追兵手执长矛，向他刺过来，他猛地回身，折断长矛，杀死了追兵，然后脱险而去。后来李密战败，程知节被王世充俘获。然而程知节鄙夷王世充为人狡诈凶残，于是与秦叔宝一起，从王世充军营里逃出，前来投奔唐朝，被任命为秦王府左三统军。从此，程知节追随秦王南征北战，先后打败了宋金刚、窦建德、王世充等地方割据势力。每次作战时，他都身先士卒，勇猛杀敌，因为屡建

战功，被封为宿国公。武德七年（624），因为李建成向高祖进谗言，程知节被贬为康州刺史，于是他向秦王说："大王身边的股肱大臣都被调走了，您独立无援，恐怕难以避免杀身之祸了。知节宁死，也不愿离开大王左右！"于是，李世民发动了玄武门之变，程知节也参与其中。事变成功后，程知节被封为太子右卫率。贞观年间，程知节历任泸州都督、左领军大将军，改封为卢国公。显庆二年（657），程知节被授予葱山道行军大总管，以讨伐贺鲁的势力。军队驻扎在怛笃城，数千胡人开城投降，然而程知节却屠城而去，贺鲁趁机逃脱而去。因为屠城和错失战机，军队班师后，程知节被免去职务。不久，又被拜为岐州刺史，程知节上表告退，善终于家。死后，他被高宗追赠为骠骑大将军、益州大都督，陪葬昭陵。

🔻【驸马柴绍】

柴绍，字嗣昌，是晋州临汾人氏。他年幼时矫健勇猛，喜欢行侠仗义，并因此闻名乡里。起初，他在隋朝担任太子千牛备身一职，高祖将平阳公主嫁给了他。高祖将要起兵的时候，柴绍绕小路前去奉迎。当时太子建成和齐王元吉也从河东动身，他们在路上相逢。建成说："现在朝廷到处都

张贴着捉拿我们的通告，我们时刻都有被捕的危险，不如依附那些势力强大的割据势力，先保全自己，再从长计议。"柴绍却持异议，说："不能这样。如果依附别人，他们知道你是高祖的公子，必然捉拿你献给皇帝，以邀功请赏，这样就白白死掉了。我们不如赶紧前往太原。"到达雀鼠谷以后，听说高祖已举兵起义，大家都说柴绍深有谋略，庆幸依从了他的计策。

柴绍被授予右领军大都督府长史，统领弓箭手，骑马前往晋阳。军队先抵达霍邑城下，柴绍观察形势后，禀告高祖说："宋老生只是一介武夫，有勇无谋，等到我军赶到，他一定会出城迎战，到时候可以活捉他。"等到大军到来，果然不出所料，宋老生出城迎战，柴绍奋勇杀敌，立下功勋。后来他跟随高祖，又攻克了临汾、绛郡等地，隋朝将领桑显和前来迎战，柴绍率军绕到他的背后，然后与史大奈同时进攻。桑显和前后受敌，很快就溃败下来，于是唐军平定了京师。柴绍升任右光禄大夫，被封为临汾郡公。高祖即位后，他被拜为左翊卫大将军，跟随高祖南征北讨，功勋卓著，被封为霍国公，并擢升右骁卫大将军。

后来，吐谷浑、党项等部落骚扰唐朝边境，高祖诏令柴绍前往征讨，敌人占据高处，向柴绍万箭齐发，箭镞如雨点般纷纷落在他身边，周围的士兵都大惊失色。柴绍却从容不迫地坐着，让人弹奏胡琵琶，又让两个女子在他眼前跳舞。敌人目睹此状，心生狐疑，于是停止放箭，静观事态的发展。趁着敌人松懈下来的时刻，柴绍偷偷派遣精锐骑兵，从敌人的背后发动袭击，敌人溃败。

贞观二年（628），柴超随军平定了梁师都，被升为左卫大将军。后来又放任外官，为华州刺史，加镇军大将军，改封为谯国公。不久，他生病了，太宗听说后，亲自前去探问。不久，他就病死了，被太宗追赠为荆州都督，谥号为"襄"。他有两个儿子：哲威与令武。哲威担任右屯卫将军，承袭他的爵禄。因为弟弟谋反受到牵连，被流放到邵州。后来又被起用，担任交州都督。令武娶了巴陵公主，官至太仆少卿、卫州刺史、襄阳郡公。因为和房遗爱一起谋反，被贬为岚州刺史，后来自杀。公主也被赐死。

白话精编二十四史

第七卷

论赞

赞 曰：将要有帝王兴起时，他的神威之气，往往能够感物动人，因此士人会欣然归附。就如营造宏伟的宫室，每根梁木都能各得其用，各施其才，然后宫室就能顺利地建好。这些将领就如梁木一样，辅佐帝王建立帝业。而且，他们都能谨守礼法，慎始慎终，为后世树立了贤明的榜样。

李勣列传

李勣是唐初的开国名将之一。他富有谋略，用兵如神，年轻时追随李密，为李密出谋划策，打败王世充，并攻取黎阳的粮仓。后来归顺朝廷后，他跟随李世民统一了全国。唐太宗即位后，他率兵击退了突厥的侵犯。他因为才干和忠诚，深得太宗的器重。高宗即位后，他被委以要职。后来高宗想要立武氏为后，遭到老臣的反对，但李勣的中立态度，最终使高宗下定决心，将武则天立为皇后。他用兵如神，知人善任，也非常爱护士兵，因此深得众人的敬重和爱戴。

▶【追随李密】

李勣，字懋功，是曹州离狐人氏。他原姓徐，长期客居于卫南，家中殷富，童仆众多，谷仓中积粮如山。但他和父亲都性格豪爽，乐善好施，周济了很多人，不论亲疏，一视同仁。

隋炀帝大业末年，韦城翟让聚众起事，当时李勣才十七岁，得知后立刻投奔翟让。他劝翟让说："您不应该剽掠残害乡里的父老邻居。宋、郑两郡是繁华之地，商旅云集，御河上，整天来往的船只络绎不绝。您不如到那儿去剽掠，为军队夺取给养。"翟让听从了他的建议，抢劫了许多公私船只的财物，兵力大振。后来，李密逃亡到

舞马衔杯纹银壶·唐

1970年陕西西安何家村出土。此马的舞姿正与唐人张说《舞马千秋万岁乐府词》中所咏"更有衔杯终宴曲，垂头掉尾醉如泥"的诗句相印证，充分发挥了丰富的想象力，富丽华美，实属唐代金银工艺精品。

雍丘，李勣与浚仪人王伯当共同游说翟让，劝他拥立李密为主。他们以奇计打败了王世充，李密任命李勣为右武侯大将军、东海郡公。

当时，河南、山东水灾严重，隋炀帝让饥民前往黎阳（今河南浚县），到黎阳的官仓领取粮食，然而官吏却不发粮，每天饿死数万人。李勣向李密说："天下动荡，本是因饥荒而起，

现在您若打开黎阳的谷仓，以此招募军队，一定能成就大事。"于是李密让李勣统率麾下的五千士兵，与郝孝德等人渡过黄河，袭击黎阳，然后打开粮仓，让饥民吃了个饱，不到十天，就招到二十万精兵。宇文化及听说后，率兵北上，李密命令李勣守住粮仓，李勣在城外挖掘了很深的壕沟。当宇文化及发动进攻的时候，李勣率兵从地道出来，出其不意地奇袭敌军，宇文化及大败而去。

武德二年（619），李密归顺朝廷，他的地盘东临大海，南至长江，西到汝州，北抵魏郡，当时全部由李勣辖管。李勣对长史郭孝恪说："这些疆土和人口，都是魏公的。我如果进献给朝廷，是落井下石，利用魏公的失败，将他们窃为己有，这是十分可耻的。"于是登记郡县的户口，写信告诉李密，让他自己呈献给高祖。信使到京师后，高祖很奇怪使者没有携带奏表，使者传达了李勣的意思。高祖高兴地说："这是忠诚的大臣啊。"于是下诏任命他为黎州总管，封莱国公。赐姓李氏，后来改封曹国公。又下诏命令李勣总领河南、山东的兵事，与王世充作战。后来李密因谋反被诛，高祖派遣使者告诉他李密谋反的情状。李勣请求收葬李密的尸骸，高祖答应了他的请求。于是李勣身穿丧衣，行君臣之礼，安葬完毕才脱下丧衣。

后来，李勣跟随秦王李世民，平定了窦建德、王世充、刘黑闼、徐圆朗、辅公祐等地方势力，为唐王朝的统一，立下了赫赫战功。

【击败突厥】

太宗即位后，李勣被拜为并州都督。贞观三年（629），被任命为通漠道行军总管，出兵云中，与突厥作战，击退了突厥。然后他率兵与李靖会师，说："颉利如果穿过沙漠，受到九姓部落的拥戴，我们就很难抓住他们了，不如现在在轻装追击，不用血战就可以活捉他们。"李靖听说后大喜过望，因为这和他的想法不谋而合。于是，李靖连夜率兵出发，令李勣紧随其后。颉利想从碛口逃走，但李勣守候在那里，他无法通行，被迫率领部族五万人，向李勣投降。太宗下诏，拜李勣为光禄大夫，兼任并州大都督府长史。适逢父亲去世，李勣解职还乡，丧期未满就官复原职，改封为英国公。他治理并州达十六年之久，以威武严格著称。太宗曾经说："炀帝不选择良将，镇守边地，却驱使民众修筑长城，用来防备边疆。如今我任用李勣治理并州，突厥不敢南犯，这比长城好多了！"太宗召李勣为兵部尚书，李勣还没赶到朝廷，薛延陀的儿子大度设就率领八万骑兵入侵李思摩，于是，太宗诏令李勣为朔方道行军总管。李勣率领六千轻骑，在青山袭击大度设，杀死一个名王，俘获了五万人，大获全胜。

【君恩深重】

晋王为皇太子时，李勣被任命为

45

詹事，兼任左卫率，不久又任为同中书门下三品。太宗说："皇儿是太子，您是他的旧长史，我将东宫的事托付给您，请你不要因官位卑微而嫌弃。"后来，太宗征讨高丽，任命李勣为辽东道行军大总管，他跟随太宗，再次立下不少功劳。

李勣对太宗十分忠诚，太宗认为可以托付大事。有一次，李勣忽然生病，医生说："要用胡须烧成灰，病才能治好。"于是太宗剪下自己的胡须，用以和药。病好以后，李勣前去谢恩，感动得头都磕破了，鲜血直流。太宗说："我不过是为社稷考虑，你谢什么呢？"后来，太宗留李勣吃饭，看着他说："我想托付幼孤，没有比您更可靠的人选了。您不曾背弃李密，又怎么会背弃我呢？"李勣感恩流涕，以至于咬破了指头。后来他喝得大醉，在席上睡着了，太宗解下衣服，盖在他身上。太宗生病后，对太子说："你对李勣没有恩情，我现在找个借口，将他贬为外官；我死后，你要立刻任他为仆射，他一定会拼死辅佐你。"于是太宗将他外放，任命为叠州（今甘肃迭部）都督。

描金石刻武士像·唐

【拥立武后】

高宗即位后，立刻任命李勣为检校洛州刺史、洛阳宫留守，后来又升任开府仪同三司、同中书门下，参掌朝政机密，渐为尚书左仆射，后来李勣上表，请求解职，高宗应允了。太宗还在位的时候，李勣的画像已被画在凌烟阁，到此时，高宗再次命令给他画像，又亲自作序。又下诏令，命令他可以乘小马出入东、西台，每天有一个小官送往迎来。

高宗想要立武昭仪为皇后，又担心大臣反对，因此犹疑不决。后来高宗召集李勣、长孙无忌、于志宁、褚遂良等人，前来商议，然而李勣却称病不来。皇帝说："皇后无子，罪过莫大于绝嗣的，因此我准备废掉皇后。"褚遂良等人不同意，于志宁则顾望左右，一句话都不肯说。后来，高宗秘

密征询李勣的意见，说："我想要立昭仪为皇后，但顾命之臣都不赞成，我只好打消了这个念头。"李勣回答说："这是陛下的家事，不须征询外人的意见。"于是高宗拿定主意，废掉王皇后，册封武氏为皇后。

总章二年（669），李勣病倒了。他患病以后，皇上和太子赐的药，他就服用，家人想要延请巫医，他不同意。他的儿子们坚持给他喂药，他说："我本是山东的农夫，如今位列三公，年逾八十，这都是命啊！生死由天，哪是医生能改变的呢？"他的弟弟李弼，因为兄长生病，前来探视。李勣忽然说："我感觉略好了一点，可以喝点酒取乐。"于是，奏响乐曲，开始宴饮，让子孙罗列于堂下。酒席将尽时，他向李弼说："我就要死了，现在嘱托你一件事。我目睹房玄龄、杜如晦、高季辅等，他们都是贤明之人，但子孙却不成器。我现在将子孙交付给你，你留心观察，如果其中有不肖的子孙，赶紧打死上奏，免得辱没了祖宗。还有，我死以后，丧事一律从简，装殓时只穿普通衣服，外面套上朝服即可。"

他去世后，高宗得知，为之哭泣流泪，在光顺门为他举哀，七日不上朝。出殡那天，高宗和太子驾临未央古城，哭着前来送别，百官一直送到古城西北。

【生平懿德】

当初，李勣攻克黎阳的粮仓后，前来取食的人很多，高季辅、杜正伦也混迹于众人中，等到平定虎牢、擒获戴胄后，李勣将他们引进内室，以礼相待，并向朝廷举荐他们。两人后来都成为名臣，世人都称许李勣有知人之智。平定洛阳后，单雄信被擒获，他是李勣的故友。李勣向朝廷上疏，称赞其才能武艺，并说："如果赦他一死，他一定会报恩，我愿意献纳我的官爵，来为他赎罪。"高祖不同意，李勣大声恸哭，割下大腿肉给单雄信吃，说："生死永诀，这肉和你同归土中！"单雄信死后，他收养了雄信的遗孤。他天性友爱，姐姐生病后，他亲自为姐姐熬粥，不小心烧掉了胡须。姐姐劝他不要这样，他回答说："姐姐多病，我也老了，即使想多吃几次粥，又还有多少机会呢？"

他用兵善于谋划，料事如神，听到别人的妙策，往往会击掌赞叹；战胜以后，将功劳全部归于属下；得到钱财后，也全部散发给士卒，从不私自敛财。然而，他执法却很严明，因此众人乐意为他效力。战前挑选的将领，都是些相貌奇伟之人。有人问起原因，他说："薄命福浅之人，难以成就功名。"因此他死去之后，昔日的士卒都为之流泪。

王珪 马周列传

新唐书 ●列传●

王珪和马周都是太宗朝有名的谏臣。王珪直言敢谏，敢于指明君王的过失，并予以匡正。他又善于评论人物，深得太宗的赞赏。因为他的正直，太宗委任他为魏王李泰的师傅。马周出身贫寒，后来前往京师，投奔常何，偶尔被太宗发现他的才能，立即被委以要职。他善于进谏，切中时弊，太宗十分欣赏他，甚至从国库拨款，为他购买宅第。

【王珪勇谏君主】

王珪，字叔玠，祖、父都是南朝的官宦之家。他的性情沉静恬淡，为人正直，清心寡欲，交友非常谨慎。隋朝末年，因为汉王杨谅谋反，他的叔父被诛杀，他也受到牵连，因此亡命山中，达十余年之久。后来高祖入关，他被举荐为世子府的谘议参军。李建成被立为皇太子后，他被授予中舍人，很受建成的器重。当时，太子和秦王交恶，高祖斥责王珪不能好好辅佐太子，因此被流放到嶲州（今四川西昌）。建成被诛后，他被太宗任命为谏议大夫。太宗曾经说："君臣如果能同心同德，国家就会安定。我虽不是贤明之君，但所幸有贤明的大臣能够规劝和纠正我的过失。"王珪进言说："古时天子有谏臣七人，如果谏言不被采用，而以死相谏。现在陛下英明贤德，我愿竭尽所能，为陛下效力。"太宗答应了，于是诏令谏议官可以和中书、门下和三品官入阁议事。此后王珪推诚尽忠，规谏佳言，太宗也更加信任他。

一天，王珪觐见时，见一美人站在皇上身边，原来她是庐江王的妃子。太宗指着她说："庐江王暴虐无道，杀了她的丈夫而纳她为妾，怎么会不亡国呢？"王珪闻听此言，立刻离开座位回答说："陛下认为庐江王做得对不对呢？"皇上说："杀了人却夺走他的妻子，罪不容诛，你为什么还问我是对是错？"王珪回答说："我听说齐桓公到郭国，问老百姓：'郭公为何亡国？'老百姓回答说：'因为他褒奖善人，痛恨恶人。'齐桓公说：'如果这样的话，他就是贤明之君了，可怎么会亡国呢？'老百姓说：'他虽然褒奖善人，却并不任用善人；虽然痛恨恶人，却不肯远离恶人，所以他必然亡国。'如今陛下知道庐江王亡国的原因，然而他的爱妃却在你的身边，陛下也知道这是错的，却还要继续做，这就是知错而不能改啊。"听他如此直言相谏，太宗十分赞叹，并深受启发。

太宗派太常少卿祖孝孙来教导宫中的乐人，学习乐律知识。但一段时间后，这些乐人的技艺仍然没有长进，孝孙多次受到皇上的责怪。王珪与温彦博共同上谏说："孝孙是恭谨的读书人，陛下让他来教女乐，又责备他，天下人岂不认为皇上太轻视士人了吗？"太宗愤怒地说："你们都是我的心腹之臣，居然阿附他人，一起欺瞒我，为他们说情吗？"彦博见皇上发怒，心怀恐惧，于是赶紧叩头谢罪，但王珪不肯谢罪，反而仍然据理力争："我本来侍奉前皇太子，罪当受死，陛下怜惜，饶我不死，而且让我参与朝政机密，并要求我忠诚效力。现在陛下却怀疑我怀有私心，这是陛下对不起我，我并没有辜负陛下。"皇上于是默不作声，感到惭愧，从此不再追究此事。

【太宗赏识】

当时，王珪与房玄龄、李靖等人一同辅佐朝政。王珪善于评议人物，因此太宗对他说："你来评评玄龄等人的才干，而且你和他们相比，谁更贤能呢？"王珪回答说："玄龄勤恳奉公，为朝廷不遗余力，这是我比不上的；李靖文武兼备，有将相之才，这是他比我强的；彦博的奏议详尽明了，思虑恰当，我也甘拜下风；戴胄善于处理繁冗的事务，而且都能处理妥当，我自叹弗如；魏徵忠于谏诤之职，一心想辅佐陛

下成为尧舜之君，我不如魏徵。但是，和他们相比，我的长处则是：激浊扬清，嫉恶好善。"面对这番老精当的评价，太宗点头称好。

后来，王珪被封为郡公，因为泄露宫中事情，被贬为同州刺史。太宗顾念他是老臣，不久拜为礼部尚书，兼任魏王泰的师傅。魏王见到王珪，先向王珪行礼，王珪也以师傅自居。魏王曾经请教王珪，怎样才算忠孝，王珪回复道："当朝天子，是您的君主，因此应以忠心来服侍他；当朝天子，也是您的父亲，因此也应以孝心来服侍他。人如果心怀忠孝，不仅可以立身，也可以成名。"魏王说："忠孝的道理，我已受教了，那我该怎么做呢？"王珪说："汉朝的东平王苍曾经说，天底下没有比行善更快乐的事了。希望您记住这句话。"皇帝听

🔴 酱釉乐舞纹执壶·唐

白话精编二十四史

◉ 第七卷 ◉

49

说后，高兴地说："有这样的良师，我的儿子不会犯下过错了。"

王珪自幼就失去了父亲，家境贫寒，多蒙乡人的接济。他富贵之后，重重地报答了当年帮助过他的乡人，即使其人已死，他也赡济他们的家属。他性情和缓，为政也不苛察。他的哥哥早死，他又奉养寡居的嫂嫂，教导侄子，如同自己的亲生骨肉。对宗族中的贫穷者，他给予赈济，然而对自身却很节约，以至于不做家庙，被世人讥讽为"不守礼法"。

【苦儿马周初登仕途】

马周字宾王，博州荏平人。他年幼时父母双亡，家境十分贫寒。然而他酷爱读书，精通《诗经》《春秋》等书。他性格豪迈，常常不拘小节，因而被乡人轻视。武德年间，州里的助教一职空缺，他补任此职，但从不管事。刺史达奚恕屡屡责怪他，于是他离开本州，客居密州。赵仁本推崇他的才气，厚厚地馈赠他，让他入关。途中经过汴州时，被浚仪县令崔贤欺侮，马周心生悲愤，遂向西而行，住在新丰，旅店的主人不理睬他，他却要了一斗八升酒，自斟自饮，旁若无人，众人对此都很惊奇。到了长安，他住在中郎将常何家中。

贞观五年（631），唐太宗下诏百官，让他们议论朝政得失。常何是一介武夫，毫无学问，马周为他条列了20多件事情，一一切中时务，太宗看到奏折后，心中很诧异，便问常何，常何据实以告。太宗立刻召见马周，一盏茶的时间，四次派使者前往催促。马周和太宗见面，交谈十分融洽，太宗大喜过望，

三彩女立俑·唐

该俑高44.5厘米。1959年陕西西安西郊中堡村唐墓出土。俑头梳鬟发垂髻，面颊丰满，秀目顾盼生辉，红唇紧闭，嘴角点黑色妆靥。身穿蓝底黄花衫，下着黄裙，左臂抬起，袖口下垂，右臂前伸，手掌向上，手式纤巧。显露出温婉娴雅、娇柔矜持的女性风度，亦反映出唐代所称尚的浓丽丰硕的艺术风格。

下诏让他进值门下省。第二年，马周被任命为监察御史，他恪职尽责，表现十分出色。唐太宗因为常何举荐有功，赐给常何三百匹丝帛。

【备受恩宠】

马周善于上奏，其奏折条理清晰，切中时弊，深受太宗的赞赏。太宗常说："我一时不见马周就想他。"岑文本对他身边的人说："马周论事，切合情理，没有一句话可以增减，听起来洋洋洒洒，令人振奋。苏秦、张仪、终军、贾谊正是这样啊。他两肩上耸，面呈赤色，一定会很快富贵起来，只是恐怕寿命不长。"不久，马周升任治书侍御史，兼任谏议大夫职务，代理晋王府长史，后来又升迁为中书侍郎。唐太宗远征辽东时，留下马周在定州辅佐太子。太宗回朝后，马周又担任吏部尚书，并提升银青光禄大夫。太宗曾经赐予马周飞白书，上面写着："鸾凤能够直冲霄汉，全凭羽翼的力量；你是我的股肱之臣，希望你能够忠心耿耿。"

因为皇上给予马周很高的礼遇，马周有些洋洋得意。他任御史时，就派人按图购买宅邸，众人认为他以书生起身，向来没有财产，因此都在背后加以讥议和嘲讽。后来，一天，使者告诉他找到了好房子，要二百万钱。马周立刻告诉了皇上，皇上诏令从国库拨款，又赐给他奴婢器物，这时嘲讽他的人们才明白过来。马周又有一个癖好，就是喜欢吃鸡。每次巡幸郡县的时候，一定要州县奉上这道菜。有一个小官为此向皇上告状，皇上却斥责说："我禁止御史吃肉，是害怕州县为此花费太多的钱财，食鸡有什么关系呢？"于是将告状的小官鞭打了一顿。

然而，马周身体并不太好，患消渴病多年，因此太宗亲自到翠微宫，寻找好地方为他营建府邸，经常下诏为他送去御膳，派御医前去探病，又亲身为他调服药剂，太子也前往探视。后来病情加剧，马周就把所上的奏章全部烧掉，说："管仲、晏子显露其君主的过失，以博取身后的名声，我不想这样。"贞观二十二年（648），马周去世，年仅四十八岁。

论赞

赞 曰：马周本来是一介布衣，却在朝为官，能评议国家大事，熟悉各种典章制度，成为辅佐帝王的贤才。他自比为版筑的傅说和垂钓的吕望，而太宗也锐意于建功立业。因此，他以精干之才辅佐太宗，君臣如胶似漆，相见恨晚，是情理之中的事情了。可惜，他的才能不如傅说和吕望，因此不能垂名于青史。

51

褚遂良 韩瑗列传

褚遂良和韩瑗，是唐初两位直言敢谏的谏臣。褚遂良精通书法，并以此得以侍奉太宗。后来他负责记录皇帝的起居事务，非常认真负责，毫不隐瞒太宗的过失。他又匡正太宗的过失，使太宗打消立李泰为太子的念头。在对待邻邦的事情上，他规劝太宗以诚信立国。太宗病重的时候，将他召到床前，封为顾命大臣之一。高宗即位后，想立武昭仪为皇后，他冒死进谏，触怒了武昭仪，被贬斥到潭州。韩瑗也是很有节操的官员，他反对高宗废掉王皇后。触怒高宗后，他依然冒死进谏，后来被贬斥到振州。

▶【褚遂良规谏君主】

褚遂良，是通直散骑常侍褚亮的儿子。他博览群书，工于书法，尤其是隶书和楷书。虞世南死后，太宗曾经叹息说："虞世南死了，再没有可以一起讨论书法的人了。"魏徵于是向太宗举荐了褚遂良。太宗曾经广泛求购王羲之的旧帖，天下人争先进献，难以分辨真伪。褚遂良却能一眼看穿，指明各自出处，于是没有人敢再进献赝品了。

后来，褚遂良被擢升为谏议大夫，兼以记录皇上的起居事务。皇帝说："你记录的起居事务，皇帝能够看吗？"褚遂良奏道："今天的起居一职，就是古代的左右史，无论善恶，都会记录下来，警戒帝王不做非法之事，还从来没有天子自己观看的。"皇帝说："我有过失，你也会记录吗？"他回答道："我的职责是如实地记录帝王的起居，因此您的举动都会记录下来。"太宗的神色有些不高兴，这时，刘洎在旁边说："即使遂良不记录，天下人也会记录的。"太宗的神色于是缓和下来，说："我要以前代为鉴，亲近贤臣，远离奸佞，让史官找不到缺点可以记录。"

当时，太子李承乾已被废除，魏王李泰深得皇上的宠爱，皇上许诺立他为太子。于是，在朝臣聚集的时候，皇上对大臣们说："李泰昨日向我说：'我现在是陛下的儿子，这都是父皇的恩情。我只有一个儿子，我死了以后，将会杀掉这个儿子，把国位传给晋王。'听他这么说，我心中很是感动。"群臣听说后，揣摩到皇上的心意，都默默无言，这时褚遂良却越出班位，向皇上说："陛下失言了。天下哪有这样的帝王，杀死自己的爱子，却将帝位传给自己的兄弟的呢？陛下以前立李承乾为太子，却又宠爱李泰，嫡庶不明，以致出现了种种纷扰。现在，如果您想立李泰为太子，就非得另外安置晋王不可。"于是，皇上流着泪说："我做不到。"经过褚遂良的这番奏议，皇上最终下定决心，诏令长孙无忌、房玄龄等，让他们拥立晋王为皇太子。

褚遂良又十分博学多闻。当时，野雉曾经多次飞进宫中，皇帝于是问群臣道："这是什么祥瑞的征兆呢？"众人都摇头不知，只有褚遂良回答道："秦文公的时候，有小孩子化成野雉，雌的在陈仓鸣叫，雄的在南阳鸣叫。小孩子又开口说话：'得到雄雉的将要做王，得到雌雉的将要称霸。'文公得到雌雉，因此称霸于诸侯。后来，光武帝得到雄雉，在南阳起兵，拥有天下。陛下原本被封为秦王，因此雄雌一同出现。"皇上听后，非常高兴，赞叹说："人要立身，不可以没有学问，褚遂良可以称得上博学之人啊！"

薛延陀请求和唐朝联姻，皇上接受了他的

聘礼，后来又反悔拒绝了。褚遂良说："诚信是立国的根本。薛延陀本来只是一个微不足道的小官，后来仰赖于唐朝的大军北伐，扫荡了沙漠边塞，并将他立为可汗。他对唐朝也怀着报恩之心，多次请求联姻，并没有丝毫的叛心。陛下既然答应了他的请求，现在又出尔反尔，必然会招致他们的怨恨，所失甚多而所得甚少。希望陛下能够重新考虑。"可惜，皇上一意孤行，并没有采纳他的建议。

后来皇上发兵攻打高昌（今新疆吐鲁番市东），平定高昌后，每年都调上千人屯守在那里。褚遂良向皇上劝谏，认为这样不妥，但是皇上此时决意攻克西域，因此并不采纳他的谏言。这时西突厥进犯西州，皇上说："以前，魏徵、褚遂良劝我立鞠文泰的子弟，如果我听从了，也不会有现在的进犯。我现在真感到后悔啊。"皇上又在寝宫旁，修建了居室让太子居住，褚遂良又阻止说："朋友相交太深容易结怨，父子过于亲昵容易产生过失。请您下诏让太子返回东宫，亲近师傅，专注学问，让德行更正直。"太宗听了他的话，觉得很有道

褚遂良像

褚遂良与欧阳询、虞世南、薛稷并称初唐四大书法家，他的书法取先人多家之长，自成一格，唐太宗与魏徵极为推崇。

理，于是接受了建议。

后来皇上病重的时候，将褚遂良、长孙无忌召集到病床前，说："汉武帝曾经向霍光托孤，刘备也将刘禅委托给诸葛亮。我现在也和他们一样，将太子委托给两位爱卿。太子是仁孝之人，希望你们尽力辅佐他。"然后又对太子说："有长孙无忌和褚遂良在，你不要担忧害怕。"于是皇上让褚遂良起草遗诏，让太子继位。

▶【冒死陈谏】

高宗即位后，想要立武昭仪为皇后，于是他召集长孙无忌、李勣、于志宁和褚遂良入宫讨论。进宫之后，皇上说："没有比断绝后嗣更大的罪过了。皇后没有儿子，因此，我打算废掉她，立武昭仪为后，怎么样？"褚遂良说："皇后本来出身于名门望族，深得先帝的喜爱。当年先帝在病中时，曾经拉着陛下的手对我说：'我现在将儿子和儿媳托付给你了。'先帝的嘱托至今犹在耳边回响，怎么能忘掉呢？皇后也没有其他的过失，不能废掉啊。"皇上听他这么说，心中很不高兴。第二天，皇上重提此事，褚遂良回答道："陛下如果一定要改立皇后，请从高门望族中挑选。武昭

仪曾经侍奉过先帝，出入内室，如果立她为皇后，怎么遮掩天下人的耳目呢？"皇上听后非常愧疚，低头不再做声。褚遂良于是将笏板放在宫殿台阶上，叩头流血，说："我现在将笏板还给陛下，请求辞职返回乡野。"皇上勃然大怒，喝令卫兵将他拉出去。后来，由于李勣的支持，武昭仪被立为皇后，而褚遂良被贬为潭州（今湖南长沙）都督。

显庆二年（657），褚遂良被迁徙到桂州（今广西桂林），不久后，再被贬为爱州（今越南清化）刺史。褚遂良心中忧惧，于是上奏说："昔日，太子李承乾被废掉之后，岑文本等人上奏，请立濮王为太子，我当时据理力争。第二天，先帝留下长孙无忌、房玄龄、李勣和我四个人，最终议定立陛下为太子。接受遗诏的时候，只有我和长孙无忌在场。当时，陛下恸哭欲绝，我奏请在先帝的灵柩前举行即位大典。陛下抱着我的脖子，我和长孙无忌请求陛下返回京师，然后发丧告哀，内外无事。现在微臣就如蝼蚁一样，苟延残喘，乞求

🔸 **三彩陶骆驼载乐俑·唐**
1957年陕西西安南何村鲜于庭诲墓出土。高大的白色双峰驼上，一位身穿绿衣的多胡须的胡人，挥臂起舞。这件三彩俑将千余年前的舞乐，重现于我们的眼前。

陛下哀怜。"可惜，皇上过于懦弱，被武后所挟制，接到奏表后，没有任何回应。一年多以后，褚遂良就死了。

【韩瑗阻立武后】

韩瑗，京兆三原人氏。他小时候便很有节操，博学多闻，通晓历史。贞观年间，他被授予兵部侍郎。永徽三年（652），被擢升为黄门侍郎，其后又担任侍中、太子宾客等职。王皇后被废掉以后，韩瑗流着泪进谏说："皇后是陛下做藩王时先帝给陛下娶的，现在没有过失却被陛下废掉，这样做是不利于社稷的。"皇上不听。次日，他又上谏说："立皇后是非常重大的事情。《诗经》上说，强大的西周国，是被褒姒灭掉的。我每次读到这里，就忍不住掩卷叹息，想不到在本朝就亲眼目睹了这种灾祸。"皇上勃然大怒，命令卫士将他赶出去。当时，褚遂良也因为反对废王皇后的事情，被贬为潭州都督。过了一年，韩瑗又上奏说："褚遂良在先帝临终时曾受托付，一意辅佐朝廷，论说国事也非常恳切。他蒙受谗言而遭到贬黜，有损于陛下的英明，使忠良之士为之心寒。而且，他被贬以来，已经吃了不少苦头，还请陛下宽免他，顺应众人的心愿。"皇上说："褚遂良的事情，我是知道的。他口出狂言冲撞我，我责备他，有什么过错呢？"韩瑗说："褚遂良是社稷之臣，有安邦定国的才能。昔日微子出走，殷商就灭亡了；如果张华不死的话，晋国也不会发生动乱。陛下富

有四海，政治清明，现在忽然驱逐旧臣，为何不反省呢？"听到他这么激烈的言论，皇上更听不进去了。韩瑗见此，心怀忧愤，于是上表请求还归乡野，皇上对他的辞呈，则毫不理会。

显庆二年（657），许敬宗等人上奏："韩瑗让褚遂良担任桂州刺史，是因为桂州是用武之地。他们想要依靠此地图谋不轨。"于是，韩瑗被贬为振州（今海南宁远等地）刺史，第二年就死了。当时，长孙无忌已死，李义府还不知道韩瑗的死讯，再次上奏，弹劾他和长孙无忌有密谋，于是派遣使者前来杀他。等使者到来的时候，韩瑗已经死亡，使者打开棺材，验尸以后才返回京师。

论赞

赞曰：高宗这样昏庸懦弱的人，怎么可以辅佐他呢？他内受制于武后，外听信于谗言，长孙无忌是他的至亲，褚遂良忠心耿耿，两人都是顾命大臣，而高宗却将他们诛杀，毫无反省之意，终于使武后篡权，这是多么可悲的事情啊！恐怕这是上天的意志，让武后篡夺皇位，即使有志士仁人以死来抗争，也无法阻挡和改变。韩瑗、来济等人，可以说是忠于职守而死啊。哎，如果长孙无忌不驱逐江夏王、害死吴王，褚遂良不诬陷害死刘洎，他们的品行就会完美无瑕了。

裴行俭 娄师德列传

裴行俭和娄师德都是唐朝的边将，为唐王朝戍守边疆，多次击退突厥、吐蕃等族的侵犯，为维护唐朝边境的稳定做出了杰出的贡献。裴行俭曾经孤军深入，兵不血刃就平定了吐蕃叛军，后来突厥反叛，朝廷又任命他为将，击败了突厥的叛军。娄师德也是唐初的边将，他奉命驻守边境，开荒屯田，使吐蕃不敢窥伺唐朝的疆土。后来他入朝为宰相，为人宽厚，遇事忍让，选拔官吏时不徇私情。他任宰相职时，又举荐了狄仁杰等人，后来狄仁杰屡屡排挤他，他却毫不怀恨。

▶【裴行俭平定吐蕃】

裴行俭，绛州闻喜人氏。贞观年间，被授予左屯卫仓曹参军。当时，苏定方是大将军，非常器重他，说："我原以为世上再没有人能学会我的用兵之术，它们将从此失传于世，但你是个难得的人才。"于是，苏定方倾囊相授，将兵法全部教给裴行俭。高宗立武昭仪为后的时候，裴行俭深为担忧，觉得这是祸患的开端，于是和长孙无忌、褚遂良等人秘密商议，后来被大理袁公瑜察觉，在昭仪的母亲面前进谗言，于是裴行俭被贬为西州都督府长史。

麟德二年（665），裴行俭经累次提拔升任安西都护，西域各个国家听到裴行俭的声望纷纷前来归顺。不久，升任司文少卿，迁任吏部侍郎，和李敬玄、马载一起掌管官吏选拔，公正干练，当时人称"裴马"。在吏部任职期间，裴行俭开始设置"长名帮""铨注"等选拔方法，又把确定州县长官的升降按照资历拟定高下等级作为常规。

上元三年（676），吐蕃发动叛乱，裴行俭改任洮州（今甘肃临潭）道左二军总管，并受周王指挥。仪凤二年（677），十姓可汗阿史那都支和李遮匐诱使吐蕃部落侵扰安西，并和吐蕃结盟，朝廷打算发兵讨伐。裴行俭说："吐蕃气势正盛，我军连连失利，怎么能够又在西方挑起事端呢？现在波斯的国王已死，他的儿子泥涅师在京师做人质，如果朝廷派遣使者拥立他为王，路上要经过这两个国家，那时让使者见机行事，就很容易制伏这两个国家。"于是皇帝派裴行俭册立护送波斯王，并任命他为安抚大食的使者。路上经过莫贺延碛，刮起了风沙，天昏地暗，向导也迷路了，将士

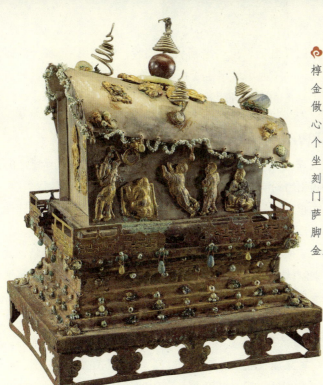

银椁·唐

椁盖为弧形，中间贴鎏金宝装莲花，蕊以白玉做成，以玛瑙珠为蕊心。椁身两侧近口处两个兽衔环，下黏五个或坐或站的罗汉；前档錾刻门，门上垂环，左右门扉各黏一鎏金浮雕菩萨，两菩萨间黏鎏金佛脚一对，后档黏浮雕鎏金摩尼宝珠。

们又饥又饿。裴行俭于是让部队停止前进，驻扎营地，并祭拜天地，传令全军说："泉水就在这附近不远。"众人心中这才略为安定下来。不久，风就停了，云也散去，军队走了不到上百步，就看见了丰茂的水草。众人都大为惊奇，把裴行俭比做汉朝的贰师将军李广利。到达西州后，蕃人来到郊外迎接，裴行俭召集了一千多勇士跟随着自己，并扬言说："天气太热，无法继续前进，应当驻扎在这里，等到秋天时才前进。"

阿史那都支派人暗中侦察，得知此事后心生懈怠，不再防备。裴行俭将四周的酋长全部招来，假装约他们去打猎，说："我一直喜欢打猎，乐此不疲，谁愿意跟我一起去打猎呢？"众多的子弟都踊跃报名，

达到了上万人，于是裴行俭暗中将他们整顿成一支部队。几天后，裴行俭带领他们日夜兼程，直奔阿史那都支的大营而来。相距只有十里路时，裴行俭派出阿史那都支亲近信任的人，前去问安，假装很悠闲的样子，看不出任何讨伐的迹象。然后又派人去召唤阿史那都支。阿史那都支本来和李遮匐商量，等秋天时再抵御使者，现在忽然听说大军压境，一时仓皇失措，只好率领子弟五百多人前来谒见使者，裴行俭于是趁机将他擒拿。然后，他挑选精锐的骑兵，轻装前进，袭击李遮匐。半道又捉拿到李遮匐的使者，但裴行俭放掉了使者，让他前去劝说李遮匐，并告知阿史那都支被擒的消息，李遮匐听说后便投降

了。返回朝廷后，皇帝亲自设宴犒劳，赞叹说："裴行俭孤军深入，兵不血刃就平定了叛党，捉拿到他们的首领。他真是文武兼备的人才呀。"

▶【智破突厥】

调露元年（679），突厥阿史德温傅反叛，单于管辖的二十四州纷纷响应，叛众达几十万人。都护萧嗣业讨伐失败，伤亡惨重。朝廷下诏任命裴行俭为定襄道行军大总管，让他平定叛乱。起初，萧嗣业运粮的时候，数度为敌军劫袭，因此饿死了很多士兵。裴行俭知道后，说："我们正可以将计就计，来制伏敌人。"于是，他将三百乘车装扮成运粮车，每辆车里埋伏五名精兵，携带弓箭和长刀，然后让老弱的士兵押运"粮车"，又埋伏了精兵紧随其后。敌人果然再次掠夺"粮车"，老弱的押运兵立刻就逃走了。敌人来到有水草的地方，解下马鞍来放牧战马。等他们靠近"粮车"，准备取粮的时候，埋伏在车中的士兵一跃而起，而这时，伏兵也已赶到，两面夹击，将敌人几乎全部杀死。此后，敌军再也不敢劫掠粮车。

军队驻扎在单于大营北部，天黑的时候，部队已经扎好营寨，壕沟也已经挖好了，裴行俭却下令部队移营到高冈上。手下的部将说："士兵可

🔴 **裴行俭像**
裴行俭宽厚待人，有勇有谋，是唐朝著名的将领。

以安顿下来了，不应该再扰动他们。"裴行俭不听，催促他们赶紧照办。夜里，风雨大作，先前安扎营寨的地方，被水淹没了一丈多深。众人都很惊奇，问他怎么能事先预料到。裴行俭回答说："你们不必追问我能够事先预见的原因，此后只要听从我的指挥就够了。"

敌人在黑山抗击官军，屡战屡败，裴行俭于是纵兵出击，杀死的敌人不计其数。伪可汗泥熟匐被他的部下杀死，割下头颅前来投降，残兵纷纷逃往狼山。等到裴行俭撤退后，阿史那伏念自立为可汗，又与温傅联合。次年，裴行俭再次统领各路兵马，驻扎在代州的陉口一带。他使用反间计，派人游说阿史那伏念，让他与温傅互相猜忌。阿史那伏念心中恐惧，暗中请求投降，并请求活捉温傅来赎罪。裴行俭没有公开此事，只是暗中向朝廷上奏。几天后，士兵惊慌地报告说，满天烟尘滚滚，向南而来。裴行俭从容不迫地说："不要慌，这是阿史那伏念捉拿了温傅，前来投降了。你们姑且严阵以待。"于是他一面命令士兵加强戒备，一面派使者前往慰劳。果然不出他所料。这样，叛乱的突厥余党就全部被平定了。皇帝大悦，派遣户部尚书崔知悌犒赏三军。

裴行俭许诺阿史那伏念，免他一死。但侍中裴炎嫉妒他的战功，上奏说："阿史那伏念是被程务挺等人追逐，又受困于碛北回纥，走投无路之下才投降了。"于是，阿史那伏念和温傅都被斩首，而裴行俭的战功也被抹杀了。裴行俭叹息说："王浑、王濬争抢战功的事情，古今都引以为耻。但这样杀死降者，恐怕以后再也不会有人投降了。"他从此称病不出。永淳元年（682），十姓突厥车薄反叛，朝廷再次诏令裴行俭去讨伐，他还没出发就死了。

【宽厚多才】

裴行俭是书法名家，擅长写草书和隶书。皇上曾经让他在素绢上抄写《文选》，写好后，皇上非常喜欢，并厚厚地赏赐了他。他常常说："褚遂良一定要有好的笔墨，才肯写字，不挑选笔墨而能写出好字的，只有我和虞世南两人。"

他精通阴阳和历数。每次出战，都预先知道取胜之日。他也善于识别人才，在吏部做官时，见到苏味道和王抃，他说："这两人以后都会掌管官员的考选和任免。"当时，李敬玄十分赞赏王勃、杨炯、卢照邻、骆宾王四人的才气，于是将他们带到裴行俭面前。裴行俭仔细审视了一番，说："世人能达到高远的境界，先要有器量见识，然后才是文艺。王勃虽然有才气，但为人浮躁浅露，无法享有荣华富贵。杨炯沉默不言，可以做个县令，其余的人都不能善终。"

皇上曾经将良马和宝鞍赐给裴行俭，令史却私自骑上良马，结果马倒鞍坏，令史心中恐惧，于是就逃走了。裴行俭将他召回，没有治他的罪。当初，平定阿史那都支和李遮匐之后，缴获到稀世的珍宝，蕃人将士都想一睹为快。于是裴行俭设宴，将珍宝给赴宴的众人欣赏。有一个玛瑙盘二尺大小，极其精美，有个军吏想要取盘看，却不小心跌倒，摔碎了盘子。军吏吓得连连叩头请罪，叩得头破血流，裴行俭却笑着说："你又不是故意的，何必这样恐惧呢？"脸色没有丝毫的不快。平定叛乱后，皇帝赐给他无数

❂ 娄师德纪念馆正殿

娄师德的宽宏大度史上有名，后人为了纪念他，在今河南省原武镇东关建了"娄师德纪念馆"。

的珍宝，裴行俭都分给亲人故旧或部下士卒，几天就散尽了。

【娄师德屯边御敌】

娄师德，郑州原武人氏。考中进士后，被任命为江都尉。扬州长史见到他后，认为他不同凡响，说："你有做宰相的才能，我应当将子孙托付给你，怎么能将你当僚吏呢？"

上元初年，他被任命为监察御史。适逢吐蕃侵犯边境，刘审礼战死，娄师德奉命在洮河收聚他的残部，并出使吐蕃。吐蕃首领论赞婆等人，在赤岭杀牛备酒，加以迎接犒劳。娄师德宣说唐朝的威严，并晓之以利害，敌人于是大为畏服。后来朝廷招募勇士讨伐吐蕃，论赞婆就自告奋勇，额头上缠着红布，前来应诏。后来，他与敌人在白水涧交战，八战八胜。

天授元年（690），娄师德被任命为左金吾将军，并兼任检校丰州都督。他穿着皮衣裤，率领士兵开荒屯田，积蓄了数百万粮食，使军队的供给十分充足。边镇兵士，粮食充足，免去了转运粮草的大事。武则天非常高兴，亲下诏书嘉奖娄师德。长寿元年（692），娄师德被召回朝廷，封为夏官侍郎、判尚书事；后来，他又被擢升为同凤阁鸾台平章事。武后曾经对娄师德说："军队在边疆，必须要屯田，希望您不要因为劳苦而退缩。"圣历三年（700），突厥入侵，娄师德任并州长史、天兵军大总管。九月，娄师德在会州逝世，时年七十岁。

【为官谦抑】

娄师德身高八尺，方口厚唇。他为人深沉，很有度量，被别人冒犯的时候，都很谦逊地退让，从来不怒形于色。他曾经和李昭德一起走路，娄师德长得很胖，所以走得比较慢，李昭德嫌他走得太慢，生气地说："我被你这个乡巴佬耽误了。"娄师德笑着说："我如果不是乡巴佬，谁还是呢？"他弟弟做代州的刺史，临上任前向他辞行，他教导弟弟遇事要多多忍让。弟弟说："别人向我脸上吐唾沫，我把它擦掉就是了。"娄师德说："错了。如果擦掉它，就没有顺从他的怒气，不如让唾沫自己干掉。"当他担任夏官侍郎，甄选官员时，那些候补官员纷纷挤到桌案上查看名册。娄师德说："退一退，让我来选择好吗？"

那些候选者却不肯离去，他于是抢起笔尖说："墨水要溅到你们身上了。"

狄仁杰没当宰相的时候，娄师德向武后举荐了他。等两人成为同僚后，狄仁杰却常常排挤娄师德。后来武后有所察觉，问狄仁杰说："你觉得娄师德贤明吗？"狄仁杰回答说："他做将帅能忠于职守，是否贤明我就不知道了。"武后又问道："他善于识别人才吗？"狄仁杰说："我和他是同僚，没有发觉他善于识别人才。"武后说："我任用你，是因为娄师德向我举荐你。他确实善于识别人才。"于是拿出娄师德举荐狄仁杰的奏折，狄仁杰非常惭愧，长叹一声说："娄公大德，我被他宽容却不自知，我比他差远了。"

娄师德负责边防、担任将相长达三十年，他恭敬勤勉，为人质朴忠厚，不偏不党，当时酷吏很多，行事残忍，很多人都受到迫害牵连，只有他和郝处俊以功名善始善终，被世人称誉为长者。

白话精编二十四史

●第七卷●

论赞

赞 曰：裴行俭以德服人，对待下属非常宽厚，在他们犯错时，往往能饶恕他们的过失；娄师德为人宽厚大度，能够始终保有功名，帝宠不衰。这是因为他们都懂得：有勇气而无所畏惧就会招致灾祸，有勇气而有所畏惧就能安保天年。

新唐书 ●列传●

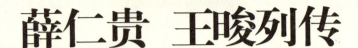

卷一百一十一

薛仁贵 王晙列传

薛仁贵和王晙都是唐朝有名的猛将，为唐朝开拓边疆，击败突厥等族，使唐朝的声名威震四方。薛仁贵出身行伍，后来随太宗出征辽东时，他白衣白马，单骑闯入敌阵，大败敌军，从此得到太宗的赏识。后来，万年宫遭受洪水，他不顾自身安危，挽救了高宗的性命。再后来，他转战辽东、漠北等地，大败敌军。在迎击吐蕃的战斗中，因为部将违抗军令，兵败被贬。王晙也是唐朝知名的战将，曾经镇守桂州等地，后来又出击吐蕃和兰池胡人，累立功勋。

▶【薛仁贵单骑却敌】

薛仁贵，绛州龙门（今山西河津）人氏。他出身贫贱，以种田为业。他想要改葬祖先的坟墓，妻子柳氏勉励他说："有旷世之才的人，需要等待时机来实现其抱负。现在天子在征伐辽东，正是你展露才华的大好时机。等到你富贵以后，再回乡改葬也不晚。"于是薛仁贵前来见将军张士贵，被招募入伍。到达安地时，郎将刘君邛被敌军包围，薛仁贵骑马前去营救，没几个回合，便杀死敌军将领，将首级系在马鞍上，敌军都很害怕，很快屈服，薛仁贵从此名声大振。官军进攻安市城（今辽宁海城八里镇营城子），高丽调遣二十万大军前来拒战，倚山结屯，太宗命令诸将分道迎击。薛仁贵想要建立奇功，于是穿着显眼的白衣，手持长戟，腰中挎着两张弓，高声呐喊着，骑马冲向敌军。他所向披靡，而官军紧随其后，敌人很快就溃败了。太宗远远地望见，派使者将薛仁贵找来，大加赞赏，又赏赐了很多金银马匹，授予他游击将军、云泉府果毅。班师以后，皇帝说："我的旧将都老了，我想要提拔将领委任军事，没有比你更合适的了。得到辽东并不令我高兴，我高兴的是得到你这样骁勇的战将。"太宗将他升任为右领军中郎将。

某一天，高宗来到万年宫，夜间忽然山洪暴发，向玄武门凶猛地涌来，守卫都惊慌地四处逃走，薛仁贵说："天子有危险，我怎么能够怕死呢？"于是登上玄武门大声呼喊，向宫内报警。高宗立刻登到高处，不一会儿，水就淹没了高宗的寝宫。高宗说："幸亏有你，我才免于一死。你真是难得的忠臣啊。"于是高宗将御马赐给薛仁贵。

【征讨辽东】

显庆三年（658），皇帝下令让薛仁贵做程名振的副将，征伐辽东。第二年，官军与高丽军队在横山展开激战。战斗正酣时，薛仁贵骑着战马，如一阵旋风，独自冲向敌军。他弯起弓箭，箭无虚发，敌人都应声倒地。后来又在石城展开战斗，敌军中有人箭法高明，连续射杀了十多名官兵。薛仁贵勃然大怒，骑着战马，独自向他猛冲过来，那个人吓得把弓箭都扔了，被薛仁贵活捉。

皇上下诏，任命薛仁贵为铁勒道

● 薛仁贵征西塑像

行军总管。临行前，皇上在内殿设宴，说："古代箭法高明的人，可以射穿七层铠甲，你试试看，能不能射穿五层。"薛仁贵微微一笑，二话不说，弯弓搭箭，一下就全部射穿了。皇上大惊，赐给他更坚固的铠甲。当时，铁勒九姓拥有士兵十多万人，派出几十个精锐骑兵前来挑战，仁贵射了三箭，射杀了三个人，敌军大受震慑，于是纷纷投降。薛仁贵为杜绝后患，将他们全部活埋了。然后他又转战漠北，活捉了叶护兄弟三人。于是军中有歌谣："将军三箭定天山，壮士长歌入汉关。"九姓从此衰落不振。

【兵败被贬】

咸亨元年（670），吐蕃入侵，薛仁贵被任命为逻娑（今西藏拉萨）道行军大总管，率领将军阿史那道真和郭待封前往迎战，救援吐谷浑。郭待封曾经是薛仁贵的同僚，如今耻于做他的部将，因此屡屡不服从指挥。最初，官兵驻扎在大非川，准备前往乌海，薛仁贵曰："乌海地势险要，而且有瘴气，我们进入这种死地，如果行动迅速就能战胜，否则就会失败。大非岭宽阔平坦，可以设置两个营栅，用来安放辎重，留一万人把守，我乘敌人不备，日夜兼程前去奇袭，就能够消灭他们了。"于是轻装上阵，到达河口时，和敌军相遇，大败敌军。然后他进入乌海城，等待后援部队的到来。郭待封不听从指挥，携带着辎重，缓缓前进，吐蕃率领大军前来截击，粮食兵器全部落入敌手。薛仁贵只好撤退到大非川，吐蕃又调遣了四十万大军，气势汹汹地逼过来，大败唐军，吐谷浑于是落入吐蕃手中。薛仁贵叹息道："今年是庚午年，岁星在降娄的地区，不应在西方挑起战事，邓艾因此而死于蜀地，我本来就知道此战必败无疑。"

后来薛仁贵被贬到象州，因为大赦得以归还。皇帝召见他说："往年在万年宫，如果没有你，我早就被淹死了。你过去战功累累，现在辽西还没有被平定，你怎么能高枕无忧，不替我平定边疆呢？"于是重新起用他，让他率兵在云州攻打突厥元珍。突厥首领问："唐朝的将领是谁？"有人回答说："是薛仁贵。"突厥说："我听说薛将军已经死了，怎么又复活了呢？"于是薛仁贵脱下盔甲让他们看，突厥大惊失色，下马环绕着他下拜，然后就逃走了。薛仁贵趁机追击，大败突厥。

永淳二年（683），薛仁贵去世了，被追赠左骁卫大将军和幽州都督，官府供给车辆，护送灵柩返回乡里。

▶【名将王晙】

王晙，沧州景城人氏，后来迁居洛阳。他很小的时候，就死了父亲，却非常勤奋好学。祖父王有方非常惊异，说："这个孩子将来一定能够光宗耀祖。"

景龙末年，他被授予桂州都督。本州的军队，过去常常依靠衡州和永州提供军饷。王晙上任后，开始修筑外城，撤销戍卒；又修建了江堤，开垦了上千顷耕地，当地的百姓因此而获利。后来他请求回乡，桂州的百姓却前往京师，请求皇上让他留下来。他体恤下情，深得民心，在桂州任职才一年，百姓就请求立碑歌颂他的功德。起初，刘幽求被流放到封州，广州都督周利贞想要杀死他。刘幽求途经王晙的治所时，王晙知道其中内幕，于是留下他，不让他继续走。周利贞发文书前来催促，刘幽求害怕地说："恐怕是在劫难逃了，而且会连累到你，怎么办呢？"王晙说："你没有犯下让朋友绝交的罪过，只要我活着，就绝不会让你无罪而死。"不久以后，崔湜就被诛杀，刘幽求重新执政了。于是，面对桂州百姓的请求，皇帝下诏，让刘幽求撰写碑文。不久，王晙被升迁为朔方军副大统管。

▶【征讨四夷】

开元二年（714），吐蕃率领十万精兵，入侵临洮，军队驻扎在大来谷。王晙率领部下的两千士兵，与临洮的守军会合。然后他挑选了七百名精兵，换上胡人的衣服，乘着夜间偷袭，距离敌军五里远时，他传令说："敌人就在前方，让士兵们大声呼喊，并且击起战鼓，壮大声威。"敌军大惊，以为伏兵就埋伏在身旁，混乱中自相残杀，死了上万人。不久薛讷也率兵赶到武阶，于是王晙与他夹击吐蕃兵，敌军大败而逃。

次年，突厥的首领被谋杀，他的部下纷纷向唐朝投降，被朝廷安置在河曲。王晙向朝廷上奏，建议将他们逐渐迁往南方，以免日后和入侵的敌兵里应外合，对国家造成很大的危害。然而，他的奏折并没有得到朝廷的答复。

他的上疏还没得到答复，降卒就已经开始反叛，朝廷再次命王晙前往讨伐。王晙抄小路前进，夜间遇上大雪，他担心贻误战机，于是向神起誓说："如果我对朝廷不够忠诚，那就让上天来惩罚我，将士们是无罪的；如果我对朝廷是忠诚的，那么就让风雪停止，帮助我们获胜。"不一会儿，天气果然就转晴了。王晙率领士兵，追击敌人，轻而易举就平定了叛乱。

开元九年（721），兰池的胡人康待宾在长泉发动叛乱，攻陷了六个州，皇帝下诏，让郭知运和王晙率兵克敌。玄宗将宫人赐给郭知运等人，唯独王晙不敢接受，说："臣子侍奉君主，就如同儿子服侍父亲，这些宫人是常常亲近陛下的，我怎么敢接受呢？"皇上见此也不强求他。起初，王晙向皇帝上奏说："朔方军兵力就足够了，希望撤回郭知运，我一人就能平定叛乱了。"皇帝还没答复，郭知运就到了，

于是两人很不和睦。王晙所招附归降的人，郭知运却派兵攻击，于是降兵认为王晙出卖了自己，就再次反叛。王晙被贬为梓州刺史。后来，他又以朋党之罪被贬往蕲州。后迁定州，不久任户部尚书并担任朔方军节度使。去世之后，赠尚书左丞相，谥号"忠烈"。

王晙的容貌威武，被时人称为熊虎之相。他重义守节，有古人之风，对属下要求严格，官吏和百姓对他又畏又爱。起初，二张诬陷魏元忠，只有王晙上疏为魏元忠申冤。宋璟说："魏公被保全了，可是如果你再触逆皇上的意志，就会危及自身了！"王晙却大义凛然地说："魏公对朝廷忠心，却被治罪，如果他的冤情得以洗清，我就算死了也不足惜。"

论赞

赞曰：唐朝之所以能够威震四方、开拓边疆，是因为有很多骁勇的战将。他们能够行军几千万里，东征西讨，征服远方的国家就如同猎取鹿豕一样，是真正难得的将才呀！

牛首玛瑙杯·唐
唐代与四邻各国交往频繁，从这只杯的造型来看，应是来自中亚一带的器物。

裴炎 魏玄同列传

裴炎和魏玄同都是武后朝的重臣。裴炎最初接受高宗遗命，辅佐中宗，后来中宗昏庸无道，于是和武后一起废掉了中宗。武后主政后，裴炎多次违背武后的旨意，因此武后怀恨在心。后来，裴炎想要拘捕武后，将国政归还给天子。事情败露后，武后将其处斩。魏玄同是裴炎的好友，为官恪于职守，后来因为受裴炎的牵连，周兴趁机向武后进谗言，将魏玄同陷害而死。

【裴炎废黜中宗】

裴炎，字子隆，绛州闻喜人氏。他为人宽厚，很少谈笑，但非常有节操。高宗朝时，他被任命为中书门下三品，后又晋升为侍中。高宗临终时，他受遗命辅佐皇太子，亦即唐中宗。

中宗想要封皇后的父亲韦玄贞为侍中，又想授予乳母的儿子五品官职，裴炎坚决不同意，皇上大怒，说："我即使把皇位禅让给韦玄贞，又有什么不可以的？不要说侍中的职位了！"裴炎心中害怕，于是和武后密谋废掉中宗。武后命裴炎和刘祎之率领羽林将军程务挺、张虔勖率兵进入皇宫，宣读太后的诏令，扶皇帝下殿，皇帝问："我犯了什么罪过？"武后说："将国家拱手让给韦玄贞，这难道不是罪过吗？"于是将皇帝废为卢陵王，转而将豫王立为皇帝。裴炎因为拥立的功勋，被封为永清县男。

【违逆武后】

武后执政以后，行为逐渐放肆，武承嗣请求立七庙，追封自己的祖先为王。裴炎上谏说："太后是一国之母，以德行临朝听政，应当存心为公，不应追封先祖为王。怎么没有吸取吕后的教训呢？"武后说："吕氏封王，是封赏活人，现在封王，是追封死去的祖先，这怎么能相提并论呢？"裴炎说："蔓草一旦长起来，就难以刈除了。"武后只好作罢，但心中很不高兴。武承嗣又劝太后诛杀韩王李元嘉和鲁

青瓷八棱净水瓶·唐

王李灵夔，以断绝唐宗室即位的希望，刘祎之、韦仁约都心中害怕，默不作声，只有裴炎据理力争，武后更加衔恨在心。不久后，就赐他为河东县侯。

豫王虽然贵为皇帝，却并没有掌握实权，不能处理天下事务。裴炎密谋乘太后到龙门出游的机会，率兵拘捕她，将国政归还给天子。碰巧下了很长时间的雨，太后没有出游，裴炎只好作罢。徐敬业起兵，太后与大臣们商量讨伐之计，裴炎说："皇上已经长大了，却没有能亲政，因此反贼有了起兵的借口。如果现在将国政归还给天子，反贼不用征讨，就土崩瓦解了。"御史崔詧说："裴炎受先帝的顾命之托，掌握着大权，听说叛变却不加以讨伐，却请求太后归政，他的心中必然另有所图。"于是太后逮捕了裴炎，将他下狱，并派遣御史大夫骞味道和御史鱼承晔共同审讯拷问他。凤阁侍郎胡元范说："裴炎是社稷之臣，对国家有功勋，竭力侍奉君主，天下人全都知道，我确信他没有反叛之心。"纳言刘齐贤和左卫率蒋俨也相继为他辩护，武后说："裴炎有谋反的迹象，只是你们不知道罢了。"胡元范和齐贤说："如果裴炎有谋反之意，我们也是叛臣了。"武后说："我知道裴炎谋反，但你们没有谋反。"于是在都亭驿将裴炎斩首了。

裴炎被弹劾以后，有人劝他说些恭顺的话，他却说："宰相被逮捕入狱，应该秉持公心，没有退让自保的

道理。"于是他始终不肯折节。当官府抄没他的家财时，他家中没有任何积蓄。起初，裴炎见裴行俭打败突厥，立下功劳，心生嫉妒，就诋毁贬低裴行俭，又杀死了归降的阿史那伏念等五十多人，人们知道后，纷纷指责他过于嫉妒，并且使国家失去信用，都说裴炎以后会遭受报应。睿宗即位后，他被赠予太尉和益州大都督的封号，并被谥为"忠"。

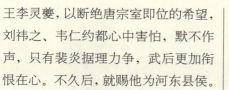

【魏玄同为官尽职】

魏玄同，字和初，是定州鼓城人氏。他的祖父是魏士廓，曾经在齐国担任轻车将军的职务。魏玄同考中进士科，被任命为长安的县令。后官至司列大夫。他因为与上官仪关系亲密而获罪，被流放到岭外。被罢职以后，他也不自我辩护，整天沉溺于打猎游乐。上元初年，适逢大赦，他得以归还。工部尚书刘审礼上表举荐他，于是被拜为岐州（今陕西凤翔南）长史，后来擢升为吏部侍郎。永淳元年（682），被授予宰相之职。

针对官员普遍不称职的现状，魏玄同上奏朝廷，大意是：如今百姓不富裕、国家不安宁，原因是地方官没有才能，而且不够称职。在周、汉以来，不同的官员和部门，都有自己任命或举荐下级官员的权力；但是到了魏、晋以后，任命官员的权力逐渐集中于吏部。但天下如此之大，士人如此之多，吏部有限的

几个官员，怎么能保证铨选的官员称职呢？更何况，吏部的这些官员本身，也未必称职呢。所以，我恳请朝廷效法周、汉的法规，分散吏部的选举权力，保证有更多的举荐官员的渠道，这样就能够解决官员不称职的问题了。

然而朝廷并没有采纳他的奏议。后来，他被晋升为文昌左丞、鸾台侍郎，并兼任同凤阁鸾台三品。魏玄同和裴炎交情深厚，而且能善始善终，被世人称为"能长久保持友谊的朋友"。

【从容赴死】

起初，狄仁杰督管太原的粮食运输，损失了上万斛大米，将获罪被诛，魏玄同设法营救他，使他幸免于死。然而河阳的县令周兴却不知情，屡屡在朝廷等候处置此事的消息。魏玄同说："你可以离去了，不要在这里逗留。"周兴以为魏玄同诽谤自己，于是怀恨在心，趁着朝廷诛杀裴炎的时机，向朝廷诬告魏玄同，称魏玄同曾经说："太后老了，应该将皇位归还给太子。"武后不知内情，于是赐他在家里自尽，终年七十三岁。临死时，监察御史房济在旁边监刑，劝告他说："你为什么不上奏为自己辩解呢？也许有希望被太后召见，为自己洗掉冤屈。"魏玄同说；"被人杀死和被鬼杀死，都是一样的，不能做诬告的人！"

彩绘贴金文吏俑·唐

论赞

赞曰：可惜啊，裴炎不能察微知著。他知道中宗的行为不合君礼，却不知道武后会篡位，这就如同给猛虎添上翅膀，却责怪它伤害人类。他不得善终，也是情理之中的啊。刘祎之、魏玄同虽然因为泄露言词而被诛杀，却并没有失掉为臣之道。

姚崇 宋璟列传

姚崇和宋璟，都是唐玄宗时有名的贤臣。姚崇在武后朝，他为人正直，敢于直言，玄宗初即位，励精图治，因此启用姚崇为宰相。姚崇上呈十项建议，声称如果玄宗能够予以实施，就愿意出任宰相。玄宗答应了他的要求。他处理政务，能干果决，深受玄宗的倚重。但他为人精明狡诈，排斥同僚，张说和魏知古都因此被罢免。宋璟为人耿直好义，武后当朝时，他不肯党附张易之兄弟，反而处处冒死直言，后来受到张易之的陷害，但得以幸免。中宗即位后，他不改其耿直，因此被中宗流放到岭南。玄宗即位后，非常敬重礼遇他。宋璟匡正玄宗的过失，并处理冤狱，为开元年间的政治清明，做出了重大的贡献。

【刚直姚崇】

姚崇，字符之，陕州硖石人。他少年时就为人豪爽，崇尚节义，长大后很勤奋好学。契丹侵扰河北时，大量文书如雪花般飞来，姚崇处理得非常迅速，深为武后赞赏，于是被任命为侍郎。武后曾经对身边的人说："以前周兴和来俊臣等人审讯案情，朝臣们都被牵连进去，承认了谋反的罪行。朕担心其中有冤情，又派近臣去审问，被审者都写下亲笔文书，自称没有冤情，我于是不再怀疑，就下令处死。但等到来俊臣被诛杀后，就无人谋反了，这样看来，以前被处死的人有没有被冤枉呢？"姚崇说："自从垂拱以来，告密的受到奖赏，于是有人就纷纷罗织罪名，诬告别人。陛下虽然派近臣前往，但这些近臣自身难保，怎么敢背逆酷吏的命令呢。而那些人不承认谋反，又会加倍地受到酷刑。现在，陛下能够感悟过来，诛杀了酷吏，我以全家人的性命担保，内外官员没有谋反的。"武后高兴地说："以前的宰相只一味地阿谀顺从，引诱我滥用刑罚，听到你的话，才符合我的心意。"于是赐给他上千两白银。

张柬之等人谋划杀死张易之和张昌宗兄弟，姚崇也参与其中。后来武后迁居上阳宫，中宗率领百官前来问候，王公们也争相庆贺，唯独姚崇在独自流泪。张柬之等人说："你怎么在今天哭泣呢？恐怕你要遭受祸患了。"姚崇说："最近讨伐逆贼，我没有什么功劳，只是侍奉天后久了，现在因为离开而悲泣，如果因此获罪，我也心甘情愿。"后来五个郡王都遇害了，只有姚崇得以幸免。

【起用为相】

先天二年（713），唐玄宗在新丰讲习武事。当时，玄宗私下招来姚崇，问他："你熟悉打猎吗？"姚崇回说："我年轻时是猎手，以呼鹰逐兽为乐，现在虽然老了，还能够打猎。"皇上很高兴，于是与他一起打猎。打猎刚刚结束，皇上又马上向他咨询国家大事，浑然忘记了疲劳。皇上说："你应该做宰相，来辅佐我。"姚崇于是跪奏道："我向上奏十件事，如果陛下认为不可行，我就冒昧辞官。"皇帝说："你说说看。"于是姚崇就提出了实行仁政、罢减边功等十项建议。皇帝说："这十件事，我都能做到。"姚崇于是叩首谢恩。第二天，姚崇被任命为兵部尚书、同中书门下三品。

姚崇曾经在皇帝面前，排定郎吏的官职，皇帝左右观看，不理会他的话。姚崇心中恐惧，再三陈说，皇帝还是不答应，姚崇见状，赶紧退出。内侍高力士趁机说："陛下刚刚即位，国事应该和大臣多商量。如今姚崇再三进言，皇上却不理会，

石灯·唐

这就没做到虚心纳谏啊。"皇帝说："我将政务交托给姚崇，大事我应该和他一起决断，至于任用郎吏这样的小事，姚崇难道不能做出决断，而要麻烦我吗？"姚崇听说后，心才安定下来。从此他尽力为公，进用贤能之人，而罢退无能之人，国家很快就治理得很好。

那时，皇帝刚刚即位，日理万机，其他宰相因为皇帝威严果断，都谦卑畏惧，凡事唯唯诺诺，只有姚崇能够决断，辅佐朝政。姚崇的府邸偏远，为了方便皇上处理朝政，他于是就近住在客馆。适逢卢怀慎去世，姚崇因病请假，凡有重大政事，皇帝都派源乾曜到他家里咨询。如果源乾曜的奏议很好，皇帝就说："这一定是姚崇谋划的。"如果奏议有不妥的地方，皇帝就责备源乾曜说："为什么不咨询姚崇呢？"皇上想让姚崇住得更近一些，于是下诏让他住在四方馆，每天派使者问候饮食起居，又接连派遣太医，并送御膳给他。姚崇因为四方馆非常豪华，不敢居住。皇帝却派使者安慰他说："我都恨不得让你住到宫中，为什么

要避让这个地方呢？"

【排斥同僚】

然而姚崇天性精明诡诈。他担任同州（今陕西渭南大荔）刺史时，张说因为与他有怨，就指使赵彦昭弹劾姚崇。姚崇当宰相以后，张说很害怕，就偷偷跑到岐王那里，与岐王交好。有一天，朝会的时候，大家都出殿了，姚崇却拖着脚，一瘸一拐的，好像脚扭伤了一样。皇帝见状，就关切地询问，姚崇说："我的脚受伤了。"皇上说："痛得厉害吗？"姚崇说："我痛的不是脚，而是心中有担忧。"皇上赶紧细问原委，姚崇说："岐王是陛下的爱弟，张说是宰相，而暗中乘车出入岐王家中，因此我很担忧。"于是皇帝将张说贬为相州刺史。魏知古是姚崇所推荐的，后来做了同僚，姚崇有些看不起他，贬他为代理吏部尚书，掌管东都的选官事宜，魏知古心怀不满。当时，姚崇的两个儿子在洛阳，通过宾客送礼贿赂魏知古，托他帮忙办事。魏知古于是向皇上奏明此事。后来，有一天，皇帝召见姚崇说："你的儿子才能如何，现在哪儿呢？"姚崇揣摩到皇帝的意思，说："我的两个儿子在东都任职，他们欲望很多又不够谨慎，必定有事情求魏知古。"皇帝原本以为，姚崇要为他的儿子隐瞒遮掩，听他这么说，心中大喜，问："你是怎么知道的呢？"姚崇说："魏知古是我举荐的，我的儿子，必然以为有恩于魏知古，才托他办事情。"皇帝于是认为姚崇没有私心，而更加信任他，对魏知古，却认为他不知感恩，因而十分鄙视。皇上想罢免魏知古，姚崇说："我的儿子行为不端，违背了陛下的法令，如果斥逐魏知古的话，外人会认为陛下偏袒我。"但最终，魏知古还是被罢免了官职。

【名相宋璟】

宋璟，是邢州南和人氏。他为人正直，崇尚节义，又勤奋好学，颇有文采，后来被任命为凤阁舍人。他为官刚直不阿，深得武后的赏赐。张易之诬告御史大夫魏元忠言语悖逆，让张说作证，将要当庭对质时，张说心中恐惧失措，宋璟对他说："名节是很重要的，不要诬陷好人，以图苟且保全。假如你因此被贬职，那将会芳名远传。万一有什么不测，我一定鼎力相救，与你共同赴死。"张说被他的言辞所感动，于是据实以对，魏元忠得以幸免。

宋璟后来被任命为左台御史中丞，适逢有匿名信控告张昌宗请相士占卜吉凶，宋璟请求追查此事，武后说："张易之已经告诉我了。"宋璟说："谋反之罪，不能因为自首而被宽免，请按照法律审讯查办。张易之为陛下所宠爱，但我即使遭祸，也要以死相谏。"武后很不高兴，宰相见状，立刻让他退下，但宋璟说："现在陛下在这里，不必烦劳宰相来宣说王命。"武后怒气稍缓，于是允许逮捕张易之。但是很快，武后下诏宽赦了他，命令张易之兄弟去向宋璟谢罪，宋璟却不肯见面，说："如果是公事，就公开见面；如果是私事，法律不管私事。"又环顾左右叹息道："我后悔没有杀死他们，致使他们败坏国法。"

朝廷宴会时，张易之兄弟官居三品，宋璟官居六品，因此坐在下座。张易之想奉承宋璟，就起身揖让道："你是朝中第一人，为什么坐下座呢？"宋璟说："我才能低劣官职卑微，卿为什么说第一呢？"当时，因为张易之深受武后宠爱，百官都不称呼他的官职，而称他为"五郎"。郑善果对宋璟说："你为何叫五郎为卿呢？"宋璟说："以官职而言，称他为卿恰如其分。你不是他的家奴，为何要称他为郎呢？"适逢宋璟家中遇丧，回朝后，百官相继谒见致意。张易之来得稍晚，他快步向前致礼，宋璟却举起笏板随意应付，因此张易之深怀怨恨。后来武后下诏让宋璟到扬州审理刑狱，宋璟上奏道："审理州县，监察御史就够了。"又下诏让他审查幽州都督屈突仲翔，宋璟推辞说："只有遇到大事，才会派御史中丞出使。屈突仲翔仅仅是贪赃而已，现在派遣我出使，一定是有人想害我。"

鎏金鱼龙纹银盘·唐

于是，再下诏让他前往陇、蜀，做李峤的副手，宋璟又说："陇右没有发生变乱，我以御史中丞的身份，做李峤的副手，朝廷没有先例。"于是再次辞掉。张易之原本打算趁宋璟出使的机会，上奏弹劾处死他，至此阴谋不能得逞。于是他另生一计，企图趁宋璟家操办婚礼的时候，派刺客前去刺杀他。有人告诉了宋璟，于是他住到了别处，刺客无法下手。不久，张易之兄弟死了，宋璟终于免遭灾祸。

神龙初年，中宗欣赏宋璟的耿直，将他擢升为黄门侍郎。武三思依仗皇后的宠爱，多次有求于宋璟，都被宋璟严词拒绝。后来，韦月将控告武三思淫乱后宫，武三思唆使主管部门以大逆不道罪处置他，皇帝下诏处死韦月将。宋璟请求将他交付刑狱审讯，皇帝大怒，对宋璟说："韦月将已经被处决了，你还请求什么？"宋璟说："大家都说武三思淫乱后宫，陛下不加审讯就将韦月将处斩，我恐怕人们会私下议论。"皇帝更加愤怒。宋璟说："请先处决我，要不然，我绝不会奉行诏令。"于是皇帝只好将韦月将流放到岭南。

【为相贤能】

开元四年（716），宋璟被任命为吏部尚书兼侍中。皇帝前往东都，到达崤谷时，道路狭窄，车马拥挤堵塞，皇帝下令罢黜河南尹李朝隐和知顿使王怡等人的官职。宋璟说："陛下正当壮年，如果因为道路不好，就惩罚两个大臣，恐怕以后会导致弊端。"皇帝立刻下令赦免他们。宋璟又说："陛下因为发怒而责罚他们，又因为我的进谏而宽免他们，这样就使过错归于陛下，而恩惠归于臣子。不如让他们待罪于朝廷，然后下诏官复原职，这样就比较妥当了。"皇帝很欣赏他的建议。

京兆人权梁山谋反，皇帝下令河南尹王怡日夜兼程，前往审理。牢房关满了人，久久没有判决，于是皇帝任命宋璟复查此案。起初，权梁山谎称置办婚礼，向许多人借贷，涉案的官吏想一并惩治借款人的罪。宋璟说："谋反的人非常狡诈，借给他钱的人并不知道底细，有什么罪过呢？"于是平反释放了几百人。

开元十二年（724），皇帝东巡泰山，让宋璟留守京师。将要出发时，皇帝对宋璟说："你是国家的元老，临行之际，请替我出一些良策。"于是宋璟一一进言。皇上亲笔回复说："我要将你的谏言书写在座位旁，出入都能看见，以警戒终身。"开元二十年（732），宋璟请求辞职，皇上允许了。五年后，他去世了，终年七十五岁，被追赠为太尉。

张说列传

张说是玄宗朝的重臣，深受玄宗的宠信。他在武后朝时，屡次上言直谏，不肯依附张易之兄弟，深得天下的敬重。玄宗当太子时，他是太子侍读，为太子出谋划策，帮助他铲除了太平公主。玄宗即位后，他因为受到姚崇的排挤，被放任外官。后来，他得以还朝，并奉命出使河曲，他单骑进入九姓部落的军营，和部落首领谈判，兵不血刃就消除了一场潜在的叛乱。后来，他又建议玄宗封禅，主持封禅事务。但宇文融对他心怀忌恨，于是勾结崔隐甫等人陷害他，最终他被罢免了相位。

【屡次直谏】

张说，字道济，或字说之，他的祖先从范阳迁移到河南，改为洛阳人。永昌年间，武后策试贤良方正科，张说对策第一，被任命为太子校书郎，后来又擢升为左补阙。

武后曾经问他："儒家说所有的族姓都是炎帝、黄帝的后裔，难道上古时代，就没有老百姓吗？请你为我解疑。"张说回答道："古代都没有姓氏，和夷狄一样。从炎帝、黄帝开始，才以他们的诞生地作为姓氏。此后天下拥立有德之人为官，因为德行有差异，姓名也有不同。后来有的依据官职，有的依据封国或其他，予以赐姓，到战国时，姓氏就多起来了。周朝衰败，列国被灭掉后，这些国家的民众以故国名为姓名，一直延续到汉朝。"武后很满意他的这番应答。

久视年间，武后到三阳宫避暑，到了秋天还没有还朝，张说上谏劝说武后返回京城。大意是：三阳宫离京师较远，山川险阻，随从的兵马每天消耗钱粮很多。三阳宫地方狭小，容不下这么多人，必然会影响附近老百姓的生活，而且有猛兽潜行，陛下戒备不严，难免有不虞之灾。现在边境没有安定，希望陛下能够深居京城，招延贤才，减轻赋税，让百姓休养生息。然而，他的建议并没有被接受。

后来张说被擢升为凤阁舍人。张易之诬告魏元忠，让张说作伪证。然而张说在朝廷上说"魏元忠没有说悖逆的言论"，因此忤逆了武后的旨意，被流放到钦州。中宗即位后，张说被召回并历任工部和兵部的侍郎，后来辞官为母亲守丧。一段时间后，朝廷下诏，任命他为黄门侍郎，他却恳切地请求服丧满期。当时，礼俗衰薄，许多官员丧期未满就被起任，而且以

🔹 **唐玄宗听谏散鸟**

此为荣，而张说固守丧礼，赢得了天下人的尊重。

【玄宗礼遇】

睿宗即位后，谯王李重福因谋反被诛，牵连的党羽有几百人，案件久久不能判决。皇帝派张说去审问，一天就抓获了案犯，诛杀了张灵均、郑愔等人，其余的人全部被释放。皇帝赞赏他既不冤枉好人，也不漏掉恶人，派人前去慰劳。玄宗当太子时，张说与褚无量充当太子侍读，尤其受到太子的礼敬。

景云二年（711），皇帝对身边侍臣说："术士们说五天之内有兵入宫，你们要做好防备。"侍臣们无言以对。张说见状，进言道："这是奸人企图

陷害太子，陛下如果让太子监国，名分确定下来，奸人就会丧胆，流言自然消失了。"皇帝醒悟过来，就照办了。次年，太子即位，太平公主因为张说不肯阿附自己，就将张说贬为东都留守。张说心知太平公主有谋反之心，就托人将佩刀呈献给玄宗，请玄宗早下手为强，皇帝采纳了他的建议。事情平定后，张说被任命为中书令。

张说素来与姚崇不和，于是被贬为相州刺史、河北道按察使。后来受牵连获罪，被改任岳州刺史。张说心中充满恐惧。他向来与苏瑰关系亲密，当时苏瑰的儿子苏颋做宰相，他就作了《五君咏》，其中一首提到了苏瑰，等到苏瑰的忌日献给苏颋。苏颋读过诗后，呜咽流泪，不久就觐见皇帝，

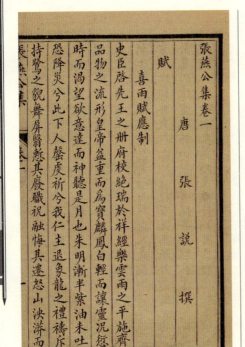

《张燕公集》书影 · 唐 · 张说

说张说忠于朝廷，对国家有功劳，于是张说被擢升为荆州长史。

【安抚边疆】

后来张说入朝，被授为检校并州长史，并让他纂修国史，于是他带着稿子到军中撰写。当时，朔方军大使王晙诛杀了投降的河曲将领阿布思，九姓同罗、拔野固等人心怀疑惧。张说手持旌节，率领轻骑二十人，径直前往其部落，召见他们的首领，加以安抚。副使李宪认为胡虏不可信，不应该前去冒险。张说答复说："我不是黄羊，所以不怕被吃掉；我也不是野马，不担心他们喝我的血。我应该和士兵一样，为国效死，奋不顾身。"

于是九姓得以安定下来。后来兰池胡人康待宾勾结党羽，发动叛乱，张说率领军队在合河关偷袭他们，大败敌军，一直追击到骆驼堰。

第二年，庆州方渠人康愿子发动叛乱，朝廷派张说讨伐，在木盘山活捉了康愿子，并俘虏了三千人。当时，边境有六十万驻兵，张说认为国家太平无事，请求削减二十万兵力。皇上很疑惑，张说说："边兵虽然很多，但大都是将领们的卫兵或私兵，而要制伏敌人，不在于士兵的多少。陛下为政开明，四夷都很畏惧，削减兵力不会导致他们的入寇，我以全家人的性命做担保。"于是皇帝接纳了他的建议。

【奸人陷害】

张说又建议封禅，皇帝下诏，让他和儒生们草拟封禅的礼仪。皇帝又在集仙殿召见张说与礼官学士，设置酒席，说："我今日与贤者在此同乐，应该改为集贤殿。"封禅结束后，张说被擢升为尚书右丞相兼中书令。皇帝又让张说撰写《封禅坛颂》，刻在泰山上。起初，源乾曜不同意封禅之事，张说却极力请求，两人从此不和。等到登山时，随从的官员都可以破格提拔，众人因此都抱怨张说专权。

宇文融数次向皇上献策，提议都遭到张说的反对。宇文融怀恨在心，于是和崔隐甫、李林甫等人共同弹劾张说，说他招引术士夜间祷告占卜，而且他亲信的官吏张观、范尧臣等人，倚仗他的权势卖官受贿，擅自给太原九姓一千万羊钱。皇帝大怒，诏令源乾曜、崔隐甫、刑部尚书韦抗在尚书省审讯他，又调遣金吾兵包围了他的府邸。张说的哥哥张光来到朝廷，割耳称冤，皇帝于是派遣高力士前去考察，看见张说蓬头垢面坐在草席上，心中非常忧惧，家人用瓦罐给他送来粗食淡饭。高力士向皇帝说："张说以往竭尽忠诚，对国家有功。"皇帝心生恻隐，免去他的中书令，但仍让他担任右丞相，每逢军国大事，都咨询他的意见。崔隐甫等人害怕张说再次被任用，于是著文加以诋毁，平时怨恨张说的人也写了《疾邪篇》，皇帝听说后，于是让他退休。

张说为相时，皇帝想要征讨吐蕃，张说密奏皇上，请求议和，皇帝说："我等王君㚟来后，再和他商量。"张说退出后，对源乾曜说："君㚟喜欢用兵邀功，皇上不会采纳我的建议了。"后来君㚟在青海打败了吐蕃，但张说预料他会失败，因此向皇帝献上巂州斗羊，说："如果羊能说话，一定会说'如果始终战斗的话，肯定会有伤亡'。使国家富强的，应该是仁政，而不是武力。"后来果然如其所料，瓜州失守，君㚟战死。

开元十七年（729），张说再次被任命为丞相，皇上派人送去宫中酒食，亲自为他赋诗。第二年，张说去世，时年六十四岁，追赠为太师，谥号为"文贞"，皇帝亲自为他撰写了碑文。

【懿德美行】

张说崇尚气节，重诺守信，喜欢提拔后起之秀，对君臣、朋友极为真诚。他善于用人所长，举荐了很多知名人士以辅佐朝政。天子尊尚经术，开馆置学士，修太宗之政，都是张说建议的。他善于写文章，构思精密宏大，朝廷的很多重要文字都出自他的笔下。尤其善于写碑文墓志，无人能及。被贬为岳州刺史后，他写的诗歌风格凄婉，人们都说受到秀丽山川的启发。

起初，皇帝想授予张说大学士，他推辞说："学士原本没有大字之称，我不敢以此作为称呼。"后来皇上在集贤院设宴，按照旧例，官位高的先举杯，张说却说："儒家以道为重，不以官职分先后。太宗时，有十九人编修诗书，长孙无忌是元舅，宴会时却不肯先举杯。"于是大家举杯同饮，当时的人们都称赞他能识大体。

张说曾经为他的父亲撰写碑文，皇帝亲自题写碑额道："呜呼，积善之墓。"张说死后，皇帝派人到他家里抄录碑文，流行于世。

哥舒翰 高仙芝列传

哥舒翰和高仙芝本来都是外族人，因为建立了战功，受到唐玄宗的器重。后来安禄山发动叛乱，两人在仓促之中，各自临危受命，被委以军权，讨伐安禄山的叛军，但后来受到小人的陷害，玄宗也不明真相，因此讨伐叛军的行动都以失败而告终。哥舒翰在讨伐叛军时，和杨国忠结怨，两人互相猜疑。杨国忠就怂恿唐玄宗，催促哥舒翰早日用兵，导致哥舒翰兵败被俘。而高仙芝得罪了宦官边令诚，边令诚就借机向玄宗进谗言，诬陷他抗敌不力，将他杀害。

【哥舒翰扬名西域】

哥舒翰，是突骑施酋长哥舒部的后裔，世居安西。哥舒翰年少时，家资殷富，为人慷慨豪爽，重信守诺，尽情在长安赌博纵酒为乐。四十岁时，父亲去世，他却不回家。长安尉对他缺乏礼遇，于是他发愤游历河西，在节度使王倕手下干事。王倕攻打新城，让他协助谋划，从而逐渐知名。后来他又转投王忠嗣门下，被署为衙将。他疏财仗义，因此人心归向。后来他当大斗军的副使，辅佐安思顺，两人不和。王忠嗣派遣他征讨吐蕃，副将见了他傲慢无礼，哥舒翰大怒之下，立刻将副将杀掉了，麾下的将士目睹此状，全身战栗不止。

吐蕃入侵边疆，在苦拔海与哥舒翰相遇。吐蕃将部下分为三部，从山上先后冲下来，哥舒翰持枪策马，上前迎击，所到之处敌军纷纷溃败，名

伎乐菩萨胡旋舞壁画·唐

震军中，于是被擢升为河源军使。以前，每逢积石军的麦子成熟，吐蕃就前来掠夺，无法制止。哥舒翰于是派遣王难得、杨景晖埋伏在东南的山谷中。吐蕃将领率领五千骑兵，放马而来，就要靠近麦田时，哥舒翰忽然从城中策马赶到，与敌人展开激战。敌人惊慌逃走，哥舒翰紧追不舍，然后伏兵忽然杀起，敌人全军覆没。在追

赶过程中，哥舒翰的坐骑受惊，掉进河里，吐蕃有三个将领想要趁机刺杀他，哥舒翰大吼一声，敌将手持长矛，吓得不敢动弹，很快救兵就赶来了。哥舒翰有个家奴叫左车，臂力过人。哥舒翰善于用枪，每次他追上敌人时，就将枪搁在肩上，大声猛喊，敌人回头看时，他就一枪刺穿敌人的喉咙，挑起五尺多高，而后抛到地上，左车就立刻下马，砍下敌人的脑袋。两人配合默契，习以为常。

适逢王忠嗣获罪，哥舒翰被召入朝廷，部将请他带着金帛，用来营救王忠嗣，哥舒翰却仅仅带着衣物，轻装上阵，说："如果皇上采纳我的意见，哪里用得着金帛呢？如果不采纳，这些衣物就够了。"皇上和哥舒翰交谈时，惊奇于他见识过人，于是封他为陇右节度副大使。哥舒翰谢恩之后，就极力陈说王忠嗣的冤屈。皇帝起身进入宫中，哥舒翰一边叩头跟在皇帝身后，一边流泪哭泣。皇帝醒悟过来，减轻了王忠嗣的罪行，免他一死。

天宝八载（749），朝廷下诏令，让哥舒翰统率朔方、河东的十万兵力，攻打吐蕃的石堡城。几天还没有攻克，哥舒翰大怒，揪住部将高秀岩、张守瑜等人的衣领，准备将他们斩首。高秀岩请求再宽限三日，终于如期攻克了石堡城。于是以赤岭为西方的要塞，开荒屯田，以充实军饷。哥舒翰受到封赏，天宝十一载，加授为开府仪同三司。

哥舒翰向来与安禄山、安思顺等人不和，皇帝屡次想使他们和解。适逢三人同时入朝，皇帝派遣骠骑大将军高力士在城东设宴，哥舒翰等人都到了。哥舒翰的母亲是于阗国王的女儿，席间安禄山对哥舒翰说："我的父亲是胡人，母亲是突厥人；你的父亲是突厥人，母亲是胡人。我们本是同族，怎么能不和睦呢？"哥舒翰说："谚语说'狐狸向洞窟嗥叫，是不吉祥的'，因为它负恩忘本了。既然被兄长错爱，怎么敢不尽心呢？"安禄山以为哥舒翰在挖苦他是胡人，就怒骂道："突厥种你敢骂我！"哥舒翰不甘示弱，准备回敬，高力士连连使眼色，哥舒翰这才假装喝醉了，离席而去。

后来，哥舒翰又攻克了吐蕃的洪济、大莫门等城，收复了黄河九曲，于是被晋封为西平郡王，厚加赏赐。宰相杨国忠憎恨安禄山，想要揭发他谋反的迹象，于是就和哥舒翰交好。不久哥舒翰被擢升为太子少保。哥舒翰喜欢喝酒，放纵声色，因此得病。他回到京师后，闭门不再上朝。

【临危受命】

天宝十四载（755），安禄山叛变，皇帝召见哥舒翰，任命他为太子先锋兵马元帅，率领河、陇、朔方、奴剌等十二部的二十万兵力，镇守潼关。军队出发时，皇帝亲自前来送行，又让百官在郊外饯行，旌旗绵亘二百余里。哥舒翰惶恐不安，多次声称有病，无法统兵，皇帝并不听从。但哥舒翰病重不能处理事务，军政全部委托给田良丘、王思礼、李承光三人。然而三人彼此争权，政令不一，导致士兵松懈，毫无斗志。

起初，安思顺料到安禄山会造反，因此曾经向皇帝进言，因此他没有受到牵连。哥舒翰既痛恨安禄山，又怨恨安思顺，如今手握重兵，有所陈请，天子都很少反对，于是趁机伪造叛军写给安思顺的信，让守关的巡逻兵捉住了假信使，献给朝廷。哥舒翰于是列举了安思顺七条罪状，请朝廷诛杀他。朝廷将安思顺和他的弟弟都赐死了，又流放了他的家人。

唐墓出土的阿拉伯人俑·唐

杨国忠开始心生恐惧。有人劝说哥舒翰说："安禄山举兵，本来是想诛杀杨国忠，现在留下三万士兵把守潼关，率领余下的精锐士兵，尽数渡过泸水，诛杀皇帝身边的奸贼，汉朝的七王之乱，也是用的这计策啊。"王思礼也这样劝说哥舒翰，哥舒翰犹豫不决。事情泄露出去后，杨国忠十分恐慌，于是面见皇帝，请求招募三千健儿，日夜训练他们。又募集上万人屯兵灞上，任命自己的心腹杜乾运为统帅。哥舒翰起了疑心，就诡称与杜乾运商议军事，将他诓骗到自己的军营，斩首示众，又兼并了他的部卒。杨国忠更加恐惧，对儿子说："我死无葬身之地了。"哥舒翰也惶惶不安，数次上奏，说安禄山不得人心，官军应当按兵不动，等敌军内部不和时，不用战斗就能擒拿到他们。这时，叛军将领崔乾佑镇守陕郡，故意派遣老弱之兵来引诱官军。侦察的人回来报告说："敌人没有防备，可以进攻。"皇帝听信他的话，命令哥舒翰出兵进讨。哥舒翰上报朝廷说："安禄山善于用兵，他现在反叛，不可能毫无准备，这是用计诱我出兵。他们远道而来，想要速战速决。但四方的援兵还没来得及集结，所以静观形势，按兵不动，才是上策。"

【兵败被俘】

安禄山虽然占据了河、洛等地，但军队所过之处，极为暴虐，招致很多怨恨，因此前进受阻，而这时郭子仪、李光弼又率兵逼近，夺取了常山等十个郡。安禄山心生悔意，想要退守幽州。但杨国忠假称皇帝的命令，催促哥舒翰出兵收

复陕、洛等地。尽管郭子仪、李光弼极力向皇上建议,让哥舒翰按兵不动,镇守潼关,皇帝却听信杨国忠的话,不断地派遣使者催促哥舒翰出战。哥舒翰没有办法,不得不在这年六月,痛哭出关,停驻在灵宝西原,与崔乾佑交战。此地地势险峻,南面靠山,北临黄河,崔乾佑预先派遣了几千士兵埋伏在山上的险要地段,哥舒翰乘船观看军队,认为崔乾佑兵力微薄,于是心生轻敌之意,催促士卒进攻。官军看见崔乾佑的军队毫无阵容,指指点点地讥笑着说:"等活捉敌人后吃早饭。"

交战不久,崔乾佑做出要逃跑的样子,官军松懈下来,毫无防备。忽然,叛军的伏兵杀了过来,官军拼死搏斗。敌人又背来柴禾,堵住道路,然后借着风势烧官军的马车,只见烈火熊熊,浓烟弥漫,士兵难以相辨,于是自相残杀,尸横遍野。幸存的官军四下逃散,有的跳进山谷,有的投河,有的争抢着跳上粮船,将船都弄沉掉了。叛军乘胜追击,官军几乎都跑光了。

兵败之后,哥舒翰带领几百名骑兵,渡过黄河,逃回军营,清点残兵败将,总共才八千人,到了潼津,一路寻找失散的士兵,再次镇守潼关。崔乾佑再次进攻,这时火拔归仁怂恿他出关,哥舒翰问:"为什么呢?"火拔归仁说:"你率领着二十万士兵,一天就全部覆没了,怎么向朝廷交代呢?你没看见高仙芝等人的事情吗?"哥舒翰说:"我宁愿效法高仙芝而死。"于是火拔归仁将他捉拿,向敌人投降,戴上枷锁送到洛阳。京师听说后大为震动,天子于是向西逃窜。安禄山见到哥舒翰,责怪他说:"你一直瞧不起我,现在怎么样呢?"哥舒翰伏在地上,谢罪说:"陛下是拨乱反正的君主。现在天下还没平定,请让我为陛下写书信,招附李光弼、来瑱、鲁炅等人,让他们归附。"安禄山很高兴,任用他为司空等职。哥舒翰写信招降众将,众将都指责他不能守节而死。安禄山知道招降无望,就将他囚禁起来。官军平定东京后,安庆绪带着哥舒翰渡过黄河,后来战败,就将他杀掉了。

哥舒翰为人严厉,寡于恩情。他从不体恤士卒的饥寒,有士兵偷吃了百姓的桑葚,他就将那个士兵狠狠地鞭打羞辱了一顿。监军李大宜在军中毫不尽职,整天与将士们赌博喝酒,或者弹唱箜篌琵琶来取乐,而士兵却没有粮食吃。皇帝派宦官慰劳官军,士兵都诉苦说没有衣服穿,皇帝就拿出制作御服的面料,做成十万件衣服赏赐士兵,等到哥舒翰战败以后,才发现这些战袍全部被封存在府库里面。

【高仙芝智克敌军】

高仙芝,高丽人。父亲高舍鸡是

阿拉伯倭马亚王朝金币

1964年陕西西安唐墓出土，这是中国第一次发现的中古阿拉伯白衣大食（倭马亚王朝）的金币，并且是中国境内发现的最早的伊斯兰国家的铸币。

四镇将校。高仙芝二十多岁时，跟随父亲来到安西，因为父亲的功劳，被授补为游击将军。他仪表堂堂，善于骑射，父亲却认为他过于文雅迂缓。后来，他事奉夫蒙灵察，受到器重。开元末年，他被夫蒙灵察举荐为安西副都护、四镇都知兵马使。

天宝六载，皇帝诏令高仙芝率领步骑一万人，出兵讨伐小勃律。高仙芝从安西出发，跋山涉水，历经艰难，行军一百日后到达特勒满川。然后高仙芝将部众一分为三，分别取道北谷道、赤佛道、护蜜，三路人马同时出发，约好在连云堡会师。高仙芝来到连云堡城下时，适逢婆勒河河水暴涨，无法渡河，高仙芝就宰杀牲口，祭祀河流，命令士兵带领三日的粮食，在水边集合，士兵心怀疑虑，不相信能够过河。等渡过河后，士兵才发现军旗没有沾水，马鞍也没被打湿。士兵过河后，很快列好阵形，高仙芝很高兴，对监军边令诚说："刚才如果我们正渡河的时候，敌军攻击我们，我们就被消灭了。现在已渡过河，又排好阵形，这是天赐良机啊。"于是登山挑战，还

没到正午，就攻克了连云堡。斩首五千人，活捉一千人，缴获马匹千余骑，衣物等数万。高仙芝想继续深入，但监军边令诚害怕，不肯前行。于是高仙芝留下三千弱兵镇守，继续前进。三天后，翻过了坦驹岭，下山的路又长又陡。高仙芝担心士兵不敢前进，于是暗中派遣二十个骑兵，穿着胡人的衣服前来迎接，说："我们前来迎接大军，已经将娑夷桥截断了。"高仙芝假装欢喜，让士兵全部下山。三天后，军队来到阿弩越城，很快就平定了小勃律国。

高仙芝派遣判官王庭芬，前往京师告捷。军队来到河西，灵察大怒，不肯迎接慰劳大军。见面后，夫蒙灵察骂高仙芝道："高丽的贱种，你是怎么被升任于阗使者的职务的呢？"高仙芝很害怕，说："这是您的举荐。"夫蒙灵察又问："焉耆镇守使、安西副都护、都知兵马使，是怎么被封赏的呢？"回答说："也是您的帮助。"灵察曰："既然如此，捷报不经过我，而直接上奏朝廷，是为什么呢？"高仙芝不知所措。边令诚秘密将情况上奏朝廷，说："如果高仙芝立了战功，却忧惧而死，以后谁还会为朝廷效力呢？"于是皇帝擢升高仙芝为鸿胪卿，并代理御史中丞，接替灵察的职务，并下诏让灵察回朝。灵察因此心怀恐惧，但高仙芝却每天去拜见他，并且

非常恭敬，这使灵察更加惭愧。高仙芝任职后，招来在灵察面前曾经诋毁他的副都护程千里等人，加以谩骂。过了一段时间后，他就释怀了，说："我不恨这些人了。"于是军心得以安定下来。

【获谗而死】

天宝九载（750），高仙芝征讨石国，国王议和投降，高仙芝将他当做俘虏送到朝廷，又斩杀了他，于是西域诸国不肯服从。高仙芝为人非常贪婪，攻克石国后，获得的黄金、宝马、良玉不计其数。但他也不甚爱惜，只要人们开口向他求索，他不论多少都予以赠送。后来安禄山反叛，皇帝任命荣王为元帅，高仙芝为他的副手，率领飞骑、彍骑及朔方等地的军队，接替封常清前去讨伐。临行前，皇帝亲自赐宴，又来到望春亭慰劳送行，派遣边令诚做监军。到达陕郡时，封常清战败而还，高仙芝为稳定军心，打开太原仓库，将全部财物赏赐给部下。到达潼关后，他又整顿军队，修缮守备，士气重新振作起来。叛军无法攻克潼关，只好引兵而返。

起初，边令诚屡次以私事求高仙芝，高仙芝没有应允，于是趁机告发他逗留不前，以此来激怒皇帝，说："封常清借着叛军来动摇军心，而高仙芝则放弃了陕中几百里疆域，克扣并盗取军饷等物。"皇帝勃然大怒，便让边令诚在军中将他处斩。

边令诚已经斩杀了封常清，将尸体陈放在草席上。高仙芝从外面赶到，边令诚率领着上百名陌刀手，说："也有你的诏命。"高仙芝立刻跪下来说："我后退的确是罪过，至死不敢推脱。至于克扣盗取军粮，则是诬陷了。"又对边令诚说："上天下地，三军都在这里，你难道不知道吗？"又回顾部下说："我招募你们，本想打败叛军，领取奖赏，但叛军气焰正盛，所以拖延至今，也是为了固守潼关啊。我有罪，你们可以直言；如果没有罪，就应该叫冤。"军中都高声喊叫："冤枉啊！"声音震天。高仙芝又看着封常清的尸体说："你是我举荐提拔的，又取代我为节度使，现在我和你一起死，这难道是命吗？"于是就被杀死了。

论赞

赞曰：安禄山纠集身经百战的骁勇士卒，趁天下疏于武事，皇帝年老懈怠的时机，发动叛乱，人心惶惶。高仙芝放弃陕中，镇守潼关，遏制敌人向西的攻势，以丧地的罪名而被诛杀。玄宗虽然被左右的侍臣蒙蔽，但他自己也的确很昏庸啊。终于让叛将找到借口，擒拿了哥舒翰。哎，这难道不是上天要扰乱他的心智，让他残杀百姓，酿成罪恶吗？要不然，两个将领怎么会都被诛杀呢？

李光弼列传

●列传●
新喜书

光弼是中兴唐朝的名将，为平定"安史之乱"立下了汗马功劳，并最终恢复了李唐江山。安禄山叛乱后，李光弼率领朔方士兵，四处征讨，转战各地，四处平定叛军。他军法严明，用兵如神，在饶阳大败史思明的军队，后来在太原以寡敌众，使用妙计，再次使史思明狼狈而逃。后来在河阳一役中，他又使叛军蒙受重大损失。李光弼和郭子仪一道，共同阻止了叛军的嚣张气焰。但在北邙山战役中，因为仆固怀恩不听他的节制，导致唐军惨败。等平定叛军后，仆固怀恩对他心怀怨恨，就勾结宦官程元振，造谣中伤他，他因此心怀恐惧，不敢朝见京师，忧惧而死。

李光弼，营州柳城人。他幼时便威严果毅，富于胆略，善于骑射。他曾经被授补为河西王忠嗣的兵马使，王忠嗣非常器重他，远远超过其他的部将。他曾经说："将领中能掌握我军队的，是李光弼。"朔方节度使安思顺上表朝廷，请求让李光弼做他的副手，非常器重他的才干，想把女儿嫁给他，李光弼称病辞官而去。

安禄山叛乱，郭子仪向朝廷举荐他，被任命为御史大夫等职务，并主持河东的节度事务。李光弼带领五千朔方兵从土门出发，向东援救常山，常山人活捉了安思义，归降朝廷。

【屡败史思明】

自安史之乱以来，尸横遍野，李光弼设祭哭吊死者，释放被叛军囚禁的人，并安抚照顾他们的家属。当时

叛将史思明等人进攻饶阳，李光弼向安思义问计策，安思义回答说："现在兵锋正盛，而官军行军疲老，难以迎敌，不如守城不出，伺机而动。"李光弼于是依计而行。第二天，史思明率领两万人逼近城墙，李光弼按兵不动，只是派出五百名弓弩手击退了叛军。然后，李光弼派兵向南，隔着溏沱河驻军。史思明虽然被围困，但仗着附近有援兵，让士兵解鞍休息。当天，李光弼得知五千叛军到达九门，于是派出轻骑兵，等他们吃饭时突然袭击，将他们几乎全部杀死。史思明心中害怕，派出骑兵断绝了唐军的粮道。适逢朝廷命令郭子仪与李光弼在九门合击叛军，史思明大败而逃。李光弼乘胜追击，攻下赵地。攻克赵地后，士兵大肆劫掠，李光弼坐在城楼上，收缴士兵的赃物，全部归还了百

姓，百姓们都很高兴。

肃宗即位后，下诏命令他率领景城、河间的士兵，进入太原。以前，节度使王承业政令宽弛，侍御史崔众在太原拥兵，经常狎辱王承业，李光弼一直愤愤不平。如今，皇帝下诏，让崔众将兵权交给李光弼。崔众轻狂惯了，见到李光弼只是长揖而已，不肯立刻交付兵权，李光弼大怒，拘捕了他。适逢朝廷使者来到，拜崔众为御史中丞。李光弼说："崔众有罪，已被我拘捕了，即将问斩，如果使者宣读诏令，那么斩的就是御史中丞了。"使者见状，藏起诏书不敢宣读，于是李光弼将崔众斩首，威震三军。

至德二载（757），史思明等率领十万精兵，前来攻打李光弼，当时他麾下的士兵只有一万人。于是，李光弼拆毁民房，制成掷石车，威力巨大，砸伤了许多叛军士兵。史思明于是制造飞楼，用木板围起来，又筑起土山靠近城墙，李光弼派人挖洞，让土山崩塌了。史思明又在城下设宴，让倡优登台，嘲讽天子，李光弼派人挖掘地道，活捉了倡优。史思明大为惊骇，将营帐搬到远处，士兵看着地面才敢走路。李光弼又暗中在敌营周围挖掘壕沟，准备水淹敌军，同时又假意约降。等到约定的日期，他派精兵把守城墙，派偏将出城，装作去议和的样子，史思明非常高兴。不一会儿，敌人几千人掉进了壕沟，城上守兵大声呐喊，突骑趁机冲出，杀死了几万人。史思明害怕战败，于是就撤离了，留下蔡希德继续攻打太原。李光弼又派出敢死队，与敌人肉搏，杀死了七万人，蔡希德狼狈地逃跑了。起初，敌人刚来时，李光弼在城角设置

☙ 三彩方柜·唐

此器照日常生活中的方柜而做，是用于随葬的明器，为唐三彩制品中少见的器物。唐三彩是一种铅釉陶器，以瓷土为胎分两次烧成。先将陶坯入窑素烧至1100℃左右，然后在陶坯上施彩进行釉烧至900℃即成，复色铅釉陶虽然在汉代已经出现，但这种工艺至唐代才出现了一个飞跃。

营帐休息，经过私宅而不顾。解围后的第三天，他才回到私宅就寝。

乾元元年（758），李光弼与九位节度使联兵，在邺西大败安庆绪。他与众将商议说："史思明在魏州整顿兵马，想要使我们懈怠，我们不如主动出军进逼。他因为嘉山之败，不敢轻易出兵，我们就可以活捉安庆绪了。"但观军容使鱼朝恩却坚决反对。不久史思明前来援救安庆绪，李光弼拼力拒敌，斩杀很多人。适逢其余诸将因惊慌而溃散，各军退回，所到之处大肆劫掠，只有李光弼军容严整地返回到太原。不久，他被任命为天下兵马副元帅。

彩绘象座塔式罐·唐

李光弼率领五百名河东骑兵，赶到东都，想要控扼虎牢，率军来到黄河岸边。他传檄召见兵马使张用济，张用济忌惮李光弼的威严，唆使诸将逗留不前。李光弼立刻将他处斩。适逢滑汴节度使许叔冀战败投降，史思明乘胜西进。李光弼敦促军队整齐地缓缓前进，自己赶到东京，与留守韦陟商量。由于洛阳没有军粮，李光弼决定调兵河阳，阻断泽、潞等地的通道，这样战胜可以出兵，战败可以据守，使敌人不能向西。于是他发出檄文，听任河南的官吏躲避叛军，城里不要留人，督促军队做好战争的准备。

史思明到达偃师，李光弼调遣全部兵力火速赶到河阳，自己率领骑兵殿后。进入三城后，兵力才两万，军粮只能供应十天，他与士卒同甘共苦。敌军害怕李光弼，不敢侵犯东都，驻扎在白马祠，构筑防备的工事。李光弼对李抱玉说："你能为我守两天南城吗？"李抱玉说："两天后怎么办呢？"李光弼说："放弃它。"李抱玉答应了，他就哄骗敌人说："我军没有粮食了，明天就投降。"敌人很高兴，收兵等待日期。李抱玉趁机将守备修缮完毕。敌军发觉受骗了，就派兵猛攻。李抱玉派出奇兵夹击

敌人，敌军将领周挚引兵退却。李光弼在这期间，也已将中城修缮完毕，并挖掘了壕沟。这时周挚攻打中城，再次大败。周挚重振旗鼓，与安太清合兵三万人，攻打北城。李光弼登上城墙，望见敌军刚刚列阵就很喧哗，知道不足为惧，于是就出城迎战。双方胜负未决，李光弼就召集众将问："敌人哪面的兵力最强盛？"众将回答说："西北角上。"于是，他找来郝廷玉，让他击破西北角。郝廷玉要求补充五百骑兵，李光弼拨给他三百。李光弼又派遣论惟贞，前去击破敌军第二坚固的东南角。他手执大旗，号令全军说："你们看我的旗帜行事。如果旗帜三次挥动，各军应全部冲入敌阵，拼死向前，后退者将被斩首！"不久，他在城头望见郝廷玉的军队不能向前，就催促左右去砍下他的首级。郝廷玉说马中箭了，于是命人给他换马。后来李光弼又赏赐了一名勇猛向前的偏将，斩首了畏缩不前的士兵。于是全军震慑，令出必行。他挥旗三次，各路兵马拼死奋战，敌人一时溃败下来，死伤无数，周挚等人也被活捉。当初，李光弼临战之前，在靴子中藏了把刀，说："战争胜负难测，我位居三公，不能被敌人侮辱。万一战败，就当自刎向天子谢罪。"到这时，他向西而拜，三军将士都很感动。

【智降敌将】

上元元年（674），李光弼被加封为太尉、中书令。他进兵包围怀州（今

河南沁阳），史思明前来救援，光弼再次击败了他。史思明在河清炫耀兵力，声称要渡过黄河，断绝官兵的粮道。李光弼在野水度设置营垒，晚上回到军营，只留下牙将雍希颢把守，说："叛将高晖、李日越等人，都是力敌万人的悍将，敌军一定会派遣他们偷袭我军。留在此地，敌军来了不要和他们交战，如果他们投降，就带他们一起来。"他身边的人都暗中奇怪他说的话语无伦次。当天，史思明果然召集李日越说："李光弼驻扎在野外，你带领五百名铁骑，在夜里去擒拿他。如果捉拿不到他，就别回来了。"李日越来到官军的营垒附近，派人问道："李太尉在吗？"回答说："已经离开了。"问道："这儿有多少兵力？"回答说："一千人。"又问："将领是谁？"回答说："雍希颢。"李日越于是对他的部下说："照我接受的命令，即使能捉拿到雍希颢，回去后仍然难免一死。"于是请求投降。李光弼对他很优待，上表请求朝廷授他为特进，兼任金吾大将军。高晖听说后，也投降了官军。有人问他："你降服二员战将，为什么这么容易呢？"李光弼说："史思明两战皆败，恨不能野战，听说我驻扎在野外，他本来就轻视我，命大将前来袭击，必然要

让他立下生死状。雍希颢没有名气，不足以表功。李日越害怕被处死，如果不投降，还有别的什么出路呢？高晖的才能居于李日越之上，看到李日越受到这种优待，怎么能不动心呢？"众军放出丹水来淹怀州，却没有攻克。李光弼命令郝廷玉从地道入城，得到敌军的军号，于是登城大呼，官军趁机登上城墙，活捉了安太清、杨希仲等人，解送到京师。

【兵败北邙】

史思明派出间谍，散布流言说叛军将士都是北方人，都在唱思乡的歌谣。鱼朝恩信以为真，多次上疏说叛军可以消灭。皇帝下诏告谕李光弼，李光弼力言敌军气焰犹盛，不能轻举妄动。仆固怀恩嫉妒李光弼的功劳，暗中帮助鱼朝恩，陈说破敌之策。朝廷派遣使者前来督战，李光弼迫不得已，只好下令李抱玉镇守河阳，出兵驻扎在北邙。光弼让士兵靠山列阵，仆固怀恩却不服从命令，在平原列好阵形。敌军占据了高原，派遣长戟七百人为先锋，壮士手执大刀跟随其后，丢下东西假装逃跑。仆固怀恩的军队纷纷争抢敌人的东西，这时敌人的伏兵忽然袭击，官军大溃。怀州再次陷落，李光弼渡过黄河，守卫闻喜，李抱玉因为兵力薄弱，被迫放弃了河阳。李光弼向皇上请罪，皇帝因为仆固怀恩违背节制导致兵败，就下诏宽免，并召李光弼入朝觐见。

史朝义趁北邙山战事的胜利，进兵

🔶 彩绘贴金天王俑·唐

唐代陶俑，方脸，阔口，圆眼，头戴侧翻翅盔，盔顶饰尾翼上翘的孔雀。内着袍，外披铠甲，铠甲上贴有金箔。腰系丝带，足穿战靴，双脚蹬踏坐在地上的邪鬼。其造型生动，颇具艺术感染力。

入侵申、光等十三州，光弼抱病乘车行军，监军使因为兵力少，请求据守扬州。李光弼说："朝廷将国家安危托付给我，敌人怎么知道我军兵力不足呢？如果能出其不意，敌人自会溃败。"于是赶紧进入徐州。这时，史朝义在宋州围攻李岑，李光弼派田神功击退了他。来瑱、尚衡、殷向来违背朝廷的节制，如今见李光弼到来，三人都非常忌惮，于是纷纷入朝，表示归附朝廷。然后李光弼又收复了许州。浙东人袁晁在台州发动起事，建号称帝，李光弼又派遣部下在衢州将他击败。广德元年（763），终于镇压了袁晁起事，平定了浙东等地。

【佞臣谗害】

相州、北邙的兵败，鱼朝恩因其计策的失败而感到愧疚，因此对李光弼恨之入骨，程元振也很忌恨他。二人专权，天天密谋中伤李光弼。来瑱被程元振害死后，李光弼更加恐惧。吐蕃入侵京师，代宗下诏让他前来援助，他畏惧受祸，拖延着不敢前来。后来皇帝来到陕中，仍然倚重于他，屡次慰问他的母亲，用来消除他的疑虑。皇帝返回长安后，任命他为东京留守，但李光弼以久久没等到朝廷的诏书，回徐州收取租赋为理由，不肯前来。皇帝命令郭子仪从河中用车载其老母回到京师。广德二年（764），李光弼病重，将吏问他身后之事，他回答说："我滞留在军中，不得奉养老母，是不孝之子，还有什么可说的

呢？"于是他取出绢布，分赠给部将，然后就死了，时年57岁。部将就以他赠送的绢布来为他服丧，恸哭得非常伤心。皇帝赠予他太保的封号，谥号为武穆，下令百官到延平门外送葬。

李光弼用兵，筹划好了而后作战，能够以少胜多。他治军严整，天下人都慑服他的威名，在军中发号施令，诸将不敢抬头仰视。起初，他和郭子仪齐名，被世人称为"李郭"，而战功被推举为中兴第一。他取代郭子仪镇守朔方时，营垒、士卒、旗帜都没有改变，而在他的号令下，军队士气更旺，纪律也更严明。

论赞

赞 曰：李光弼本是胡人的后代，沉着勇猛，又有操守。适逢安禄山叛乱，他执掌兵柄，克敌制胜的策略，没有人比得上。他赏罚分明，士卒争相为他效力，有古代良将的风范。他为父亲服丧期满之前，不进入妻子的房间，侍奉继母非常周到，又喜欢读班固的《汉书》，和寻常武夫截然不同。等到为宦官所陷害，却难以表白自己的忠诚，使自己陷入危险之中，这就是善于预料他人，却拙于替自己谋划啊。当他奋发救国时，天下云集响应；最终却受到牵连，忧惧而死。哎，奸人的谗害，真是可怕啊，这难道是时代的不幸吗？

房琯 李泌列传

列传

新唐书

房琯和李泌，都是安史之乱后崛起的名臣，两人在安史之乱中，替唐肃宗出谋划策，竭诚尽职，为唐朝官军的最终平定叛军，休养生息，做出了卓越的贡献。房琯在安史之乱后，投奔灵武，和肃宗一番交谈后，立刻被委以重任。然而，后来肃宗委任他率兵伐敌，用兵并非他的特长，他兵败被贬。李泌幼年就聪慧异常，受到玄宗的召见，被视为神童。肃宗即位后，他为肃宗谋划，深得肃宗的倚重。后来，因为受到李辅国等人的嫉恨，于是隐居衡山。德宗朝再次被召见入朝，后来德宗想废掉太子，受到李泌的劝阻，最终打消了这个念头。李泌又向德宗献计，解决了国家经费紧张的问题。

▶【房琯一言悟主】

　　房琯，字次律，河南人氏。他小时候很好学，为人沉着严谨。后来他和吕向一起在陆浑山隐居，十年不参与俗事。开元年间,他写了《封禅书》，游说宰相张说，张说很惊异，奏举他为校书郎。天宝年间，皇上喜欢巡游，因为房琯天资机巧能算，下诏让他经营骊山。天宝十五载(756)，皇帝到达蜀地后，他来到普安谒见，皇帝非常高兴，授予他文部尚书、同中书门下平章事。

　　不久，房琯和韦见素等人奔赴灵武，叩见肃宗，谈吐十分文雅流畅，令皇帝为之动容。肃宗十分器重他，机要之事全部与房琯商议决策，诸将相莫敢望。那时候，第五琦善于谋划钱财，得到皇帝宠信，被任命为江淮租庸使。房琯上谏说

他聚敛财赋容易招致民怨，皇帝说："现在军队正需要钱财。你憎恶第五琦是可以的，但怎样取得钱财呢？"房琯无言以对。北海太守贺兰进明从河南来朝见，下诏让他代理御史大夫、岭南节度使，向皇上谢恩时，皇上说："我告诉房琯授予你正式的御史大夫，怎么是代理呢？"贺兰进明怀恨在心，于是说房琯性情疏阔，大言不当，没有做宰相的才能。皇帝问："为什么呢？"回答说："陛下为皇太子时，房琯向太上皇建议，派遣诸王担任都统节度使，这貌似忠于太上皇，但实际却不忠于陛下。房琯猜测诸皇子中，必有一人能得到天下，因此四处竖立私党，逢迎诸皇子，让他们手握兵权，以此而言，他怎么能对陛下尽忠呢？"皇帝听了他的话，开始嫌恶房琯。

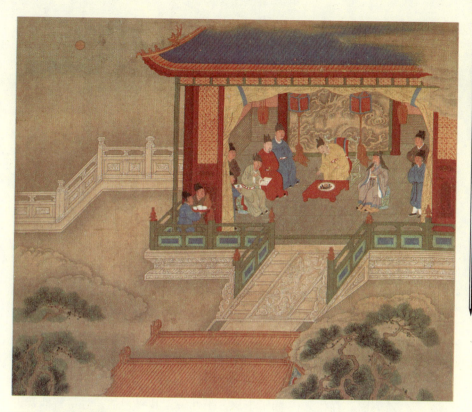

【兵败遭贬】

唐肃宗烧梨联句

房琯请求带兵平定叛乱，于是皇帝下诏，授命他为持节招讨西京、防御蒲、潼两关兵马节度等使。房琯与叛军交战失利，士兵死亡惨重。起初，他采用春秋时的战法，用两千辆战车围绕营地，骑兵和步兵夹击。战争开始后，敌军乘风鼓噪，驾车的牛都很惊恐，于是敌人投下草料然后点燃，烧死了无数士兵和牲畜。房琯觐见皇帝，袒露臂膀请求治罪，受到皇帝的宽免，让他再图进取。房琯平时很自负，以天下为己任，然而并不擅长用兵。他的幕僚李揖、刘秩等人都是儒生，不曾经历过战事，房琯常夸耀说："叛军人数虽多，怎么能够抵挡我的刘秩呢？"

崔圆从蜀地前来，最后才被皇帝召见，房琯很轻视他。崔圆重金贿赂李辅国，很快就受到皇帝的宠信，由此对房琯心怀怨恨。适逢谏议大夫李何忌被弹劾为不孝，房琯向来与他交好；而琴工董廷兰出入房琯的宅第，备受亲昵，董廷兰倚仗房琯的权势，收纳贿赂，受到弹劾。皇帝得知后，非常震怒，降房琯为太子少师。还都后，很多朝臣都说房琯文武兼备，可委以重任。皇帝因为房琯说话浮妄不实，心怀不满，认为他结交朋党，将他外放为邠州刺史。邠州原本法纪废弛，吏卒经常骚扰居民，人心不安，房琯来后，大肆改革，人民很快安定下来，政绩流传开来。宝应二年（763），皇帝下诏任命他为刑部尚书，结果他在途中病死，被追赠为太尉。

房琯器量深远，喜欢谈老子、佛法，也喜欢结交宾客，高谈阔论，但谈论的都不切实际。当时天下动荡不安，急于谋略攻取，房琯作为宰相，却想从容镇静地辅佐皇帝，又不善于识人，因此导致挫败，使得功名受损。

【神童李泌】

李泌，字长源，是北魏八柱国李弼的六世孙。他七岁就能写文章。开元十六年（728），玄宗召集所有精通佛、道、儒教的学者，到宫中来答难解疑。其中有个名叫员俶的，只有九岁，辩词锋锐，力挫群雄。皇帝很惊奇，问："还有类似你的童子吗？"员俶立刻举荐了李泌，皇帝立刻派人召他来。李泌到达时，皇帝正在和张说下棋，皇帝让张说试探他的才能。几句简短的问答后，张说便祝贺皇帝得到了神童。皇帝很高兴，重重地赏赐了李泌。张九龄尤其喜爱他，时常将他带进内室。当时，张九龄与严挺之、萧诚等人友善，严挺之厌恶萧诚巧言令色，劝张九龄和他断绝往来。一天，张九龄自言自语说："严挺之太刚直，而萧诚为人柔和可爱。"正要令人去召唤萧诚时，李泌在身旁，忽然说："你为人正直，从布衣做到宰相，却喜欢柔媚之人吗？"张九龄大窘，整容相谢，并称他为"小友"。后来，皇帝让他侍奉太子，太子十分器重他。

李泌像

【进献良谋】

肃宗在灵武即位，李泌赶来，向肃宗陈说成败之事，肃宗很高兴，想赐予他官职，李泌坚决推辞，希望以宾客的身份跟从皇上。他出入都跟着皇上，众人指着说："穿黄衣服的是圣上，穿白衣服的是隐士。"皇帝听说后，授予他为元帅广

平王的行军司马。起初，军中谋划册立元帅，众人都倾向于建宁王，李泌私下对皇帝说，建宁王虽然贤能，但广平王身为太子，如果建宁王立功，太子的地位难免会受到威胁，未必能继承帝位，因此，应该册立广平王为元帅。皇帝听从了他的建议。

肃宗当太子时，李林甫向玄宗进谗言，危害太子的地位，肃宗即位后，想要掘墓焚烧李林甫的遗骨，进行报复。李泌认为这样会显示天子的心胸不够宽广，会使被胁迫而反叛的人更加执迷不悟。肃宗很不高兴，说："你忘记往事了吗？"李泌说："太上皇年事已高，如果听说陛下记恨旧怨，将会心中惭愧郁郁不乐，万一因此得病，这就是陛下以天下之广大，却不能奉养父亲啊。"皇帝醒悟过来，抱着李泌的脖子，哭泣道："我没想到这一点。"皇上又问破敌之策，李泌回答说："我军应该以逸待劳，派李光弼、郭子仪等分别出兵，镇守太原、冯翊等要地，以钳制史思明、安守忠等人，这样就孤立了安禄山，让他防守的战线拉得太长，疲于奔命。我军休养生息，然后诸路大军合集，形成掎角之势，进攻范阳，必然能够击溃叛军。"皇帝深以为然。但适逢西方的军队集结在一起，皇帝想要迅速取得长安，最终没有采纳他的建议。

两京收复后，皇帝奉迎太上皇回京，自己请求回到东宫，以尽儿子的孝道。李泌说："太上皇不会回来了。

人臣七十岁尚且就退休了，何必要烦扰太上皇治理国家呢？"皇帝说："那怎么办呢？"李泌便替群臣上奏，说皇上思念太上皇，请太上皇回来接受皇上的奉养。接到第一道奏章时，太上皇说："应当把剑南道给我养老，我不再回来了。"皇帝很忧愁。等到第二道奏章到达时，太上皇高兴地说："我可以做天子的父亲了！"于是下令整装出发。

崔圆、李辅国因为李泌受到皇帝宠信，心怀嫉妒。李泌害怕惹出祸患，就请求隐居衡山，皇上应允了，赐给他隐士服，并给他建造居室。代宗即位后，将他找来，住在蓬莱殿书阁。

德宗在奉天，下诏将李泌找来，授予他左散骑常侍的职务。适逢李怀光反叛，又遭遇蝗灾，有人提议想赦免李怀光。皇帝广泛征询群臣，李泌撕破一片桐叶，让使者进呈皇上，说："陛下和李怀光，君臣的名分不能再复原，就和这片叶子一样。"皇帝于是没有赦免李怀光。

【力保太子】

太子妃萧氏的母亲，是郜国公主，因为使用蛊术而被幽禁在宫中，皇帝很愤怒，责问太子，太子惶恐不安，不知如何回答。李泌入朝，皇帝多次称赞舒王贤明，李泌揣摩到皇帝有废掉太子的意思，就说："陛下有个儿子却怀疑他，想立弟弟的儿子。陛下看看自己的皇叔，陛下侍奉得怎么样？"皇帝说："你违背我的心意，难道不顾及你的家族吗？"李泌说："我已经衰老，身为宰相，如果因上谏而被诛，也是死得其所。假使太子被废，以后陛下后悔了，说：'我只有一个儿子却杀了他，李泌却不劝阻我，我也杀掉你的儿子'，那我就绝嗣了。"于是呜咽流泪。他又说："如果太子真有罪，就请求废掉他，册立皇孙，这样天下还是陛下的子孙所拥有。况且郜国公主用邪术蛊惑东宫，怎么能怪罪太子本人呢？"他据理力争了几十次，态度越来越坚定，皇帝终于醒悟过来，太子之位于是得以安稳。

起初，兴元以后，国家经费十分紧缺，封物都减少了三分之二。按照旧制，宰相的封物每年三千六百缣（唐制布帛四丈为匹，亦谓匹为缣），后来才一千二百缣。到如今，皇帝恢复了旧制。于是李晟、马燧、浑瑊就将各自受赐的实封，全部都让给李泌，李泌却不接受。当时方镇大吏私自向皇帝进贡财物，每年有五十万缗（一千钱，同贯），以后逐渐减少到三十万，皇帝因为用度匮乏，

🐢 **鎏金龟负《论语》玉烛银酒筹筒·唐**
此器出土于一座唐代金银器窖藏中。下为形态颇为生动的伏龟，背驮仰莲座，上承长体圆酒筹筒，上覆荷叶边形筒盖，中央结成宝珠钮。在筒身双线长方框中刻"《论语》玉烛"四字，并刻饰龙凤等图案。与酒筹筒同时出土的还有50支酒令筹，上刻文字，上半段文字采自《论语》，下半段为行令章程。这正是唐人饮酒时行令的酒筹。

询问李泌，李泌说："天下的供赋，每年有百万缗都给了宫中，请陛下不要接受方镇大吏私下的贡献。凡是需要钱的时候，即让他们代缴两税，他们就可以依法办事，财政也就缓解了。"

贞元四年八月（788），月蚀东壁星，李泌说："东壁星，号称天上图书的秘府，大臣应当有灾祸。我是宰相，又兼任学士，应该就是我了。昔日燕国公张说也因此而死，我又怎么能逃脱呢？"第二年，他果然去世，终年六十八岁，被追赠为太子太傅。

【喜好鬼神】

李泌出入宫中，侍奉四位君主，多次被权幸之臣所忌恨，幸亏靠着机智才得以免祸。他喜欢纵横大谈，直言议论，能够使君主醒悟过来，并改变心意。但他常常宣扬黄老鬼神之说，因此被人们所嘲讽。当初，肃宗很看重阴阳巫祝，擢升王玙执掌朝政，大肆建造，劳役民众，动辄就牵扯到禁忌之类。黎干也凭着邪道，被任命为京兆尹，曾经使宫中的绣工编珠刺绣做成御服，然后又将它烧掉，以此消灾除祸。德宗却不以为然，即位之后，罢除了内道场，驱赶了巫祝等人。代宗将要下葬时，皇帝哭着送到承天门，看到灵车没有走在道路中央，就问原因，有关官员奏答道："陛下本命在午，因此予以回避。"皇帝哭着说："怎么能为我自己的利益而枉曲灵车呢？"于是命令灵车走在路中央。宣政殿的柱廊损坏了，太卜说："孟冬有魁冈二星，不能修缮。"皇帝不听，下令予以修葺。等到桑道茂修筑奉天城的事得以应验，皇帝才开始注重时日禁忌，因此进用李泌，李泌也常常向皇帝提出建议。柳玭曾经说，两京得以收复，主要靠李泌谋划的功劳，他的功劳超过了鲁连、范蠡等人。

论赞

赞曰：唐朝名儒多说房琯有辅佐帝王的才干，史书也很少贬斥他。想来房琯为臣忠勇，一席话就能启悟帝王，获得宰相职位，必然有他的过人之处，只是他被任命的职位，并非他擅长的，因此没有成功。如果房琯生活在太平之世，在朝中从容筹划，应当能成为贤明的宰相。然而他仓促受命，事情失败了，怨恨随之而来，被诬陷以浮虚结党的罪名，实在值得警戒啊！李泌的为人很奇异，他为皇上谋划称得上忠心，轻看富贵荣辱称得上高尚，能够全身远祸称得上智慧，最终官至宰相，称得上建立了功名。肃宗披荆斩棘建立朝廷时，李泌一番话和皇帝相契，便被委托朝政。他辅佐肃宗和代宗，出谋划策，功劳不小，却并没有被任命为宰相，而德宗晚年喜好鬼神，因此李泌才得到器重，被任命为宰相，这也是机缘所致啊。

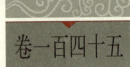

元载 杨炎列传

元载和杨炎都是唐朝的宰相。两人都有卓越的才能，协助皇帝削夺宦官的势力，并实行赋税改革，对唐朝的复兴做出了贡献。然而，元载原本依附于李辅国，和李辅国互相勾结。李辅国死后，他又大权独揽，排斥异己，并广结党羽，触怒了代宗，被代宗处死。杨炎原本借着元载的势力，得以受到德宗的重用，被任命为宰相后，竭力为元载复仇，德宗心怀怨恨。后来，他又与卢杞结怨，卢杞于是中伤杨炎，使德宗罢免了他的宰相职务，并被流放赐死。

【元载党附权臣】

元载，字公辅，凤翔岐山人氏。他很小就失去了父母，长大后喜欢学习，善于写文章。天宝初年，皇帝下诏推举通晓庄子、老子、列子、文子的学子，元载被录取，补授为新平尉。后来不断擢升，历任祠部员外郎、洪州刺史、户部侍郎等职，并充任度支、江淮转运使等职。

李辅国专权，他的妻子是元载宗室家的女儿，因此两人亲近交结。适逢京兆尹空缺，李辅国举荐他担任此职，元载本想执掌国家大权，于是坚决推辞。李辅国明白他的心思，第二天，在保留原来的官职外，又授任他为同书门下平章事。代宗即位后，元载又被擢升为中书侍郎等职。因为度支事务繁多，容易减少权势和恩宠，他于是将钱粮之事委托给刘晏。

刺客谋杀李辅国的事情，元载暗中参与了策划。此后，他又结交宦官董秀，用重金贿赂他，刺探皇帝的心意，然后曲意迎合皇帝的心意，皇上因此很信任他，毫无疑心。鱼朝恩当时非常骄横，权倾天下，元载和他不和，心中非常害怕。皇帝也对鱼朝恩怀恨在心，于是元载趁机上奏，请求诛杀鱼朝恩。皇帝害怕有变故，元载就暗中勾结鱼朝恩的心腹将领。鱼朝恩被诛后，元载更加骄纵起来。他又设法使六品以下官员的任免之权全部归于自己。他认为无论什么建议，只要他上奏后，皇帝都能听从，于是假借在河中营造宫殿为名，建筑私宅。皇帝知道后，很厌恶他，将他的奏议搁置起来。

【排斥异己】

元载富于智慧谋略，行事果断，又长久得到君主的宠信，于是很自负，以为没有人比得上他的才能。他将政务委托给主书卓英倩等人，在内听从妻子的话，纵容儿子接受贿赂。京师各部门官员的任职，他都排挤忠良，提拔小人。凡是想做官的人，不是结交他的子弟，就是谒见他的主书。他在城中营建了极豪华的宅第，又广占良田。他拥有的美女艺伎，宫中都难以找到。皇上知道后，曾经深切告诫他，他却不肯悔改。有人写《都卢寻橦篇》，以讽喻他的危险，元载流下了眼泪，却仍不改过。适逢李少良上疏揭发他，元载大怒，上奏杀了李少良，从此人们不敢议论。元载于是只和党羽交往，道义之交从此都断绝了。

日复一日，皇帝的积怒终于发作了。大历十二年（777）三月庚辰，皇帝在延英殿，派遣左金吾大将军吴凑逮捕了元载等人，亲信官吏和他的儿子也一并入狱。皇帝下诏让吏部审讯案情，又派遣宦官责问私事，元载都供认了。皇帝下诏赐他自尽，又挖开他的祖坟，劈开棺材抛弃尸体，并且毁掉了他的宅第。但皇帝当年能够被立为太子，实际上是元载的谋划。所以在兴元元年（784），皇帝下诏恢复他的官职，并听任改葬。

【杨炎赋税改革】

杨炎，字公南，是凤翔天兴人氏。他容貌俊秀，器宇轩昂，文采斐然，为人豪爽慷慨又崇尚气节。河西节度使吕崇贲提拔他为掌书记。神乌县令李太简喝醉酒后，曾经辱骂他，杨炎喝令左右，将他反绑起来，鞭打了二百余下，几乎将他打死，吕崇贲爱惜他的才能，没有追问此事。父亲死后，他在墓旁结庐守孝，号哭之声不绝，以至于有紫芝白雀出现，朝廷下诏予以褒扬。宰相元载与杨炎同郡，杨炎又出自他的门下，因此元载将他提拔为吏部侍郎、史馆修撰。后来元载事败，杨炎受到牵连，被贬为道州（今湖南道县）司马。

德宗当太子时，就知道杨炎的名气，又曾经得到他撰写的《李楷洛碑》，悬挂在墙壁上，每天吟咏赏玩，嗟叹不已。德宗即位后，崔佑甫推荐杨炎可以担当重任，于是就任命他为门下侍郎、同中书门下平章事。

杨炎执政后，实行了不少的财政改革。以前，上交的赋税全部进入了内库，从此天下的公赋成为天子的私人储藏，人们不能计算出盈余或不足，冗余的宦官也由这些钱财豢养着。杨炎请求将赋税从内库移出来，让度支掌管，根据预算拨给宫中的

彩绘陶猴·唐

支出。皇上采纳了他的建议。当时，赋税上实行的是租庸调法。但因为种种原因，它产生了众多积弊，使百姓不堪其苦，而官吏腐败丛生。杨炎审时度势，建议施行两税法来统一税制。皇上认为很好，便告知朝廷内外，遭到很多人反对，皇帝没有听从他们。后来，新的税法果然获益。

杨炎从岭表之地得到起用，以独到的议论感悟了皇帝，朝廷内外都一致期望他做贤明的宰相。

【筑城失策】

杨炎向来对元载感恩戴德，想要报答他，于是重新提议在原州筑城。节度使段秀实说，安定边疆、击退敌人的事情，需要从缓计议，时下正值农忙季节，不应该兴此劳役。杨炎大怒，将段秀实召回，贬为司农卿，让邠宁李怀光监督筑城，又派遣朱泚、崔宁各自统率上万士兵辅佐他。诏书下达后，泾州士兵愤怒地说："我们防守西部边疆十多年了，披荆斩棘，好不容易开垦出农桑之地，安居乐业，现在又要发配到塞外，我们还是不要走吧。"又因李怀光执法严酷，军队都很畏惧他。裨将刘文喜趁着众人的怨恨，上疏请求以段

秀实、朱泚为节度使。朝廷下诏让朱泚代替李怀光，刘文喜拒不服从，闭城据守，并且向吐蕃求援。适逢大旱，人心不安，群臣都请求赦免刘文喜，皇帝不听从，命令朱泚、李怀光率兵攻打刘文喜。后来虽然刘文喜被斩首，泾州也得以平定，而朝廷最终无法在原州筑城。

【贬斥而死】

杨炎又因为刘晏弹劾过元载，就任命刘晏为忠州刺史，让庾准担任荆南节度使，诬陷刘晏并将他杀死，朝野为之侧目。李正己上表朝廷，请求核实刘晏的罪行，杨炎心中害怕，就派遣自己的心腹出使全国各地，名义上是巡查民情，实际却是为自己辩解，说："刘晏过去阿附奸人，阴谋拥立独孤妃为皇后，因此皇帝恨他，并不是其他的罪过。"皇帝听说后，就派宦官暗中考察，宦官禀报说，杨炎的确散播过这些话。皇帝因此对杨炎心怀怨恨，然而却隐忍未发。

适逢卢杞以门下侍郎的身份进举杨炎为中书侍郎，共同执政。卢杞不学无术，容貌也很丑陋，杨炎很轻

力士造像·唐

唐代佛教造像既是宗教的宣传品，也是帝王权贵的象征。造像形象较之前朝更丰满流畅。

视他，推托有病不与他一起吃饭，卢杞心怀怨恨。后来两人在奏对中意见不合，卢杞的怨气更深。卢杞又秘密启奏主书的过失，将他们驱逐，杨炎说："主书是我的属吏，我自己会惩治，你为什么要越权呢？"起初，杨炎入朝时，途经襄、汉之地，因此劝说梁崇义入朝，后来又派遣李舟前去招劝，梁崇义的反意却变得更深。等到梁崇义叛乱时，大家都归咎于杨炎，认为是他促成的。后来，皇上认为杨炎谈论政事粗疏不严密，于是罢免了他的宰相之职，改为尚书左仆射。杨炎谢恩后，在延英殿奏对完毕，却不去中书省，卢杞很恼火，更想要中伤他。

以前，严郢当京兆尹的时候，因为不依附杨炎，杨炎就指使御史张著弹劾他，罢免了他兼任的御史中丞职务。源休与严郢不和，杨炎就将他擢升为京兆少尹，让他留意严郢的过失。源休却与严郢交好，杨炎很恼火，就让源休出使回纥。杨炎被罢免后，他的儿子杨弘业因为索求贿赂，声名狼藉，卢杞于是让严郢担任御史大夫，讯问杨弘业的过失，并由此揭发出杨炎其他的过失。赵惠伯担任河南尹时，曾经买下杨炎的私宅，作为官署。御史于是弹劾杨炎强迫官员买下他的私宅，并收取高价。此外，开元年间，萧嵩曾经打算在曲江的南面建立私庙，但因为皇帝临幸过此地，因而就取消了此事。后来杨炎又选取这个地方建立私庙。当时有流言蜚语说："此地有王者之气，因此被杨炎选中。"

皇帝听说后，大为震怒，于是数罪并罚，将他贬为崖州（今海南儋州）司马同正。杨炎还没走出一百里，就被赐死，时年五十五岁。

起初，杨炎矫饰节气，获得了名望。依附元载获罪后，不久就执掌朝政，然而生性嫉妒，难以克制，最终因此而获罪。当他被从道州召回朝廷时，家人要扔掉绿袍木简之类，杨炎阻止他们说："吾本来被贬逐到岭外，如今忽然平步青云，怎么能够长久呢？既然有非同寻常的福运，也就必然有非同寻常的灾祸，怎么能够抛弃这些东西呢？"等到被贬官后，他又穿上了这套衣服。很久之后朝廷下诏恢复他的官职，谥号为"肃愍"，后来改为"平厉"。

论赞

赞 曰：元载、杨炎各自才能卓越，适逢君主昏庸，因而得以官至宰相。他们剪除宦官，在原州筑城以图谋西陲，将赋税收入交还给有司管理，以及统一税制的做法，确实有可取之处。但元载原本和李辅国相互勾结，包藏祸心，贪求无度。杨炎依附元载的权势，执掌朝政后为元载报仇，最终和妻子儿女一同受诛。他们两人都是自取其咎，罪有应得。所谓奸邪之人却有才能，未尝不是祸患，所以郑舒受才能的牵累而死，邓析因为善辩而亡，他们都是多才之人啊！

新唐书

刘晏 第五琦列传

刘晏和第五琦都曾经主掌唐朝的财政大权。当时,唐朝经历了安史之乱后,连连用兵,国库空虚,财用极度匮乏。刘晏出任度支职务,进行了一系列改革,提出了加强漕运等建议,解除了京师物价飞涨和粮食匮乏的危机。后来杨炎和他不和,于是罗织罪状,诬陷他谋反,刘晏被赐死。第五琦在肃宗时,主管钱财赋税,当时肃宗正全力平定叛军,军费耗支巨大,全部依赖第五琦的才能。但后来,第五琦因为铸造新钱,受累被贬。

▶【刘晏理财】

刘晏,字士安,是曹州南华人氏。玄宗在泰山封禅时,刘晏才八岁,就写了颂诗献给皇帝,皇帝很惊异,让张说考察他的才能,张说说:"这是国家的祥瑞之兆。"于是刘晏被公卿称为神童,名震一时。天宝年间,刘晏几次担任夏令,他从不督促赋税的征收,而赋税却能按期交纳。后来授补为温县的县令,实行了很多惠政,百姓都刻碑为他歌功颂德。再迁侍御史。安禄山反叛后,他到襄阳避难。永王李璘想征召他,授予重职,被他坚决地推辞掉了,并写信给房琯,担忧诸王难以受朝廷的节制。皇帝任命他为度支郎中,主管江淮等地的租庸赋税。后来李璘果然反叛,于是采访使李希言谋划抗拒之策。李希言借助刘晏之

力守备余杭,正值永王兵败,转而想要掠夺州县,听说刘晏已有防备,遂从晋陵向西逃跑。刘晏始终不谈论自己的功劳。后来被任命为户部侍郎,兼任御史中丞、度支铸钱盐铁等使的职务。他为政称职,却并不苛酷。适逢司农卿严庄诬告他泄露宫中的消

🔴 三彩载物骆驼俑·唐

息，宰相萧华也嫉妒他，于是被贬为通州刺史。

【漕运粮物】

代宗即位后，他被任命为京兆尹、户部侍郎，兼任度支使之职。他将户部侍郎的职务让给颜真卿，又将京兆的职务让给严武，于是他被拜为吏部尚书。因为他和程元振交好，后来受到牵连，被罢免为太子宾客。不久又被擢升为御史大夫，并担任租庸盐铁使的职务。适逢战乱之后，京师的米价暴涨，宫中积蓄也不多，上缴的粮食也不丰裕。刘晏于是亲自巡视淮泗、河阴等地，考察黄河的疏通和治理情况。然后，他向宰相元载提出加强漕运的建议，并条分缕析，分析漕运的利弊得失。元载当时正权倾朝野，得到他的书信后，就将漕运的事务全权委托给他，因此刘晏得以施展其才能。这年，粮食等物资通过漕运到达京师后，皇帝很高兴，派遣卫士在东渭桥击鼓奏乐加以迎接，又派遣使者前来犒劳刘晏说："你是我的萧何。"从此每年漕运的粮食达到四十万斛，即便关中有旱涝之灾，物价也不再飞涨了。

后来，刘晏被擢升为吏部尚书，又兼任湖南、荆南、山南等道的转运使，与第五琦共同掌管天下的钱粮。他主持吏部对官员的铨选，考察官员都很贤明得体，深得下属的敬畏。元载获罪，皇帝下诏让刘晏加以审讯。刘晏畏惧元载的党羽势力强大，不敢独自讯问，皇帝就让李涵等五人和刘晏一同审理。后来王缙得以免死，是刘晏为他求的情。

【勤勉尽职】

常衮执政时，嫉妒刘晏的声望，就称赞刘晏的德行，说他可以训导百官，便任命他为左仆射，实际上剥夺了他的权力。皇帝因为财政问题的积弊，下诏让他仍然兼任旧职。起初，刘晏任命各道的租庸使，都很谨慎地挑选士大夫。当时国家经费不足，裁减天下的候补官员，只有租庸使可以补任，都是刘晏选拔的精明能干的人才。即使有权贵请托，想要担当这个职务，刘晏虽然给予他们丰厚的俸禄，却不让他们主管事务，因此人人都很尽职。他说："士人有了爵位俸禄，就会更看重名气；小官不能提拔晋升，就会更看重利益。"他任用的官员都如此尽职，这一点其他的人都无法做到。

李灵耀反叛后，河南的节度使不遵守法度，擅自征税，州县变得更穷困。刘晏用盈余的钱财来填补缺口，因此百姓没有增加赋税，而国家的赋税却没有减少。他代替第五琦征收盐税，法令非常严密，让国家的收入增加了十倍，但百姓却没有人叫苦。他每次入朝时，都骑在马上拿着鞭子计算，天刚亮就起床处理政务，直到深夜才能休息，就是假日也不例外。所遇事情无论轻重繁简，当日就予以决断。他所居住的宅第，低矮简陋，粗茶淡饭，家中也没有侍妾奴婢。但是他任职时间长久，势力超过了宰相，朝廷要员多出自他的门下。当时江淮一带的橘子甘甜可口，他常与各道的官员一起上贡，为了争功邀宠，让橘子抢先送到朝廷，他甚至不惜利用重金收买人们封山断道，阻止先启程的人，这样他上贡的橘子就能抢先送到，因此结下了很多仇怨。他又馈谢天下有名的人士，那些喜欢谈论是非的人，他就用利益收买他们，以免遭受他们的诋毁。

【含冤而死】

起初，杨炎当吏部侍郎时，刘晏担任尚书，两人互不相让。刘晏审讯元载的罪行时，杨炎遭到牵连而受贬。等到杨炎执政后，心怀旧怨，想为元载报仇。皇帝当太子时，代宗非常宠幸独孤妃，并爱她的儿子韩王。宦官刘清潭等人因此请求立独孤妃为皇后，并让韩王做太子。当时传闻说刘晏曾经参与谋划此事。于是杨炎就向皇帝提起这件事，说刘晏、黎干等人当年心怀逆谋，想要拥立韩王，如今黎干已经服罪，而刘晏却没有受到责罚。虽然有朱泚、崔宁等人极力为刘晏辩解求情，皇帝还是罢免了刘晏的职务，将他贬为忠州刺史，派宦官护送。杨炎一心想将刘晏置于死地，知道庾准与刘

晏素来不和，于是将庾准擢升为荆南节度使。庾准迎合他的意思，上奏说刘晏与朱泚的通信中，对朝廷不满，又擅自拿取官府物品，图谋反叛。杨炎证明确有此事。

建中元年（780）七月，朝廷下诏将刘晏赐死，时年六十五岁。他的家属被流放到岭南，几十人受到牵连，天下都认为刘晏很冤枉。后来登记他的家产时，家中只有两车杂书，数斛米麦，人们都称赞他的清廉。兴元初年，皇帝醒悟到刘晏的冤屈，允许将他归葬，并追赠为郑州刺史。

刘晏死后二十年，韩洄、元琇等人相继管理钱财，都非常有名，他们当初都是刘晏所提拔的。后来，人们推论他的功劳，认为他在战乱之后，经营钱财赋税，安抚百姓，功劳仅仅次于历史上的管仲、萧何等人。

【贤能第五琦】

第五琦，字禹珪，是京兆长安人氏。年轻时因善于吏治而被任用，能够提出很多强国富民的策略。天宝年间，他是韦坚的部下，韦坚败落后，他得不到调用。很久以后，才被

🔴 鸳鸯莲瓣纹金碗·唐

任命为须江丞，太守贺兰进明很赏识他的才能。安禄山反叛，贺兰进明被调到北海赴任，向朝廷上奏，推荐第五琦为录事参军事。当时叛军攻克了河间、信都等地，贺兰进明却没有出兵迎战，玄宗大怒，派遣使者带着刀剑，催促他进击，说："如果不赶快出兵的话，就要将你斩首。"贺兰进明心中恐惧，不知所措。第五琦劝他多用钱财，招募勇士，出其不意地袭击叛军。贺兰进明听从了他的建议，果然收复了失地。

肃宗在彭原时，贺兰进明派第五琦前来上奏，谒见皇帝后，第五琦就陈述形势，说："当务之急是军队，军力的强弱在于赋税。如果陛下任命我一个官职，我能将东南的全部财富，迅速输送到函、洛等地，听凭陛下的调用。"皇帝很高兴，任命他为监察御史，并充任江淮租庸使，后来又担任度支使和诸道盐铁铸钱使的职务。当时战事频繁，他迅速处理政务，不增加百姓的赋税，而使国家的费用充足，于是他被擢升为户部侍郎，主管度支事务。乾元二年（759），他又被任命为同中书门下平章事。

【铸钱被贬】

起初，第五琦请求铸造乾元重宝钱，以一代十。担任宰相后，又铸造重规钱，以一代五十。当时物价飞涨，饿死的人不计其数，大家都对他的铸钱政策纷纷予以批评，于是皇帝下诏将他贬为忠州长史。适逢

有人检举第五琦贪污受贿，朝廷派遣御史前去调查，第五琦辩解说："我位居宰相，怎么能自己收纳金银？如果检举的是事实，我情愿受罚。"御史不明真相，误以为他供认了，于是向皇上禀告，于是第五琦被长久地流放到夷州（今台湾）。

宝应初年，朝廷重新任用他为朗州刺史，因为政绩突出，被擢升为太子宾客。吐蕃侵犯京师时，郭子仪推荐他为粮料使，并兼任御史大夫、关内元帅副使，改京兆尹。因为与鱼朝恩友善，而连累受罪，被贬为括州刺史，又调任饶州、湖州两地的刺史。后来又重新担任太子宾客、东都留守。德宗即位后，早就声闻他的才能，想要重用他，适逢第五琦去世，终年七十一岁，被追赠为太子少保。

白话精编二十四史 第七卷

论赞

赞曰：生存的根本，就是粮食和财货。取之有道，人们就不会抱怨；予之有道，人们也不会匮乏。凭着大道统治可以称王，凭着权势统治可以称霸，这个道理古今都一样。刘晏依靠平准法，转运各种物产，抑制商人的买卖，控制各种物资的价格，使天下的钱财有盈余，用来辅佐军事开支。战争虽延续几十年，却费用充足，没有搜刮百姓。唐朝能够得以中兴，刘晏有不小的功劳啊。他提拔任用的官吏，也都很有才干，循着他的方法，也能够使国家变得富强。

陆贽列传

贽是唐德宗时代的名臣。他的一生沉浮多变，最初受到德宗的器重，向德宗进献良谋。泾州兵变后，他忠心耿耿地追随德宗，逃亡到奉天，为德宗竭尽心智，最终平定了叛乱。李怀光怀有谋反之心已久，被陆贽觉察到，于是向德宗进言，预先采纳了防范措施。但他为人正直不阿，不肯结交党羽，又多次敢言直谏，拂逆了德宗的旨意，于是受到裴延龄等人的诬陷，后来被流放忠州而死。

【崭露头角】

陆贽，字敬舆，苏州嘉兴人氏。十八岁时，他考中了进士，被任命为郑尉。寿州刺史张镒很有名望，陆贽前往拜见，交谈了三天，张镒惊异于他的才能，与他结为忘年交。告辞的时候，张镒赠送一百万钱，说："权当孝敬你家老夫人。"陆贽不肯接受，只拿了一串茶，说："怎么敢拒绝您的赏赐呢？"

德宗即位后，派遣了庾何等十一个使者巡视天下。陆贽游说使者，希望皇帝用"五术"来了解风俗，用"八计"考察官吏，用"三科"来提拔人才，用"四赋"来经营财物，用"六德"来安抚民众，用"五要"来简汰政务。皇帝当太子时，就知道了他的名气，即位后就任命他为翰林学士。适逢马燧讨伐河北的叛军，久久不能取胜，向朝廷请求援军；这时李希烈又进犯襄城。皇帝下诏，征询对策，陆贽于是上奏，大意是说：田悦等叛军已经落败，暂时不能危害朝廷；而李希烈兵锋正锐，又占据要地，对朝廷危害很大。因此应另派精兵悍将前去遏制李希烈，才是当务之急。又说：

鎏金鸳鸯花纹双耳银盒·唐

唐代金银器主要有饮食用具、药具、容器、盥洗器皿等，加上上层贵族崇尚奢华的风气，因此宴饮的饮食器极为发达，不但数量极多，制作也格外精美豪华。

京师是天下的重地，自从安史之乱后，京师的防卫禁兵不足。叛乱平定后，守卫京师的士兵全部被调遣守卫各处边防。一旦京师有变，将无法予以守备。因此，陛下应调回神策军，加强京师的防卫。皇帝没采纳他的建议。后来泾州军队兵变，果然如陆贽所说的一样。

【忠心事主】

陆贽随皇帝来到奉天，政务繁多，每天各种奏疏的回复，以及诏书的起草，多达上百份。陆贽仿佛不经意间，就能将他们处理完毕，而且处理得细密周到，毫无纰漏。起初，皇帝因为变故猝起，多次责备自己。陆贽说："陛下能够自责，是尧、舜一样的明君。然而导致叛军的，却是群臣的过失。"他的意思是指卢杞等人。皇帝却偏袒卢杞，说："卿不忍心归罪于我，才会这么说啊。然自古以来，兴衰都有天命。如今的厄运，恐怕不是人为造成的。"陆贽见状，再次上疏。大意是：自从战乱以来，百姓的赋税加重，陛下处理政务又过于严苛，少有宽贷，所以大家不能为国尽忠。因此，不能将国家的兴衰归于天命，陛下只要坚守正道，施行仁政，国家就能太平了。

起初，皇帝逃亡时，国库储藏的财物全部都丢弃了，卫兵都没有锦衣。等叛乱平定后，四方的贡奉陆续运来，于是皇帝临时准备了琼林、大盈二库，用以储藏贡物。陆贽认为不妥，上谏

说，开元年间，贡献的物品全部归天子私有，结果使天子纵情享乐，最终财宝也落入叛军之手。如今战事正紧，民不聊生，如果将这些贡物藏起来，恐怕让大家失望，不如将它们拿出来，赏赐有功之人，这样才能舍小得大。皇上于是醒悟过来，立刻撤销了两个府库。

【预见反叛】

李怀光有谋反之心，想激怒他的士兵，唆使他们反叛，就上奏说："军饷太少，与供应神策军的不一样，难以作战。"李晟秘密启奏皇帝，说李怀光要叛乱，因此请求转移驻地。皇帝派遣陆贽去见李怀光，商议国事。陆贽回朝后上奏："李怀光不追击溃败的敌人，长期按兵不动，诸位将领提出要进兵时，他就立刻加以阻止。他必定要谋反，应当想法遏制他。"因此劝说皇帝，答应让李晟转移驻军。起初，陆贽与李怀光谈到李晟，李怀光假装惊讶说："我对李晟无所约束。"陆贽立刻夸奖他军力强盛，使他难以收回成言。至此，陆贽请求皇帝就这样写诏书，使李怀光找不到归咎朝廷的借口。他又建议，假称李晟兵力薄弱，派李建徽、阳惠元与李晟一起驻守在东渭桥，形成掎角之势。李怀光即使不放行，也难以找到借口。皇帝犹豫未决，担心会加速李怀光的反叛。等到李晟移动营地后，不到十天，李怀光果然吞并了李建徽和阳惠元的军队，

李建徽侥幸逃脱，而阳惠元则被杀死。皇帝很震惊，于是迁移到梁州。

不久陆贽被擢升为谏议大夫。当时李楚琳杀死张镒，夺取了凤翔节度使的职位。李楚琳虽然屡屡遣使入贡，但人们说他首鼠两端，摇摆不定。皇帝很讨厌他，他派遣的使者到达朝廷后，皇帝也不予接见，却打算派浑瑊取代他。陆贽上谏说："李楚琳犯罪很久了，现在人们才议论纷纷，不是已经太晚了吗？救援京师的军队需要行动迅速，不能出差错。目前，骆谷已经被叛军据守，如果李楚琳反叛，阻断了褒斜的通道，各藩镇就会首尾两端，持观望态度。"皇帝立刻醒悟过来，召见了李楚琳派遣的使者，并颁发优厚的诏书，安抚慰劳他们。

【受谗被贬】

陆贽不肯交结党羽，一意辅佐皇帝，因此被皇帝身边的权臣所排挤，而他上奏又刚直不阿，有时违背了皇帝的旨意，因此很久未被任命为宰相。回到京师后，仅仅被任命为中书舍人。后来，他的母亲去世，各方赠送的丧礼他一概不收，只有韦皋和他是布衣之交，他早已奏闻朝廷，因此才收下他的赠礼。守丧期满，他被任命为代理兵部侍郎。入宫谢恩时，他伏地流泪，皇帝为之动容，加以抚慰。天下人都预期他将要被任命为宰相，但窦参向来与他不和，嫉妒他，陆贽也多次弹劾窦参的过失。因此直到贞元八年（792），窦参被罢黜后，他才被任命为中书侍郎同中书门下平章事。

班宏主管度支事务，去世后，陆贽举荐了李巽，皇帝假意许可，却私自起用裴延龄。陆贽说："裴延龄为人暴戾狂妄，不能任用。"皇帝不听从。不久，裴延龄以奸猾谄媚赢得皇帝的宠信，天下人虽然都很痛恨他，却没有人敢于弹劾他。陆贽上疏苦苦劝谏，皇帝心中不高兴，终于罢免了他的相位，任命他为太子宾客。陆贽本来为人小心谨慎，不会交结宾客。裴延龄揣摩到皇帝疏远陆贽，就进各种谗言陷害他，皇帝终于发怒，想要诛杀陆贽，幸亏阳城等人为他辩解，于是将他贬为忠州别驾。后来皇上有些思念他，适逢薛延担任忠州刺史，便让薛延传旨慰劳陆贽。韦皋数次上奏，请求让陆贽取代他担任剑南节度使，

🌸 **银莲花·唐**

皇帝心中还有些怀恨，没有答应。顺宗即位后，下诏让陆贽回朝。诏书还没有到达，陆贽就死了，终年五十二岁，被追赠为兵部尚书，谥号为"宣"。

【浮沉一生】

起初，陆贽被任命为翰林学士时，还很年轻，因为有才能而受到宠信，皇帝常常称呼他的辈行，而不叫他的名字。皇帝在奉天时，陆贽朝夕拜见皇帝，他小心谨慎，没有任何过失，因此皇帝信任倚重他，甚至脱下衣服给他穿，他受到的宠信，是同僚远远无法企及的。当时，尽管有宰相主持政务，陆贽却常居内廷参谋裁决，被时人称为"内相"。他曾经向皇帝说："如今叛贼遍布天下，陛下应该深切地自责悔罪，用来感动人心。以前成汤自责而得以兴盛，楚昭王逃亡，因为一句善言而恢复国家。陛下如果能真心改正过错，向天下人谢罪，反叛者也许就能洗心革面，弃暗投明了。"皇帝听从了他的建议。所以皇帝在奉天颁发的诏书，使得武将士兵都被感动得流泪。后来李抱真入朝，对皇帝说："陛下在奉天、山南时，颁发的赦令到达山东后，士兵都感动得落泪，决心奋勇灭敌。我那时就知道叛军很容易平定。"人们都说兴元年间平定叛乱，虽然靠将士们齐心协力，但陆贽也功不可没。皇帝前往山南时，道路艰险，与随从的官员走散，夜里召见陆贽，却没见到他，皇帝又惊又气，

下诏军中，能找到陆贽的人将受赏千金。后来，陆贽来谒见皇帝，皇帝喜笑颜开，自太子以下都表示庆贺。等到当宰相后，陆贽不敢自我保全，政事无不忠心进言，常常矫正皇帝的过失，言词恳切。有人规劝他不要过于直言，他说："吾对上不辜负天子，对下不辜负所学正道，还有什么顾虑呢？"被流放到荒远之地后，他常常关门闭户，人们很难见到他的面。又因为担心遭受诽谤，于是也不著书立说。当地人为瘴疠所苦，他就编纂了《今古集验方》五十篇传给乡民。

论赞

赞曰：德宗没有亡国，真是很侥幸啊！他在危难时，听从陆贽的计谋，等到平定叛乱后，又追恨陆贽的直言敢谏，因为奸人的陷害，愤愤不平地放逐了陆贽，就如同抛弃朽木杂草一般。至于裴延龄之流，却被他极为宠信，昏君和佞臣是相辅相成的啊。世人都说陆贽请求罢免吴通玄的翰林学士，是因为和他争宠，窦参的获罪而死，是因为陆贽泄露了他说的话，事实并不是这样的。大凡君子和小人不能同时晋升，如果奸邪之人受到君主的宠爱，正直的人就会有危险，怎么可能诋毁他呢？观看陆贽的几百篇论谏，针砭时弊，都以仁义为本，彪炳千古，值得后世效法，皇帝却仅仅用了十分之一。唐朝国运不振，真可惜啊！

柳公绰 柳公权列传

柳公绰和柳公权兄弟，都是唐朝难得的人才。两人为人正直有操守，屡次直言上谏。柳公绰严于自律，知人善任，后来任用李听率兵讨伐吴元济，多次战胜。他被任命为京兆尹后，秉公执法，诛杀了不法的神策军校官。后来，他主管刑部，善于判决案件。柳公权书法极好，因此得以侍奉皇帝。他借着在皇帝身边的机会，多次讽谏皇帝，规劝皇帝的过失。他又极有才华，皇帝曾命令他当场作诗，他不假思索就完成了，文辞婉丽可观，深得皇帝的嘉许。

【柳公绰严于自律】

柳公绰，字宽，是京兆华原人氏。他出生三天后，伯父柳子华就说："将来使柳家兴盛的，就是这个孩子。"他幼时就很孝悌，性格严肃稳重，起居都严守礼法。写的文章典雅纯正，只读圣贤之书。他因为直言极谏而被举荐，授补为校书郎。一年后，被授予渭南尉。当时遭遇饥荒，粮食歉收，家中虽然供给充足，但他每顿只吃一碗饭，直到饥荒过后才恢复正常。有人问其中的缘故，他说："天下人都在遭受饥荒，我怎么能独自求饱呢？"后来他被擢升为开州刺史，辖地与夷族接壤，夷人常常前来侵犯，手下的官吏说："既然无法用武力制伏他们，那就授予他们的首领更高的官职吧。"柳公绰斥责他说："你是他们的同伙吗？为什么要扰乱国法呢？"他立刻诛杀了这个官吏，寇贼听说，也退去了。时逢武元衡为剑南节度使，他与裴度都在幕下充任判官，彼此都很推崇。

宪宗喜好武事，多次出外游猎，柳公绰于是上奏《太医箴》予以规劝。大意是说：只有为人谨慎，无所偏爱，才能保养身体，饮食过度，就会让身体发生疾病；衣服过于奢侈，则让人心生怠慢。打猎出游让人心放荡，并且损伤元气，是先贤所忌讳的事。希望陛下能够节制。皇帝读过后，非常赞赏他的才华，遣使对他说："你说的话，的确是非常爱惜我，我要把这些话放在座旁，时刻警戒自己。"过了一个月，任他为御史中丞。

【知人善任】

李吉甫执政时，他被外放为鄂岳观察使。适逢朝廷讨伐吴元济，下诏调遣五千鄂岳的士兵，隶属于安州刺史李听。柳公绰说："朝廷以为我是一介儒生，不懂得兵法吗？"于是请

🔴 螺钿人物花鸟纹镜·唐

求亲自率兵前往，朝廷允许了。他率兵渡过长江，到达安州后，李听以军礼迎见。柳公绰因为李听世代带兵通晓兵法，于是将军务之事委任给他，授予他都知兵马使、中军先锋、行营都虞侯的职务，并甄选了六千名士兵，听命于李听的调遣，并告诫诸军将领说，用兵之事一律听从都将。李听敬畏于他的威严，于是就竭尽全力，时人都敬服他知人善任。军队出发后，柳公绰多次探望士兵们的家属，遇上家属患病或死亡，都赠送丰厚的财物，士兵的妻子行为放荡的，就被扔进江中淹死。士兵都感激地说："中丞为我们料理家事，我们怎么能不拼死效力呢？"因此鄂军每战必胜。

▶【持法刚直】

元和十一年（816），柳公绰被任命为京兆尹。在赴任的路上，一个神策军的校官骑着马不肯回避，他立刻打死了此人。皇帝对他擅自杀人的事情很是恼怒，柳公绰说："这不是轻视我，而是轻视陛下的法典。"皇帝说："打死他以后却不上奏，可以吗？"柳公绰说："我不应当上奏。如果人死在街市，是金吾的职责；如果死在坊间，是左右巡使的职责。"于是皇帝的怒气缓解下来。

长庆元年（821），柳公绰再次担任京兆尹。适逢朝廷出兵幽州、镇州，将领任命和调动很频繁，来往的驿马络绎不绝。柳公绰上奏说："如今驿馆的人马不够，设备匮乏。来往的朝廷使者很多，驿站的吏卒不能查看他们的券牒，使者随口说出多少，都得供应。驿马用完了，就掠夺百姓的马匹，导致老百姓怨恨叹息。请求此后规定限额，用来消除这种弊病。"皇帝下诏让中书省予以实行，从此官员不敢再作恶了，宦官都怨恨在心。后来他改任吏部侍郎，并擢升为御史大夫。韩弘生病，从河中入朝，皇帝下诏让百官前去探视，韩弘打发儿子说，因为生病不能与大家相见，柳公绰说："皇帝派遣探望问候，这是特别的礼遇，应该撑着病体，出来接见公卿，怎么能卧在床上，让儿子来传话呢？"韩弘心中恐惧，于是让身边的人搀扶着出来相见。

后来，他改任为检校户部尚书、山南东道节度使。他巡行来到邓地，有两个县吏分别因受贿和曲解法律被捕入狱，县令猜测柳公绰向来持法很严，肯定会将受贿的县吏处决，他却断案说："贪污的县吏犯法，法

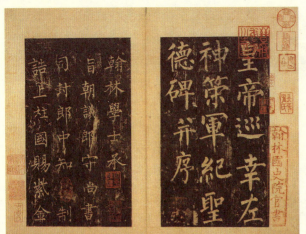

律还在；奸猾的县吏破坏法律，法律就完了。"于是诛杀了曲解法律的县吏。他的坐骑踢伤了养马人，他将坐骑杀掉，有人劝他说，杀掉良马太可惜了，他说："良马怎么会伤害人呢？"

宝历元年（825），柳公绰被擢升为检校左仆射。牛僧孺被罢免宰相，担任武昌节度使，柳公绰身着戎装，庄重地去谒见，身边的人劝止他，他回答说："牛僧孺刚刚被免去宰相，我尊重他，就是尊重朝廷啊。"后来，他再次担任刑部尚书。有公婆将儿媳鞭打致死，京兆府想处死公婆。柳公绰说："尊者殴打卑者不是打斗；而且犯人的儿子活着，因为妻子而处死母亲，这不合礼法。"于是减轻了公婆的罪行。

后来他生病了，请求辞职，却被授予为兵部尚书，不必朝见皇帝。有一天，他忽然看着身边的人，说赶紧

召见旧日的部下韦长，众人以为他要委托家事。韦长到来后，他说："替我禀告宰相，徐州刺史擅自杀死李听的属吏，不起用高瑀天下就不能安定。"于是闭上眼睛不再说话，两天后就死了，终年六十八岁，被追赠为太子太保，谥号为元。

柳公绰居丧期间，因为思慕双亲而身体憔悴，三年不曾洗澡。他侍奉后母薛氏非常恭敬，即使姻亲也不知道他不是薛氏亲生的。他的表兄薛宫死得很早，他尽心养育薛宫的女儿直到出嫁。他曾经说："我做官的时候，没有将自己的喜怒哀乐强加给别人，子孙们应该将这一点发扬光大。"他所亲善和提拔的人，如钱徽、许康佐等，都很有名望，深得大家的敬重。

【柳公权巧妙讽谏】

柳公权，字诚悬，是柳公绰的弟弟。他十二岁时就善于辞赋，元和初年，考中了进士。李听镇守夏州（今陕西横山西），上表任用他为掌书记。后来他上朝入奏，穆宗说："我曾经在佛殿见到你的书法笔迹，很久就想见你了。"于是将他擢升为右拾遗、侍书学士。皇帝问柳公权书法之道，他回答说："心地端正笔法也就端正了，笔法端正就可以为法了。"当时

皇帝非常放纵，立刻改变了面容，知道柳公权是借书法劝谏。

柳公权曾经跟随文宗到未央宫，皇帝停下辇车，说："我告诉你们一件喜事，赐给守边士卒的衣服长期都不及时，今年才到中春，衣服就已经发给他们了。"柳公权立刻写了文章表示祝贺，皇帝说："应当用诗来祝贺我。"宫人也催促他，柳公权应声而成，文辞婉切绮丽。皇帝命令他再赋一首，他不假思索就完成了。皇帝很高兴，说："曹子建七步成诗，你才走了三步就完成了。"皇帝曾经和六位学士在便殿对答，皇帝称赞汉文帝很节俭，然后举起自己的衣袖说："这件衣服也洗过三次了。"学士都争相赞扬皇帝，只有柳公权一言不发。皇帝问原因，他说："君主应当进用贤臣，斥逐小人，赏罚分明。洗衣服只是小事，对治理天下没什么益处。"后来某一天，他与周墀同时应对，他论奏刚直不阿，周墀为之惶恐不安，柳公权却毫无惧色，皇帝慢慢地说："你有诤臣的风度，可屈居谏议大夫的职位。"于是将他降为谏议大夫，不过仍然保留学士的身份，并参与起草诏书。

武宗即位后，他被罢免为右散骑常侍，后来改任太子宾客。大中十三年（859），皇帝在元旦会见群臣，柳公权有些年老健忘，在群臣之先朝贺，奏对时言语错谬，被御史弹劾，被削掉一季的俸禄，人们都指责他年老还不退休。咸通初年，他才以太子太保的身份辞职。柳公权死的时候八十八岁，被追赠为太子太师。

【精通书法】

柳公权通晓经书，尤其是《诗经》《尚书》等，理解得尤为透彻。他通晓音律，却不喜欢奏乐，说："听音乐让人生起骄怠之心。"他的书法丰润健劲，自成一家。文宗曾经召他联诗作句，皇帝说："人皆苦炎热，我爱夏日长。"公权联句说："熏风自南来，殿阁生微凉。"其他学士也都联句，皇帝只夸赞柳公权的联句，认为文辞才情都很好，让他题写在大殿的墙壁上，每个字五寸大小，皇帝赞叹说："就是钟繇、王羲之也比不上啊。"当时大臣家要撰写碑志，如果得不到他的笔迹，人们都认为子孙不够孝顺。外夷入朝上贡时，都另外准备了财宝说："这是用于购买柳公权的书法的。"公卿为求字而馈赠的财物，可能有巨万之多，但都被主管的家仆盗用了。他曾经收藏有一套珍贵的餐具，后来封口如故而餐具不见了，奴仆推说不知道，柳公权笑着说："那些银杯羽化成仙了！"于是也不再追问此事。

论赞

赞曰：柳公绰仁爱勇敢，有大臣的风范，堪以担任宰相却不被任用，莫非是时运不济吗？柳氏家族世代孝顺父母，友爱兄弟，并以此传家，君子的恩泽原来是源远流长的啊！

杜佑 杜牧列传

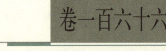

杜佑、杜牧都是贤明的儒者。杜佑非常能干，主持度支事务时，多次向朝廷进献良策。后来，德宗让他领兵，讨伐徐泗军队的叛乱。然而杜佑并不善于用兵，最后无功而返。德宗逝世后，他代理宰相职务，并兼任度支事务。党项勾结吐蕃，进犯唐朝的边境，将领们都主张讨伐，杜佑却力排众议，认为唐朝国势衰弱，应采取怀柔的方法。他的建议得到了皇帝的认可。杜牧善于分析国家的形势，写下了《罪言》一书，后来，他受到宰相李德裕的器重，又为李德裕出谋划策，劝他征服回鹘。可惜，他终生怏怏不得志，年仅五十岁就死了。

▶【杜佑主管度支】

杜佑，字君卿，京兆万年人。他的父亲叫杜希望，很有将才，受到玄宗的器重，曾经镇守鄯州、塞下等地，打败吐蕃的进犯。

因为父亲的功劳，杜佑被补授为济南参军事、剡县丞。他曾经拜访润州刺史韦元甫，韦元甫是杜佑父亲杜希望的旧友，因此待他很随便，不拘礼节。其后有一天，韦元甫遇到疑案，难以断决，试着问杜佑，出乎意外的是，杜佑为他仔细剖析，切中肯綮。韦元甫大为惊奇，任用他为司法参军，后来韦元甫迁任到浙西、淮南，都上表朝廷，让杜佑做他的幕僚。之后，杜佑被召入朝廷，以户部侍郎身份主持度支事务。

建中初年，河朔连年用兵，民生凋敝，国家无法聚敛税赋。于是，杜佑向朝廷上奏，大意是说：设置官吏的本意，是为了治理百姓，所以古人根据人口的多寡来安置官职，没有冗余的官员。可是现在官员和爵位太多，远远超过实际的需要，这些人加重了普通老百姓的负担，而且消耗国库的开支，所以应该裁汰冗余的官员。遗憾的是，他的建议上奏朝廷后，并没有得到回复。

▶【戡乱失利】

徐州节度使张建封去世，军中叛乱，拥立他的儿子张愔，并请求朝廷予以任命，皇上不允许，任命杜佑为检校尚书左仆射、同中书门下平章事，调度徐泗的军队去平定叛乱。杜佑准备好舟船，派遣部将孟准渡过淮水攻打徐州，孟准无法攻克，只好引兵而还。杜佑不善于出师打仗，因此只好固守辖境,不敢进兵,皇上只好任命张愔为徐州节度使。当初,杜佑引雷陂水道中的水来灌溉,将临海的荒地开垦成良田,积蓄粮食五十万斛,兵强马壮,四邻都很敬畏他;但他对僚佐却很宽容放纵,因此南宫僔、李亚、郑元均互相争权夺势,最后皇帝出面替杜佑斥逐了他们。

【出任宰相】

德宗逝世后,皇帝让他代理宰相的职务,并兼任度支盐铁使。当时王叔文为度支盐铁副使,杜佑身为宰相,政务繁忙,无法过问度支盐铁诸事,于是王叔文得以专权。后来,王叔文的母亲死了,他只好回家服丧,杜佑于是决断盐铁等事,郎中陈谏却要征询王叔文的意思,杜佑不满地说:"我身为正使,难道不能做决定吗?"于是将陈谏贬为河中少尹。王叔文想要废掉太子,希望得到杜佑的帮助,杜佑并不理睬,王叔文于是密谋驱逐杜佑,还没付诸行动就失败了。杜佑于是举荐李巽做副手。

党项暗中勾结吐蕃发动叛乱,将领们想要邀功封赏,纷纷请求发兵征讨。杜佑认为没有良好的边臣,所以才会有叛乱发生。于是向朝廷上疏,大意是:圣人治理国家,只想着安抚百姓,对于四周的夷狄,只是宣传教化而已,并不劳民伤财,加以征伐。因此自汉至唐,即使边将使用诡计杀死了夷狄的首领,贤明的宰相也不加以封赏。如今敌人的兵力强盛,我们的边防薄弱,的确应该选择良将去镇守边境,与敌人和好,表明我们的诚信;如果万一他们来犯,我们就奋力还击。对他们应采取怀柔的政策,何必劳师动众,浪费民力物力,急切地与他们作战呢?皇上很赞成他的建议,并且加以采纳。

杜佑为人平易温和,人们都喜欢并尊重他,将他比作汉朝的胡广,只是不如后者通达,富有文采。他精于治理之道,为政宽松,多次执掌财政大权,了解百姓的疾苦,然后制定或调整政策,议论者都说他为政没有过失。只是他在晚年将妾当成夫人,有些不明事理。

镶螺钿琵琶·唐

▌【文采风流有杜牧】

杜牧，字牧之，善于写文章。后来担任宣州团练判官，并被拜为殿中侍御史内供奉。当时，刘从谏镇守着泽潞，何进滔占据着魏博一带，都骄纵不法，不遵守国家的典章法度。杜牧将这种割据情况，归咎于朝廷的政策失当，以至于失去了山东。重要州郡的举动，影响着天下的安危，不能随意任命这些州郡的长官，也不能让他们世袭。因此他写了篇奏文，但由于他不在其位，却谈论这些国家大事，会被人认为有罪，所以他就将这篇奏文命名为《罪言》。其大意是：山东是战争的枢纽之地。从秦汉至今，王者不能占据山东就不能称王，霸者不能占据山东就不能称霸。而安史之乱后，即使郭子仪、李光弼的大军，也无法收复山东。孝武皇帝奋发图强，虽然收复了河南、山西等地，山东却仍然不服。因此，上策莫如让山东自治，中策莫如取得魏地，因为魏地是形胜之地，战略地位非常重要，下策是轻率出兵，在不适宜作战的时候作战。

▌【充当幕僚】

后来杜牧被升为左补阙、史馆修撰，又改任膳部员外郎的职务。宰相李德裕向来很器重他的才干。会昌中，黠戛斯打败回鹘，回鹘人逃到漠南一带，杜牧劝说李德裕趁机征服

行书《张好好诗并序》卷·唐·杜牧

回鹘，说："两汉讨伐胡人时，常常在秋冬两季，此时匈奴怀孕的母马不再哺乳，因此汉人打败仗的时候居多。如果在仲夏时节，调遣幽、并两州的骑兵和酒泉的兵力，出其不意地攻打他们，就能够将他们一网打尽。"李德裕很赞许他的建议。适逢刘稹抗拒朝廷命令，朝廷诏令各路兵马前去讨伐他，杜牧又写信给李德裕，说："在河阳西北离天井关一百里的地方，调遣一万人筑营垒，封住关口，挖深壕沟不要和敌军交战。成德军累世和昭义军为敌，王元达一直想报仇雪耻，让自己崛起，他虽然不能长驱直入，直捣上党，但一定会攻打敌军的西面。现在如果调遣忠武、武宁两支军队加上青州的五千精兵、宣润的两千弩手，取道绛地攻打，要不了几个月，就能攻占敌人的巢穴。"不久泽潞就被平定，用的策略就和杜牧说的一样。

杜牧为人，非常有气节，不拘小节，并敢于论说大事，称述利弊尤其能切中要害。少年时，他和李甘、李中敏、宋祁关系亲密，然而他精通古今的掌故，善于处理成败，却是李甘等人比不上的。杜牧也因为粗犷率直，没有人帮忙引荐他。他的从兄杜悰历任将相，纡金曳紫，而杜牧则一直困顿不得志，因此心中快快不乐，死的时候年仅五十岁。当初，他梦见有人告诉他："你应取名为毕。"又梦见写着"皎皎白驹"四个字，有人说这是白驹过隙的意思。不久，炊器也忽然烧裂，杜牧说："这是不祥之兆。"于是他就给自己写了碑文，并将以前写的文章全部焚烧掉了。

杜牧写的诗词，风格豪迈，被人称为"小杜"，以此区别于杜甫。

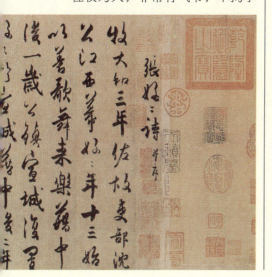

论赞

赞曰：贾耽、杜佑、令狐楚都是纯正的儒者，身穿宽衣，头戴高冠，从容不迫地出入朝廷，谈说古今，处理政治，这是他们所擅长的。杜牧谈论天下的兵事，说："上策不如让山东自治。"这是很贤明的见解啊！

卷一百六十九

杜黄裳列传

杜黄裳是唐宪宗时有力的佐臣。他最初是郭子仪的幕僚，后来被任命为太常卿，反对王叔文用事。刘辟发动叛乱，群臣都主张议和，他却大力支持宪宗，并推荐神策军高崇文为将，平定了叛乱。他又力主实现削藩政策，并最终平定了夏州，铲除了齐州和蔡州的割据势力，使中央政府的权力得到了加强。

杜黄裳，字遵素，京兆万年人。他先是考中了进士，后来又考中博学宏辞科。他在郭子仪的朔方幕府任职。郭子仪进京朝见，让他留后主持府中事务。李怀光和监军假传诏令，想诛杀郭子仪，以取代他的地位。杜黄裳判定诏书是假的，在他的质问之下，李怀光流汗认罪。杜黄裳更以郭子仪的名义，替换掉那些骄横而难以驾驭的将士，众人因此再也不敢作乱。

【为官耿直】

贞元末年，杜黄裳被拜授为太子宾客，后来升为太常卿。他家住在韦曲，宦官曾请求德宗把这块地赏赐给别人，德宗说："城南是杜氏的家乡，这可不能改变啊。"当时王叔文掌权，杜黄裳从未进过他的家门。他的女婿韦执谊位居宰相，一次，杜黄裳规劝他请求太子主持国事，韦执谊回答说："您刚得到一个官位，怎么能就议论宫中之事呢？"杜黄裳大怒，说："我

受到三朝恩典，怎能为了一个官职出卖良心？"随即拂袖而去。

【力主平乱】

太子即位后，拜杜黄裳为门下侍郎，及同中书门下平章事。不久，刘辟叛乱，众人认为，刘辟盘踞之地地势险要，出兵讨伐也许会滋生事端，因此主张议和，只有杜黄裳坚持上奏皇上，说不能赦免刘辟，并奏请委任高崇文代替宦官专门监军。皇上依计而行。于是，杜黄裳在京中，亲自指挥授命军队的进退，无不切中军机。高崇文向来害怕刘澼，黄裳派人传话："你若不奋力讨伐叛军，就让刘澼取代你。"高崇文因此拼死战斗，活捉了刘辟，蜀地从此平定。在庆功宴上，宪宗看着杜黄裳说："这都是你的功劳啊。"

【削弱藩镇】

当初，德宗畏惧多难，所以姑息

藩镇，节度使的任命都不是出自朝廷。杜黄裳上奏说："陛下应当以贞元年间为借鉴。整顿法度，削弱诸侯势力，天下就太平了。"德宗曾经问他，以前的帝王怎样治理国家，以绝祸患。杜黄裳回答说："为王的根本，就是修身养性，任用贤能。操持纲领，只需要抓住大事就行。至于像诉讼之类的事情，皇上只要择人授官，让他负责完成就行了，有功必赏，有罪必罚，谁还敢不尽力而为呢？"皇帝认为他说得有理，大加赞赏，并予以采纳。最终平定了夏，铲除了齐、蔡，收复了两河，将宰相的权力归还宰相，建立了新的规章制度。这都是杜黄裳推动的结果。

元和二年（807），杜黄裳被封为河中、晋绛节度使，不久又被封为邠国公。第二年去世，享年七十岁。死后被追封为司徒，谥号"宣献"。

杜黄裳随机应变，有辅佐君王的雄才大略。他性情淡泊雅致，为人处世通情达理。韦执谊以前对他不敬，但当韦执谊落败时，他仍悉力营救；后来韦执谊死了，他还上表，请求将其灵柩运回故乡埋葬。曾经，杜黄裳生了病，大夫给错了药，病情加重，但他始终不曾责罚大夫。不过，他选拔官员等级不分明，而

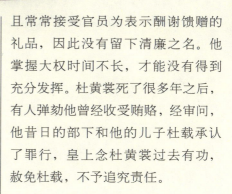

金花鹦鹉纹提梁银罐·唐

唐代服石炼丹之风在上层社会中盛行，服石炼丹用的器具也往往以贵金属精制而成。1970年在西安南郊何家村唐代窖藏中发掘出数十件炼丹用的金银器具，其制作之精美令人叹为观止。这些器具及药材的出土反映了服石炼丹在唐代上流社会的盛行情况。

且常常接受官员为表示酬谢馈赠的礼品，因此没有留下清廉之名。他掌握大权时间不长，才能没有得到充分发挥。杜黄裳死了很多年之后，有人弹劾他曾经收受贿赂，经审问，他昔日的部下和他的儿子杜载承认了罪行，皇上念杜黄裳过去有功，赦免杜载，不予追究责任。

论赞

赞曰：杜黄裳善于谋划，裴垍公正守法，李藩耿直，韦贯之忠厚，都能办好朝廷政事，治理国家，攘除四方灾害。宪宗转衰为盛，难道不是任用贤达的作用吗？昔日，孔子的弟子子贡尚且经商，汉朝名相韩安国也难免贪财，杜黄裳因为收受贿赂，人品沾染了瑕疵，但他的忠烈卓著，是不可忽视的。

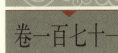

李光进 李光颜列传

光进和李光颜兄弟，是唐朝功绩赫然的将帅。兄弟俩一生戎马倥偬，保卫唐王朝的安危，并大力打击藩镇势力。安史之乱以后，各地藩镇手握重兵，唐王朝发起了一次次削弱藩镇的战争。李光进身经百战，曾跟随马燧救临洺，攻打渲水，收取河中。元和四年（809），王承宗反叛，李光进和其弟李光颜参与了征讨王承宗的战争，并勇冠当时。后来，宪宗发兵讨伐淮西，李光颜被任命为大将。当时其他将领互相观望，不肯率先发动进攻，他却身先士卒，终于击退了叛军。都统韩弘和他不和，因此送来美女，想要败坏他的名声，被他义正词严地拒绝。穆宗即位后，更对他宠信有加。

【李氏双雄】

李光进，祖先是河曲部落，姓阿跌氏，于贞观年间归顺朝廷，朝廷将其属地命名为鸡田州，阿跌氏世袭刺史，隶属于朔方军。

李光进与弟弟李光颜，小时候依附于姐夫舍利葛旃。李光进沉着果敢，跟马燧救援临洺，攻打渲水，立下战功。他先后担任军牙门将、兼御史大夫、代州刺史。元和四年，王承宗造反，范希朝率军讨伐，李光进任都将。那时候，李光颜也已经官至大夫，因此军中称呼兄弟俩为"大小大夫"。不久，李光进被拜为检校工部尚书，担任振武节度使，还被赐姓"李"，以示恩宠；他的弟弟李光颜也被封为洺州刺史。弟兄俩荣耀一时。后来，李光进在灵武去世，享年六十五岁，被追封为尚

书左仆射。

李光进性情敦厚，为母亲服丧，三年不回卧房。李光颜先娶妻子，因此母亲将家事交给她管理。等到李光进娶妻，母亲已经不在人世，弟媳将家产簿、钥匙交给嫂子，李光进命令妻子还给弟媳，他说："弟媳常年侍奉公婆，而且她奉命操持家务，不能更改。"家里从此十分和睦。

【平定淮西】

李光颜，字光远。从小，舍利葛旃就教他骑射，常常夸奖他天资骁健，自己远远不如。长大后，他担任河东军副将，节度使马燧对他说："你相貌奇特，日后一定能成就伟业。"并将佩剑赠送给他。他曾参与讨伐李怀光、杨惠琳，后来又跟随高崇文平定剑南，他出入神速，多次立下赫赫战功，因此得以声名远播，并被拜为御史大夫，先后担任代州、洺州刺史。

元和九年（814），讨伐蔡州的时候，李光颜驻军洄水（今河南中部）边。敌军于清晨时分逼近李光颜的军营，众兵都不敢出动，李光颜毁掉营栅，率领数名骑兵突围，冲入敌军的阵营多次，以至于敌军都认识他了。敌军集中向他射击，箭密集得像豪猪毛。他的儿子拉住他的缰绳，竭力阻止，李光颜拔出刀，大声呵斥儿子，不听从他的劝告。见此情景，所有将士争相奋战，终于击退了敌军。事实上，当时有十多个营寨同时围困蔡州，但大家都相互观望，谁也不肯发动进攻，是李光颜最先打败了叛军。当初，裴度安抚诸军后回到朝廷，对宪宗说："李光颜勇猛且充满正义，以后一定能建立奇功。"

不久，李光颜和乌重胤在小溵河攻打叛贼。叛军先逼近乌重胤的军营，乌重胤中剑，伤势严重，向李光颜求救。李光颜寻思，可以趁叛军出兵时攻打叛军在小溵河的堡垒，而且乌重胤不可能被叛军击破。于是，派遣大将田颖、宋朝隐袭击叛军堡垒，结果成功摧毁了堡垒，叛军丧失了会

簪花仕女图·唐·周昉

聚之地。都统韩弘对李光颜不救乌重胤、不听他的调度十分恼火，于是抓来田颖等人，要诛杀他们，全军都为他们的才能感到可惜，李光颜也不敢抗拒。碰巧宦官景忠信来了，弄清事情原委后，就谎称皇上下令给田颖等人戴上刑具，就地拘押，又派人日夜兼程返回京城报告皇上，皇上于是下诏释放田颖等人。皇帝告诉韩弘的使者说："他们违背都统的命令，本应治死罪，但因为立下战功，可以赎罪，我赦免他们是为以后考虑。"韩弘不高兴。从此，韩弘和李光颜之间有了矛盾。

元和十一年（816），李光颜攻占凌云栅。捷报传来，皇帝大喜，将李光颜升任检校尚书左仆射。元和十二年四月，他又在郾城攻打叛军，缴获了三万盔甲，上面都画着雷公符和斗星，并题有字"破城北军"。郾城守将邓怀金很惊恐。郾城令董昌龄劝邓怀金投降，并且到李光颜那里请求说："城中士卒的父母妻子都在叛贼手里充当人质呢，如果让叛军不战而降，城中的士卒将遭到灭族之灾。所以，请您攻打郾城，然后我举火把求援，等援兵来了，您迎击援兵，我献出郾城投降。"李光颜应允了他。叛军逃离后，董昌龄捧着伪印，郭怀金率领诸将穿着家常衣服，打开城门迎接李光颜的军队。李光颜率军入城，城墙只坏了五十丈而已。

鎏金摩羯纹银碗·唐

【拒斥美女】

韩弘向来骄纵，他嫉恨李光颜，想方设法要毁坏他的名声。于是，他派人找来一些美女，教她们唱歌跳舞，为她们添置镶嵌着珠宝翡翠的华服，让她们显得光彩照人，为此花费了大量钱财。然后，他派人将美女送给李光颜，使者对李光颜说："韩公因为您常年在外行军，所以真诚地敬献给您一些侍从，以告慰您行军征战的辛劳。"李光颜答应第二天早上接受馈赠。第二天，李光颜将众将士集合在一起喝酒，然后让使者把美女们带进来。美女们秀丽端庄，将士们吃惊地注

视着。李光颜缓缓地说："我离家已经很久，韩公为我忧心，我实在无法报答他的恩德啊。不过，将士们都抛妻别子，顶着刺刀冲杀，我怎么能独自以女色取乐呢？请替我谢谢韩公，天子对我有厚恩，我誓死不和叛贼同生！"又指着心口说："即使死了，也无二心。"接着呜咽哭泣不止，见此情景，数万将士感动得流下了眼泪。李光颜送给使者很多财物，让他回去了。全军士气因此更受激励。

裴度在洄口筑赫连城，率领轻骑兵前往观看。叛贼出奇兵，从五沟逼近，呼声震天，将城墙都震坏了，裴度的处境十分危险。幸好，李光颜已经估计到叛贼肯定会来，于是暗中派田布率领精锐骑兵埋伏在沟下，掐断了叛军的退路。叛军战败，弃马而去，摔死在沟中的超过一千人。由于叛军的全部精锐都在抵抗李光颜的军队，李愬乘虚而入，占领蔡州，董重质投降。李光颜骑着马，高声呼喊着冲进贼营，万余士兵卸甲投降，请求活命。叛乱平定之后，皇上加授李光颜为检校司空。等他回朝，在麟德殿召见他，赐予丰厚财物，还下令在他家设宴。

吐蕃进犯时，李光颜迁任邠宁军。朝廷让他重修盐州城，并让忠武军将士跟随他。李光颜听说贼兵来到，整顿将士前去迎战，但是士卒们愤怒之声汹涌不止，大声喧闹着不肯前进。李光颜晓以大义，感慨地流下了眼泪，听的人也感动流泪，于是士卒赶紧出

发，吐蕃军逃出关外。

【功成名就】

穆宗即位后，召李光颜回朝廷，赐给他位于开化里的住宅，加授他为同中书门下平章事。后来，李光颜又返回军营，皇上对他的赏赐不计其数，以此向群臣昭示对李光颜的厚爱。李齐在汴州叛乱，皇上下令李光颜统率军队前去讨伐，李光颜早上接到诏令，晚上即出兵，第二天就拿下了尉氏。平定李齐叛乱后，他升任侍中。敬宗初年，正式拜授他为司徒、河东节度使。宝历二年（826），李光颜去世，终年六十六岁，追赠太尉，谥号忠，皇上赏赐丰厚的财物以置办丧事。等到埋葬的时候，文宗认为他功勋卓著，又赏赐布帛两千匹。

论赞

赞曰：世人都称赞李愬孤军深入蔡州，捉获叛贼，建立了奇功，却根本不知道，李光颜在蔡州平叛中是立了大功的。当时，叛军的处境日渐危急窘迫，出动全部精锐抵抗李光颜，叛军守的蔡州只是一座空城，所以李愬才能趁机进攻，大获全胜。要是没有李光颜，李愬怎能奋击而获胜呢？

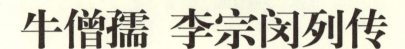

卷一百七十四

牛僧孺 李宗闵列传

牛僧孺和李宗闵都是唐朝后期的宰相。牛僧孺是进士出身，年轻时敢于直陈时弊，触犯宰相。后来担任御史中丞，敢于惩治不法之臣。他为官清廉，当时韩弘贿赂群官，只有他不接受贿赂，因此受皇帝的赞赏，被任命为宰相，在敬宗朝辞职。文宗即位后，他被重新起用为相，后来又请求辞职。宪宗时，他因为刘稹而受到牵连，遭到贬斥。李宗闵年轻时，与牛僧孺一道痛陈时事，触犯权臣。他做了宰相后，和李德裕结下仇怨，各自纷纷树立党羽，排除异己。两党之争一直绵延多年，后来他因事被贬，死在柳州。

▶【牛僧孺痛责朝臣】

牛僧孺，字思黯，是隋朝仆射奇章公牛弘的后代。他幼时丧父，依靠下杜樊乡皇帝赏赐的几顷田产，赖以为

🔊 戴面纱女
骑俑·唐

生。他善于写文章，考中进士。元和初年，以贤良方正对策，与李宗闵、皇甫湜同时名列第一，他直陈时政，言辞耿介激烈，毫不畏避宰相。宰相大怒，因此将他贬黜，任命为伊阙尉。后来他被擢升为监察御史、考工员外郎和集贤殿直学士。

▶【刚直清廉】

穆宗初年，他以库部郎中的身份起草参与颁布诰令，后又改任御史中丞，审查不法之徒，朝廷内外一时严守法令，肃穆安定。宿州刺史李直臣因为贪污，理当被处死，他贿赂皇帝身边的宦官为他求情，皇帝说："李直臣有才能，朕想赦免他，加以任用。"牛僧孺说："没有才能的人，都只领取俸禄取悦君主。天子制定法律，正是用来约束有才者的。安禄山、朱泚

都才智过人，所以为害天下。"皇帝很惊异，于是作罢。不久，授任他为户部侍郎、同中书门下平章事。

起初，韩弘入朝时，他的儿子韩公武贿赂权贵，堵住人们的议论。后来父子相继去世，孙子软弱无能，皇帝派使者到他家中，没收全部账簿，核对收支情况。账簿上有被贿赂的朝臣名单，到牛僧孺，只在旁边注语说："某月某日，送钱一千万，没有接受。"皇帝赞赏他，对身边的人说："我没有选错人才。"于是让他担任宰相。

敬宗即位后，授予他武昌节度使、同平章事，由于朝政执掌在皇帝亲信的人手中，牛僧孺屡次上表辞职。鄂城土质不好，城墙多次崩塌，每年都要修建，因此向百姓征收木材，官吏趁机从中渔利。牛僧孺用陶甓修筑城墙，五年以后竣工，鄂州从此不再为此耗财劳民。他又取消沔州冗余的官吏。

【再次为相】

文宗即位，李宗闵为相，多次称赞牛僧孺贤明有才，于是重新起用他为兵部尚书平章事。适逢幽州反叛，杨志诚驱逐了李载义，皇帝召集宰相商量对策，牛僧孺说："此事不足担忧。范阳自从安史之乱后，对国家的安危休戚就毫无影响。如果朝廷授予符命，让杨志诚抵御奚、契丹等部落，他还能够效力，如果征讨他，只会劳民伤财而益处不大。"皇帝说："你说得对，

我开始没考虑到这些。"于是派遣使者加以抚慰。

宦官王守澄举荐小人，暗中议论朝政。一天，皇帝在延英殿召见宰相，说："要怎样才能使天下太平呢？"牛僧孺说："我很惭愧地担任宰相，不能安世济民，但太平盛世也没有特殊的征兆。如今四境没有侵扰，百姓安居乐业，民间没有豪强之家，身在上位的没有被蒙蔽，身处下位的也没有怨言，虽然算不上盛世，但也算得上太平了。而陛下还要求太平，不是我所能做到的。"退朝之后，他对其他宰相说："皇上急于求成，我怎么能长久担任宰相呢？"于是，他辞去宰相一职，被任命为淮南节度副大使。

【晚年被贬】

开成初年，他以政务繁忙，上表辞去节度使职务。回到洛阳建造住宅，搜罗奇石巧树精心营构，与宾客共同娱乐。后来，牛僧孺入朝，适逢庄恪太子去世，他于是陈说父子、君臣的伦理，以此感悟皇帝，皇帝潸然落泪。他被任命为山南东道节度使，皇帝赠给他彝樽、龙勺，说："你如同精炼的金属古器，是人中君子，希望暂且留在京师。"但牛僧孺坚决请求前去赴任，皇帝答应了他的请求。

乾符元年（841），汉水暴涨，冲坏了城墙，牛僧孺因为预防不力而获罪，被降为太子少保。次年，他以太

子太傅身份留守东都。刘稹被诛后，石雄的军官得到刘从谏与牛僧孺、李宗闵交往的证据。河南少尹吕述也说："牛僧孺听说刘稹被诛后，为之怀恨叹息。"武宗大怒，将他先贬为太子少保，再贬为循州（今广东河源龙川）长史。宣宗即位后，改任衡州（今湖南衡阳）和汝州的刺史，后来回朝恢复太子少师的职位。他去世时终年六十九岁，被追赠为太尉，谥号为"文简"。

【牛李党争】

李宗闵，字损之，是郑王元懿的四世孙。他考中进士后，被任命为华州参军事。后来与牛僧孺一起痛陈时弊，触怒了宰相李吉甫，被授补为洛阳尉。后来历任监察御史、礼部员外郎、驾部郎中、知制诰等职。穆宗即位后，他被擢升为中书舍人。

长庆初年，钱徽主管科举，李宗闵为亲属向钱徽托情，李德裕、李绅、元稹时任翰林学士，受到皇帝的宠信，他们一起弹劾钱徽接受贿赂，不是根据士人的才能选拔人才，李宗闵受到牵连，被贬为剑州（今四川剑阁）刺史。从此，他和李德裕结下嫌怨，各自树立党羽，互相倾轧，长达四十年之久。不久，他被复任为中书舍人，主管科举，他所选拔的人才，如唐

冲、薛庠等人，都是当时的知名人士。大和年间，他被任命为吏部侍郎同中书门下平章事。适逢李德裕从浙西被召还入朝，皇帝想起用他为宰相，而朝廷中支持李宗闵的人多，于是李宗闵先被任命为宰相。他引荐牛僧孺共同执政，互相唱和，排除异己，凡是与李德裕交好的人，都全部予以斥逐。后改任中书侍郎。

很久以后，李德裕被任命为宰相，和李宗闵共同执政。李德裕入宫谢恩时，文宗说："你知道朝廷有朋党吗？"李德裕说："如今朝廷中一半都是党人，后来入朝做官的人，往往也趋炎附势，依附党人。陛下如果能起用中立无私的人，朋党就会溃散了。"于是，李德裕请求外放杨虞卿、张元夫、萧澣等人，让他们担任刺史，皇帝同意了。李宗闵说："杨虞卿出任给事中，每天在家里接见宾客，因此我并没有让他担任令人羡慕的职位。"李德裕质问道："给事中不是令人羡慕的职位吗？"李宗闵理屈，无言以对。不久后，他就出任山南西道节度使。

🔴 彩绘釉陶乐舞俑群·唐

【贬逐边地】

李训、郑注掌权时，忌恨李德裕，于是共同诋毁他。皇帝罢免了李德裕，重新起用李宗闵为宰相，他更加肆意托附人情。适逢杨虞卿获罪，李宗闵极力为他辩解，皇帝愤怒地斥责道："你曾经说郑覃兴风作浪，现在自己也这样吗？"于是将他贬为明州刺史。李训、郑注趁机弹劾他暗中勾结宦官韦元素等人帮助自己谋求相位，又在皇上生病的时候，秘密地求问术士。于是皇帝将李宗闵贬为潮州司户参军事，他的亲信也一并受到贬斥。当时，李训、郑注两人图谋专权，凡是不依附自己的人，皆被指控为李宗闵、李德裕的同党，被贬斥出京。一时人心恐惧不安，皇帝于是下诏说，凡是李宗闵、李德裕的亲属和门生，从此不再追究，以此安定人心。皇帝感叹说："除掉河北的叛贼容易，除掉朋党却很难啊！"

开成初年，幽州刺史元忠、河阳李载义屡次上表，为李宗闵鸣冤，于是皇帝将他改任为衢州司马。适逢杨嗣复辅佐朝政，与李宗闵交好，打算重新起用李宗闵，而他害怕郑覃，于是请托宦官游说皇上。皇帝在紫宸殿，对郑覃说："我考虑到李宗闵长期被贬斥在外，现在应该授予一个官职。"于是郑覃、陈夷行纷纷表示反对，而李珏、杨嗣复则表示赞成，尤以杨嗣复最为出力。两拨人在皇帝面前争吵得很激烈，杨嗣复甚至当着皇帝，揭发郑覃的过

咎。最终，皇帝将李宗闵擢升为杭州刺史，后来升任太子宾客，在东都任职。不久以后，郑覃、陈夷行被罢免了相位，杨嗣谋划引荐李宗闵再次担任宰相，还没来得及实施，文宗就逝世了。会昌年间，刘稹占据泽潞叛乱，李德裕建议说，李宗闵与刘从谏向来友善，如今上党接近东都，于是授任李宗闵为湖州刺史。刘稹兵败后，朝廷得到李宗闵和刘稹交往的证据，于是将李宗闵贬为漳州长史，后来又流放到封州。宣宗即位后，改任为柳州司马，并死在那里。

李宗闵非常机警灵敏，最初有良好的声誉，等到富贵之后，就喜好权势了。他最初是裴度引荐提拔的，后来裴度举荐李德裕为宰相，李宗闵于是和裴度结怨。韩愈曾经写下《南山》《猛虎行》来规谏他。然而李宗闵树立朋党，权倾朝野，终于因此而败落。

论赞

赞曰：那些口中说着圣贤的言辞，行为却如市井俗人的人，被称为是"盗儒"。牛僧孺、李宗闵因为为人正直、敢于谏议而被擢用，等到位居宰相后，却排斥异己，树立死党，权势熏天，被人称作"牛李"，这样的人不是盗儒是什么呢？

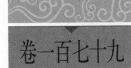

李训 郑注列传

新唐书 ●列传●

李训和郑注是唐文宗时的朝臣，甘露之变的主要谋划者。最初，郑注为节度使李愬效力。他狡诈多端，善于揣摩并迎合别人的心意，因此受到监军王守澄的宠信，跟随王守澄青云直上，被皇帝委以重任。后来他向皇帝引荐了李训。两人在皇帝面前一唱一和，极力游说皇帝铲除宦官，最终皇帝下定决心。这就是历史上有名的甘露之变。然而因为李训和郑注两人互相猜忌，最终事情失败，李训、郑注都被宦官杀死。

【李训谋除宦官】

李训，字子垂，是已故宰相李揆的族孙。他体格魁梧，伶俐善辩，喜欢自我标举，说些空疏的言语。堂叔李逢吉当宰相时，李训因为为人深藏不露，善于谋划，很受李逢吉的宠信。郑注辅佐昭义府时，他叹息道："如今掌权者都是小人，我听说郑注爱惜士人，可以共同谋划大事。"于是，他前去谒见郑注，彼此都很欣赏。当时李逢吉不受重用，怏怏不乐，于是就给李训大量的钱财，让他重重贿赂郑注。郑注很高兴，就谒见王守澄，王守澄就向皇帝推荐郑注、李训的经术义理。

李训喜欢说些激奋的话，善于揣摩皇帝的心思，兼以自负为海内卓有名望的儒者，所以抱负很大。此时，王守澄等人擅权，皇帝虽然表面上很包容，内心却心怀愤恨，想要除掉他，只是朝臣都畏惧王守澄的权势，贪恋富贵，没有人能仗义死节。郑注暗中知道皇帝的心意，于是假借让李训讲经学义理之名，向皇上引荐李训。因为他俩都是王守澄所引荐的，王守澄也没有起疑心。李训和郑注出入禁中，备受皇帝的优待，赐予绯袍、银鱼等物，又让法曲弟子陪宴。李训讲过数次义理后，就谈到了宦官，激愤之情形之于色，想以此激励皇帝。皇帝见状，以为他果决勇毅，堪当大任，遂下定除去宦官的决心，对李训也格外恩宠。皇帝又担心宦官猜忌，于是将李训的《易经》义理昭示群臣，称能提出不同的见解就会得到奖赏，以此向宦官表明，自己以师礼相待李训。

大和九年（835），李训被擢升为翰林学士、知制诰等职，掌有宰相之权。李训进言皇帝，杖杀了宦官陈弘志，又用诡计罢免了王守澄观军容使的要职，并将他赐死。此后，又逐渐处死了杨承和、韦元素等人，这样，元和逆党的党羽就几乎被铲除殆尽。

　　李训既已手握大权，就锐意进取，每次与皇帝商讨国事，都能称心如意。他与郑注结为朋党，挟公报私，将李德裕、李宗闵等诬陷为朋党，并牵连到朝廷许多公卿，让朝廷内外都很震惊恐惧，直到皇帝下发诏书，人心才安定下来。未上位前，他认为天下佛寺劳民伤财，请皇上让不守清规的僧尼还俗为民。上位后，又取消这一举措，以收买人心，换取他人的感恩。

　　起初，郑注先得富贵，李训借他之力，才得以青云直上，等到两人权势相当，就开始争宠邀功，势不两立。于是，郑注被外放，镇守凤翔，表面上是让他做外援，实际上是对他心怀猜忌。李训又提拔自己的亲信王璠、郭行余、罗立言、韩约等人，分掌兵权，并暗中让他们招募士兵和金吾台府卒，以备兵变之用。

▶【甘露之变】

　　十一月，皇帝来到紫宸殿，韩约启奏有甘露降落在禁中的树上，李训建议皇上亲自去，皇上诏令宰相群臣先去观看。这些人返回后，李训上奏说："不是甘露。"皇上说："难道是韩约胡说？"因此示意中尉仇士良等前去核实，李训想关上门，阻止宦官们出门，一网打尽。这时，王璠、郭行余都来辞行，要赴军镇任职，随从的士兵在丹凤门外，执箭待命，李训大喊道："前往两镇的士兵来接受圣旨！"听到的人急忙赶到，王璠害怕，没有上前，只有郭行余上殿叩拜。宦官到了左仗院，韩约吓得冷汗直冒，不能抬头，宦官们对他的反常举动感到奇怪，恰巧一阵风起，掀动帷幕，露出了手执武器的士兵，仇士良等人大惊，转身夺门而出。李训急忙对左仗院的士兵连声高呼："凡是护驾的，每人赏钱一百贯！"于是，就有人跟着李训进来。宦官说："情势危急，

双环髻女舞俑·唐

皇上应当赶紧回内宫！"李训拽住车子，不让离开。仇士良说："李训造反了！"皇上说："他没有造反。"仇士良徒手与李训搏斗，被压倒在地，李训正要杀他，救兵赶到，仇士良才趁机逃走。罗立言、李孝本领众四百人赶来，上殿与金吾兵战在一处，杀死宦官数十人。李训拽着皇上的座驾，心急火燎，到达宣政门时，被宦官郗志荣打倒在地，车子进了东上阁，门随即关了，宫中山呼万岁。舒元舆虽然知道这个阴谋，却没告诉王涯，还故意问："皇上要开延英殿议事吗？"仇士良派神策副使刘泰伦、陈君奕等率领卫士冲出阁门，见人就杀，杀死了各部门属吏六七百人，又分别派兵把守各个宫门，逮捕了李训的党羽一千多人，在四方馆斩首，血流成河。很快，舒元舆、王涯都被抓住。王涯确实不知道这一阴谋，但被仇士良鞭打急了，就自己写下了反叛的罪状。皇上下诏出动骑兵追捕叛逃的人，大肆搜索京城，分别突袭王涯、李训等人的宅第。士兵将其财物洗劫一空，两省官印以及簿录文书，也被拿走。

第二天，皇上召群臣入朝。皇帝不知道王涯等人被抓，还嫌他们迟迟不来朝见，不久仇士良禀告，王涯与李训谋反，准备拥立郑注。皇上赶紧召见仆射令狐楚等人，他悲愤不已，将王涯的认罪书交给他们，问："真的是王涯写的吗？"令狐楚回答："是！王涯确实谋反，罪该万死。"

这一天，京城里的士兵到处抢劫财物，百姓也乘混乱之机，为报私仇相互打斗，死伤很多。皇上被宦官逼迫，下诏公布了李训、王涯等人的罪行。李孝本、郭行余等人都被抓。王璠聚集河东士兵守卫宅第，鱼弘志派偏将攻打他，向他喊话："王涯等人获罪，皇上起用尚书您做宰相。"王璠很高兴，开门放他们进去。走着走着，发现上了当，哭道："李训连累了我。"王璠见到王涯，愤怒地问他："你为什么牵扯出我？"王涯说："你过去向王守澄泄露了宋丞相的计划，今天怎能免于一死？"

捧真身银菩萨·唐

【失败被诛】

李训失败后，身穿绿色衣服，跑到终南山，撒谎说自己被贬官，投靠了僧人宗密。宗密想帮他藏起来，他的弟子们不同意。李训又逃往凤翔，在盩厔镇被抓，被戴上刑具送往京城。李训害怕被宦官们酷刑羞辱，请求押送他的士兵说："抓住我的人有赏，不如拿着我的首级去。"士兵于是杀了他，将他的首级送到京城。他的余党也都被抓。

李训死后，皇上很思念他，多次对李石、郑覃称赞他有才能。然而，当时宦官却越来越专权，飞扬跋扈，皇帝毫无办法，常常闷闷不乐，即使是游玩宴饮，也愁眉不展，从此生了病，直到含恨而终。

【郑注诇事宦官】

郑注，绛州翼城人氏。他出身微贱，以方术艺伎为业，浪迹天涯。元和末年，他来到了襄阳，投奔节度使李愬。他为李愬烧炼丹药，因此受到李愬的宠信，被任命为衙推，后来跟随他来到徐州，逐渐参与处理军政大事。郑注多才多艺，为人狡诈多端，又善于揣度人的心思，每每都能猜中。他为李愬筹划的计策，每次都被李愬采纳，他则借机从中牟取私利，全军都很痛恨他。监军王守澄向李愬揭发他，李愬说："他是个奇才，将军不妨和他面谈一次。"王守澄起初拒绝接见他，郑注来后，刚刚落座，就言词滔滔不绝，极尽机辩之能事，并道

出了王守澄的心思。王守澄大为惊讶，将他带到后堂，一直谈到很晚，大有相见恨晚之意。王守澄于是感谢李愬说："确实和您说的一样。"于是任命郑注为巡官。

王守澄后来入朝担任要职，郑注跟随他，一同来到京师，并受到王守澄的厚待。于是郑注日夜为王守澄筹谋划策，又暗中巴结贿赂权贵。起初，奸猾的小人依附他，慢慢地，连达官贵人也前来和他结交。他陷害宋申锡后，士大夫都心怀不平，对他侧目而视。金吾将孟文亮受命镇守邠宁，选任郑注为行军司马，郑注却不肯出发。后来御史中丞宇文鼎上奏弹劾他，郑注这才上路，等到过了奉天，又折身返回了京师。御史再次上言弹劾他，并要求将他依法治罪。这时王涯是宰相，他原本借着郑注之力，才得以再次出任宰相，因此就阻止了御史上奏。于是郑注被改任为通王府司马，并兼任右神策判官，任命的诏书下达后，士大夫都很惊骇，举朝哗然。刘从谏向来厌恶郑注的为人，想要趁机斥逐他，于是举荐他为昭义节度副使。郑注赴任不满一月，文宗忽然生病，王守澄再次举荐郑注，文宗当天就召见郑注，在浴堂门接

白话精编二十四史

◎ 第七卷 ◎

129

见他，并重重赏赐他。不久，就擢升郑注为太仆卿，并兼任御史大夫。

【蒙受恩宠】

郑注天性贪婪好利，受到皇帝的宠信后，变本加厉，四处卖官鬻爵，积累了巨万钱财。他在善和里修建豪华的宅第，和永巷相通，又召集京城的轻薄子弟和藩镇的将帅官吏，饮酒作乐，狼狈为奸。他偶尔进入神策军时，常常和王守澄密谈一整天，有时甚至到天明才离开。那些企图飞黄腾达的奸邪之人，每天都出入他的家门，络绎不绝。李训依附郑注被重用后，两人互相勾结，权倾天下。很快，郑注被擢升为工部尚书、翰林侍讲学士，当时李训已在宫中任职，两人每天在皇帝面前议论，一唱一和，密谋铲除宦官，自认为此事极易成功，皇帝因此也受到迷惑，决心除掉宦官。而郑注等人趁机任免了一批士大夫，混淆是非，并扰乱朝廷的法令制度。众人都揣度他们必将谋反。

皇帝询问让百姓致富的方法，郑注奏对，可以征收茶税。具体方法是：设置茶官，收买百姓的茶园归国库所有，集中起来采摘茶叶，并加工制作，这样利润就全部流入国库了。于是皇帝下诏，任命王涯为榷茶使。后来郑注又说，秦州和雍州等地将要发生灾难，应该大兴土木，以压住它。皇帝曾经吟咏杜甫的《曲江辞》，

诗中有"宫殿千门"句，本意是指天宝年间，环绕着曲江一带，有很多台榭宫室，皇帝听郑注这么一说，于是下诏，让左右神策军疏通曲江、昆明两地，并修建了紫云楼和采霞亭，百官公卿也可以在堤上修建宅第。

郑注原本姓鱼，后来冒姓郑，因此被人们称为"鱼郑"。他掌权后，人们都私下里叫他"水族"。他的容貌非常丑陋，却经常穿粗布衣服，假装很俭朴的样子。起初，李愬生病，郑注为他治疗，并颇有效果，王守澄于是认为他医术高超，宦官因此也很亲近他。

【事败身亡】

不久，郑注被委任为凤翔陇右节度使，皇上诏令他每月入朝议事。郑注请求李训给他派任属吏，而李训与舒元舆想最终杀掉郑注，担心郑注拥有豪杰俊士的扶助，于是另外在台阁挑选了一些年老忠厚的人，其中，钱可复担任副节度使。郑注离京赴任那

🔴 鎏金八瓣人物纹银杯·唐

陕西西安何家村出土。银杯采用唐代习用的葵口造型，而带指垫的环柄及联珠纹则是粟特银器的特征，工艺精湛。

后才掩埋，群臣百官为此庆贺，并杀光了他的家人，没收他所有财产，仅绢就有一百万匹，其他的财物更是不计其数。郑注失败以前，他衣服的带子上长出了菌，衣袋里的药物变成数万只苍蝇飞走了。

🔹 **王子乔吹笙引凤镜·唐**

天，入朝告辞，皇上赏赐他通天犀带。刚出城门，旗杆就折断了，郑注对此耿耿于怀，以为是凶兆的迹象。

王守澄死了，准备十一月埋葬在浐水附近，郑注上奏说："王守澄是劳苦功高的老臣，我希望亲自为他治理丧事。"因为群宦们都要去哭吊送葬，郑注打算率兵将他们全部杀死。李训担心郑注独自立功，于是提前五天开始行动。郑注率领骑兵前往扶风，将李训的计谋告诉了扶风令韩辽，让他奔赴武功。李训的计谋失败，郑注于是返回凤翔。郑注的下属魏弘节劝他杀掉监军张仲清等十多人，但他处在忙乱之中，无暇顾及此事。结果，张仲清联合前少尹陆畅，采用将领李叔和的计策，借口找郑注商量事情，将他杀掉。郑注的妻兄魏逢为人轻薄阴险，支持郑注为非作歹，也被诛杀。钱可复等人以及他的亲兵一千多人都被灭族。张仲清升任内常侍，李叔和任检校太子宾客，赐钱一千万贯。

郑注在光宅坊被枭首示众，三天

论赞

赞曰：李训性情浮躁，缺乏谋略，郑注则是个锋芒毕露的小人，王涯愚昧无知，又贪得无厌，舒元兴邪恶轻薄，这些人邀求大功，能不危险吗？李德裕曾说，天下有一支恒久的势力，就是北军。李训由王守澄引荐，入朝做官，这时出入北军，如果借由皇上的名义，游说诸将铲除宦官，简直像风吹草伏一样容易。但他却利用御史台、京兆府中的一些小吏，与宦官抗衡，自然会丢掉自己的脑袋啊。文宗曾经对宰相等人说："李训的品德天性、所受的人伦之教，虽然不如你们，但他是天下奇才，你们都比不上。"李德裕说："以前，连服劳役的罪犯都瞧不起李训，还谈得上什么有才呢？"世人都认同李德裕的话。传说："国家将要灭亡的时候，上天就派下乱世之人。"皇上任用李训这样的人，就如同用朽木支撑即将倾覆的大厦，全天下人都为之心惊胆战、寒毛倒竖，文宗却安然依赖他们成就大业，终于被宦官利用，难道上天真的厌弃了大唐的德业了吗？

贺知章 张志和 陆羽 陆龟蒙列传

贺知章、张志和等人，都是唐朝有名的隐士。贺知章早年考中进士，历任礼部侍郎、集贤院学士、太子宾客等官，晚年请求辞官，做了道士。张志和曾经担任左金吾卫录事参军一职，免官后，从此隐居江湖，自称"烟波钓徒"。陆羽嗜好饮茶，隐居不仕，自称为桑苎翁。而陆龟蒙贫困一生，却始终勤于著述，不改隐居的志向。李商隐也很有才华，然而终生郁郁不得志，仕途上并不通达。

（左侧竖排）新唐书 ●列传●

【风流贺知章】

贺知章，字季真，越州永兴人。性情平和旷达，善于言辞，与同族姑姑的儿子陆象先关系很好。陆象先曾对人说："季真清谈风流，我一天见不到他，就会产生鄙吝之心。"

证圣初年，贺知章考中进士，后经过多次升迁，任职太常博士。在张说的推荐下，和徐坚、赵冬曦等一起，撰写《六典》等书，然后多年劳而无功。开元十三年（725），他迁任礼部侍郎，兼集贤院学士。宰相源乾曜对张说讲："贺公同时接受两个任命，荣耀非凡，不过，学士和侍郎哪个更好呢？"张说回答说："侍郎虽然看起来荣耀，实际上不过是挂名之职；而学士，必须是心怀先王之道、学识广博的人，才能胜任。这就是差别。"玄宗甚至亲自写赞词给他。

申王去世，诏令贺知章主持丧事。功勋子弟们喧闹不止，贺知章不得已，

龟形银制盒·唐

此盒为法门寺地宫出土，用来贮藏罗出来的茶叶末。龟的背甲为盒盖，腹及四足为盒体，以子母口相套合。形象写实，巧夺天工。

只好爬上梯子探身墙头，遭到众人的嘲讽，因此改迁工部任职。肃宗当太子的时候，贺知章担任太子宾客，而左补阙薛令之兼任侍读。当时，东宫有很多官员常年没有得到升迁，心中不满。薛令之在墙上留字，抱怨礼遇不公，肃宗看见后，也在墙上题字"听君自便"。薛令之于是弃官而去，徒步回乡。

贺知章晚年尤为旷达放纵，他嬉游于家巷里弄，自号"四明狂客""秘

书外监"。每次醉酒，就挥毫泼墨，题词写文，常常一气呵成，无须修改。他擅长草书和隶书，有人想求他写字，备好纸砚跟随着他，他心情惬意的时候就不再拒绝，但每张纸上都只写十多个字，世人传为墨宝。

天宝初年，贺知章生了病，梦游京城，数天后才醒来，他请求皇上允许自己做道士，返还乡里，皇上应允了他，令他将住宅改名"千秋观"，在那里居住，还赐给他镜湖剡川一段，用做放生池。临行的时候，皇上赐诗给他，皇太子以及百官为他送行。皇上任命他的儿子贺曾子为会稽郡司马，赐予绯鱼，让他赡养父亲。贺知章以八十六岁高龄去世。肃宗乾元初年，追赠他为礼部尚书。

【"渔叟"张志和】

张志和，字子同，婺州金华人。生他之前，他的母亲梦见腹部长出枫树。他本名叫张龟龄。十六岁时，他考中明经，拜见肃宗。肃宗十分赏识他，授任左金吾卫录事参军，并赐名张志和。后来，他因事获罪，被贬为南浦县尉。他被赦免之后，因为双亲去世，不再做官，转而隐居江湖，自称"烟波钓徒"。著有《玄真子》一书，并以此自号，另外还著有《太易》十五篇。

他的哥哥张鹤龄怕他就此遁世，不再回家，特意为他在越州（今广东浦北）东城建造了一座房屋，屋顶以野草覆盖，椽子和房梁都未经刀凿斧劈。他就住在那里，铺着豹皮垫子，穿着草鞋。他每次垂钓都不下饵，因为他的本意并不想钓鱼。县令派他开挖水渠，他也毫不抗拒。曾经，他想用大块布料做一件大衣，他的嫂子为他做好后，他就一直穿着，即使炎夏也不脱下。

🔥 鎏鸿雁流云纹银茶碾子

唐代饮茶之风盛行。唐人饮茶有一整套程序，如烹煮、点茶、碾罗、贮茶、贮盐等。图为法门寺地宫出土的唐人碾茶用的银碾子。

观察使陈少游去拜访他，为他的住所题名"玄真坊"。因为看见巷门狭窄，陈少游为他买地扩充巷门，取名回轩巷。又在巷子口河流之上修桥，人们称作"大夫桥"。皇上曾经赐给张志和奴婢各一名，他让他们结为夫妇，分别叫渔童、樵青。

陆羽曾问张志和："你和什么人往来？"他回答说："我以太虚为室，明月为灯烛，与四海兄弟共处一室，不曾分离，何谈往来呢？"颜真卿出任湖州刺史的时候，一次，张志和去拜访他，颜真卿看见他的船破旧漏水，就想帮他换一条船，张志和说："希望有能够漂游的住所，往来于苕、雪之间。"他才思敏捷，皆如此类。

张志和擅长山水画，酒兴正浓的时候，有时击鼓吹笛，挥笔即成。他曾经撰诗《渔歌》，宪宗依诗绘图，想请他亲自歌吟，没有成功。李德裕称张志和："隐居而声名远播，逍遥而不招惹是非，不困窘也不显贵，只有严光可比。"

【茶圣陆羽】

陆羽，字鸿渐，一名疾，字季疵，复州竟陵人。不知道他的父母是谁，有人说，他由一个僧人在水边捡到，抚养长大。成人之后，他用《易经》给自己占卜，卦辞上说："鸿鸟逐渐落地，羽毛可用做仪仗。"于是，他以陆为姓，并据此取名羽。

陆羽年幼时，学业不顺。干活的时候，又神情恍惚，好像忘记了现实，主人用鞭子抽打他，他呜咽不能自禁："岁月流走了，我却读不懂书！"于是逃走，隐姓埋名，做了伶人。

天宝年间，太守李齐物在宴会上见到了伶师陆羽，认为他是奇异之人，授给他书，于是他在火门山修筑茅屋居住。

他相貌丑陋，口吃却善辩。他听说别人行善，就像自己受了恩惠一样，见到别人有过失，就直言相劝，也不怕得罪别人。朋友燕处，意有所行辄去，人疑其多嗔。与人有约时，必然践行，即使雨雪和虎狼也不能阻止他。上元初年，他搬到苕溪继续隐居，闭门写书，自称桑苎翁。他有时独自走在荒郊野外，击木吟诗，有时恸哭

茶罗子

名茶的制作工艺讲究，甚至需要专门的工具。图为陕西扶风法门寺出土的唐代镏金仙人驾鹤纹壶门座茶罗子。

而归，因此人们都称他是当时的接舆。若干年后，他被拜为太子文学，后来又迁任太常寺太祝，但他不去就职。他于贞元末年去世。

陆羽嗜好饮茶，他曾经为此写了三篇文章，让人们更了解饮茶。当时卖茶的人，甚至把他当做茶神来祭祀。御史大夫李季卿安抚江南时，经人推荐召见了陆羽，陆羽穿着平民衣服，拿着茶具去见他，李季卿却对他无礼，陆羽感到愧恨，又写了《毁茶论》。在他之后，饮茶的风气盛行，当时官员回京朝拜之前，都会驾着马匹采购茶叶。

【洒脱陆龟蒙】

陆龟蒙，字鲁望，是陆元方的第七世孙。陆龟蒙年少的时候，高放豪气，通晓《六经》大义，尤其精通《春秋》。他考进士失败，于是跟随刺史张抟，做他的幕佐。他曾经前往饶州，到达后，什么人都不肯见。刺史蔡京率官属前来叩见他，陆龟蒙不高兴，拂衣而去。

他住在松江甫里，勤奋地写书著文，即使受忧劳之重、疾病之苦，钱财不够维持十天生计，也不停顿。文章写成之后，他就把稿件胡乱丢在箱子里，不再理会，常常被好事之人偷走。他得到书籍后，往往熟读之后再抄录下来。他藏书不多，但都是精妙无比的传世之作。他借阅别人的书时，若书本有损坏或书中有讹误，一定要修补更正。他喜欢听人讲述学问，不知疲倦。

陆龟蒙有田数百亩，房屋三十楹，因为田的地势较低，遇到下大雨就变成一片汪洋，因此他常常为饥饿所苦。他经常亲自拿着畚锸，披荆斩棘辛勤劳动，有人嘲笑他的疾苦，他回答说："尧、舜都又黑又瘦，禹的手脚因为劳动都磨出了老茧。他们还是圣人呢，我一介平民，怎么敢不勤奋呢？"陆龟蒙嗜好饮茶，他在顾渚山下开辟茶园，每年收取租茶，亲自评定等级。他不喜欢与世俗之人交往，即使他们上门拜访也不肯见他们。他从不骑马，在船上设置蓬席，随身带着书籍、茶灶和钓具。当时的人称他为江湖散人，他则自比涪翁渔父、江上丈人。后来，朝廷以高士的身份召陆龟蒙入朝，他拒绝了。李蔚、卢携与他关系亲密，他们当政的时候召他入朝，拜授左拾遗。但是诏书刚下，陆龟蒙就去世了。光化年间，他和孟郊等十人，被追封为右补阙。

陆家世代住在姑苏，门口有一块巨石。陆家远祖陆绩曾担任郁林太守，罢官回乡时，没有任何行装，船轻得不能在水上航行，因此将巨石装在船上，以增加重量，人们称道他廉洁，把这块石头叫做"郁林石"，此后世代保留在陆家。

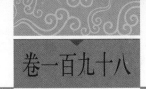
孔颖达 欧阳询列传

颖达和欧阳询都是唐朝有名的大儒。孔颖达早年通达经学，被隋朝授予河内博士，他的学识才华甚至超过了儒学耆宿。唐朝建立后，他被擢升为国子博士，并多次进献忠良之言。后来，他为皇太子撰写《孝经章句》，并借机规劝太子。欧阳询学问广博，通晓经史，高祖微贱时，和他关系友善，后来被擢升为给事中一职。欧阳询又极其痴迷书法。他曾经在路上碰到一块墓碑，于是专心琢磨墓碑上的书法，三天后才肯离开。

▶【大儒孔颖达】

孔颖达，字仲达，冀州衡水人氏。他八岁从师学习，一天能背诵千余言，还能默记住《三礼义宗》。长大后，他理解了服氏《春秋传》、郑氏《尚书》等书。孔颖达善于写文章，精通礼法。他曾经拜访同郡人刘焯，刘焯名重海内，起初比较怠慢他，等到他提出疑问请教时，刘焯十分惊异，立刻改变了态度，对他非常佩服。

隋朝大业初年，他因为通达经学，被授予河内郡博士的职位。隋炀帝召集天下的儒官，在东都汇聚，下令国子秘书学士讨论经学义理，当时孔颖达年龄最小，却脱颖而出，辨析义理最为精微深邃，那些年老的儒学耆宿感到很羞耻，就暗中派人刺杀他，他躲藏在杨玄感家里才得以幸免。后来他授补为太学助教。隋末，社会动荡不安，于是他到虎牢避难。

太宗平定洛阳后，他被任命为文学馆学士，后来擢升为国子博士。贞观初年，孔颖达被封为曲阜县男，并转任给事中。当时皇帝刚刚即位，孔颖达多次进献忠良之言。皇帝问："孔子说'以能问于不能，以多问于寡，有若无，实若虚'，这是什么意思呢？"他回答说："这是圣人教导人要谦虚。自己虽然有才能，却仍然向没才能的请教，询问自己不明白的事情；自己虽然博学多闻，却仍然向寡学之人虚心学习，以增加自己的见识。自己虽然已经得道，外表却一无所知。不仅仅平民是这样，做君王的，也应该拥有这种品德。倘若倚仗地位尊崇，炫耀自己的聪明，因为有才能而肆意放纵，君臣就会互相离心离德。自古以来，历朝历代的灭亡，无不都是如此。"皇帝称赞他讲得好，授予他国子司业，一年多后，兼任太子右庶子。他与众多儒者议论历法和礼仪等事情时，大多

开元通宝·唐

采纳他的意见。因为议论有功，他被加授散骑常侍，并赐予子爵。

皇太子让孔颖达撰写《孝经章句》，他借此书尽力讽谏，规劝太子的过失。皇帝知道他多次批评太子的过失，于是赐给他一斤黄金，以及上百匹绢布。很久以后，他又被任命为国子祭酒，充任太子的侍讲。皇帝亲自到太学，参加学生祭祀先圣的典礼，又命令孔颖达讲说经学，讲完以后，他进献了《释奠颂》，皇帝下诏褒扬他。后来太子稍有些不法之行，孔颖达就直言切谏，有人劝阻他说："太子已经长大了，不应该当面严厉地批评他。"孔颖达回答说："我蒙受国家厚恩，即使为此而死，也无所悔恨。"此后，他依然恳切地规劝。后来辞职，死后陪葬昭陵，被追赠为太常卿，谥号为"宪"。

当初，孔颖达与颜师古、司马才章、王恭、王琰等人同时接受诏令，撰写《五经》义理上百篇，称为《义赞》，皇帝下诏改为《正义》。此书虽然包罗万象，极为广博，但其中难免有些谬误，博士马嘉运驳斥其中的谬误，甚至加以嘲讽讥毁。皇帝下诏命

令重新裁定此书，但始终没有完成。永徽二年，皇帝下诏让中书门下与国子三馆博士、弘文馆学士考核订正此书，于是，尚书左仆射于志宁、右仆射张行成、侍中高季辅对此书加以增删，并予以颁布流行。

【大书法家欧阳询】

欧阳询，字信本，潭州临湘人氏。他的父亲欧阳纥，是陈朝的广州刺史，因为谋反被诛。欧阳询本应受牵连获罪，后来躲藏起来才得以逃脱。江总因为他是故人的儿子，就暗中收留了他。他容貌平平，却聪慧过人。江总教他读书识字，他每次阅读都一目十行，于是学问广博，通晓经史。隋朝时，他官至太常博士。高祖微贱时，常常与他交游，即位后，将他擢升为给事中。

欧阳询起初模仿王羲之的书法，后来比王羲之的字更加峻拔有力，因此自称欧阳体。他流传下来的墨迹，人们都当做蓝本，争相效法。高丽曾经派遣使者，前来索求他的墨迹，皇帝赞叹说："他们看到他的书法，必定会认为他的形貌魁梧吧？"一次，他走路的时候，偶尔遇见索靖书写的碑文，于是就仔细观摩察看，走了几步后又重新返回来，后来累了，就坐在地上看，甚至晚上都睡在碑旁，三天以后才离去。可见他对书法的酷爱之深。贞观初年，他历任太子率更令、弘文馆学士等职，并被封为渤海男。他去世时享年八十五岁。

李白 王维列传

白、王维是唐朝有名的大诗人。李白早年行侠仗义，后来来到京师，受贺知章的器重，被举荐给玄宗。玄宗任命他为翰林院供奉。他曾经醉后写诗，触犯了高力士，高力士向杨贵妃进谗言，使玄宗疏远了李白。后来李白因永王李璘的谋反受到牵连，幸亏郭子仪极力营救，才幸免于难。王维精通诗画，虔信佛教，声名远扬。王维的诗文流传下来的很多，其中有边塞诗、山水诗，有律诗、绝句，篇篇脍炙人口。

▶【诗仙李白】

李白，字太白，是兴圣皇帝第九世孙。李白出生时，他的母亲梦见太白星，他因此得名。李白十岁就通晓诗书，长大以后，隐居在岷山。李白喜好纵横术数，他学习击剑，一心想做仁义侠士，乐善好施。后来，李白又客居任城，与孔巢父、韩准、裴政、张叔明、陶沔住在徂徕山，每天酣饮沉醉，当时号称"竹溪六逸"。

天宝初年，李白来到长安。他前往拜见贺知章，贺知章看见他写的文章，大为惊叹："你，简直是谪居凡间的仙人啊！"并在玄宗面前提到他。玄宗于是在金銮殿召见李白，谈论世事，李白呈上赋颂一篇。玄宗赐食给他，亲自为他调羹，并下诏任命他为翰林院供奉。但是，此后李白仍然常常和好酒之人大醉于市。一次，皇上坐在沈香亭，突然之间心有所感，于是想让李白进宫，题写乐章。当时，

李白已经醉倒，左右的人将凉水泼洒在他的脸上，他才稍微清醒。他挥笔成文，辞藻华丽婉转，而意旨精确。玄宗欣赏他的才华，多次设宴款待他。又一次，他喝醉了，让高力士给他脱靴。高力士向来养尊处优，这让他觉得受到了侮辱，因此屡屡向杨贵妃进谗言。因此，皇上想让李白做官，杨贵妃却总是制止。李白知道皇帝身边亲近的人不能容忍他，更加放荡不羁，并恳请皇上允许他退隐山林。皇帝答应了他，并赐他金帛。从此，李白云游四方。他曾经与崔宗之一起，乘船从采石至金陵，身上穿着皇上所赐的锦袍，坐在船上，旁若无人。

后来，安禄山造反，永王李璘请他做幕府僚佐。李璘起兵的时候，李白逃回了彭泽，后来李璘兵败，李白本应被诛杀。但郭子仪为报答李白昔日的救命之恩，居然奏请皇上解除自己的官阶，来给李白赎罪，于是皇

上诏令，将李白长期流放到夜郎。此后辗转多年，等代宗即位以后，召李白入朝担任左拾遗，但这时李白已经去世了，享年六十多岁。

【诗画合一的王维】

王维，字摩诘。他九岁时，就懂得文章之道，与弟弟王缙齐名，孝顺友爱。开元初年，王维考中进士，张九龄担任宰相时，任他为右拾遗，后来又担任给事中。

安禄山造反时，王维被叛军擒获，他服药使自己得了痢疾，并假装哑了。安禄山一向知道他的才华，将他安置在洛阳，强迫他担任给事中。安禄山在凝碧池举行大宴，召集梨园乐师一起演奏，乐师们都哀泣不止，王维听了十分悲伤，写诗表示哀痛。叛军平定后，王维也被逮捕入狱。有人将那首诗呈给了肃宗。当时，王缙已经身居高位，他请求肃宗削除自己的官职为王维赎罪，加上肃宗本来也怜爱王维，因此只将他贬为太子中允。很久之后，又升迁为尚书右丞。

当时，王缙担任蜀州刺史，不在京城，王维上奏，请求退还所有官职，返回乡里，以让王缙能够回到京师。过了很久，王缙被召回朝，担任左散骑常侍。王维在上元初年去世，终年六十一岁。他病重的时候，王缙在凤翔，他写信作别，然后又给亲友故人写了几封信，停下笔就去世了。他被追封为秘书监。

王维擅长草书隶书，也很会画画，

🌀 太白醉酒图·清·苏六朋

开元、天宝年间，他声名远扬，豪门贵族视他为贵客，宁王、薛王等亲王也待他如同师友。他的画出神入化，山平水远，云势石色，浑然天成，不可学仿。

王维兄弟都虔诚信佛，不吃荤，不着华服。在妻子去世之后，他没有再娶，独居三十年。母亲去世之后，他上表奏请将住宅改为佛寺，他去世后就葬在佛寺西边。

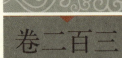

孟浩然　李商隐列传

孟浩然、李商隐二人也是唐朝著名的诗人。孟浩然，世称"孟襄阳"，与王维合称"王孟"，都是著名的山水田园诗人。他曾隐居在鹿门山，后来因为诗句触犯了玄宗，玄宗不授予他官职，他也毫无怨言。李商隐是晚唐的著名诗人，他的诗文辞藻华丽，立意新颖，他的爱情诗尤其出名，行文婉约动人，后世流传甚广。然而，李商隐却一生不得志，在牛李党争的夹缝中生存，一生惨淡。

【隐逸孟浩然】

孟浩然，本名不详，字浩然，襄州襄阳（今湖北襄阳）人。年轻时崇尚节义，常救人于危难之时，他隐居在鹿门山。四十岁的时候，到了京师。他曾经在太学赋诗，在座的人无不叹服，没人敢与之抗衡。张九龄、王维也对他称赞有加。一次，王维私下邀请他到内署，不一会儿玄宗来了，孟浩然躲在床下，王维如实告诉了玄宗，玄宗高兴地说："我听说过他，但从未谋面，他为什么要躲起来呢？"于是将孟浩然叫出来。玄宗问起他的诗，孟浩然于是朗诵起自己写的诗，读到"不才明主弃"这一句时，玄宗说："你不谋求仕途，而我也不曾弃用你，

你为什么要诬陷我呢？"于是让他回乡。采访使韩朝宗曾经约孟浩然一同进京，想把他推荐给朝廷。恰好来了一个老朋友，孟浩然于是和他把酒言

孟浩然像

欢，有人提醒他说："你与韩公有约。"孟浩然斥责道："我们正喝酒呢，哪里顾得了其他！"不去赴约。韩朝宗大怒，独自上路了，孟浩然也不后悔。张九龄镇守荆州的时候，他曾在幕府做官。开元末年，孟浩然背上生疮，因此去世。

后来，孟浩然的坟墓塌陷，符载给节度使樊泽写信说："孟浩然文华质朴秀美，他去世已经数年，家道中落，坟墓颓没，但是人们都怀念他，连过路之人也忍不住慨叹。"并请他维修墓地。樊泽于是在凤林山南重新为其刻碑，并加封他的坟墓以示表彰。

▶【悲情李商隐】

李商隐字义山，是怀州河内人。有人说他是英国公李世勣的裔孙。令狐楚执掌河阳帅位的时候，对李商隐的文章赞不绝口，因此让李商隐和他的儿子们来往。后来令狐楚到天平、宣武等地任职，都上表奏请任命他为巡官，每年都给他提供旅费和衣装，让他跟随自己到京城述职。开成二年，高锴主管贡试，令狐绹和高锴一向关系友好，向他力荐李商隐，因此李商隐得以考中进士。李商隐被任命为弘农尉，但因为救了一个死囚的命，而触犯了观察使孙简，将被罢官，恰巧此时姚合取代了孙简的职位，于是他得以复职。李商隐又应试拔萃科，结果高中了。

王茂元镇守河阳，爱慕他的才华，奏请让他担任掌书记，并将女儿嫁给他为妻。李德裕和王茂元关系友善，牛僧孺、李宗闵等人就攻击贬低李商隐，说他诡薄没有品行，共同排挤他。王茂元死后，李商隐来到京师，但很久没有得到任用，只好投靠桂管观察使郑亚，在他府上做判官。后来郑亚被贬谪到循州，李商隐也跟着他，三年之后才回到京师。郑亚也与李德裕交好，令狐绹认为李商隐忘了自己以前对他的恩情，见利忘义，拒绝与他来往。京兆尹卢弘止奏请他为府参军，主管笺奏。后来，令狐绹担任宰相，李商隐没有出路，只好向他解释原委，想要再次投靠他，但令狐绹前恨未消，不原谅他。卢弘止镇守徐州，奏请皇上让李商隐担任掌书记。很久之后李商隐回到京城，再次拜谒令狐绹，终于被补授为太学博士。柳仲郢担任剑南东川节度使的时候，以李商隐为判官，兼任检校工部员外郎。柳仲郢卸任后，李商隐客居荥阳，并在那里去世。

李商隐的行文起初瑰迈奇古，后来他在令狐楚府中，因为令狐楚擅长写章奏，将技法传授给他，因此后来他的行文长短对仗，而繁缛太过。当时，温庭筠、段成式都对此赞叹有加，号称"三十六体"。

武士彠 杨国忠列传

武士彠和杨国忠都是唐朝一度权倾朝野的外戚。武士彠是武后的父亲，高祖未称帝时，他与高祖友善，任用为行军司铠参军，并阻止了王威等人想要逮捕刘弘基的阴谋。高祖称帝后，他被封为应国公。后来，他的女儿武则天被高宗立为皇后。杨国忠是杨贵妃的堂兄，他起初行为不检，喜欢饮酒赌博，并入蜀参军，郁郁不得志。后来由于鲜于仲通的举荐，被派往长安进献贡物。他趁机重贿杨氏姐妹，因而逐步得到玄宗的重用。后来他被任命为宰相，大权独揽，排斥异己。安禄山和他结怨，以诛杀杨国忠的名义发动了叛乱。在玄宗逃奔蜀地的路上，禁卫兵发生哗变，将杨国忠杀死了。

【女主之父武士彠】

武士彠，字信，世代经营商业，喜欢结交朋友。唐高祖曾经率兵驻扎在汾州等地，住在他家里，因而受到高祖的宠信。后来高祖留守太原，任用他为行军司铠参军。招募的士兵集中后，高祖交给刘弘基、长孙顺德统领。王威、高君雅私下里对武士彠说："刘弘基等人都曾经违背诏令，犯下了死罪．怎么能将兵权交给他们呢？我要弹劾他，将他们逮捕起来。"武士彠说："他们都是唐公的门客，你如果这样做，就必然导致嫌怨。"因此王威等人就隐忍着，不敢告发。适逢司兵参军田德平想劝说王威弹劾募兵的事情，武士彠就威胁他说："讨捕兵都属唐公管辖，王威、高君雅没有兵权，只不过虚有其位而已，能有什么作

为呢？"于是田德平就此打消了念头。高祖起兵时，武士彠没有参与谋划，只是以大将军府铠曹参军的身份随军平定京师，后来被授予光禄大夫、义原郡公。他自称曾经梦见高祖骑马升上天空，高祖笑着对他说："你原是王威的朋党，因此你能阻止他们搜捕刘弘基，心意可嘉。而且曾经礼待我，所以封你官来酬谢你，现在为什么还要献媚逢迎呢？"后来他官至工部尚书，封为应国公，曾历任利州和荆州都督。死后追赠礼部尚书，谥号为"定"。高宗永徽年间，以武士彠的女儿为皇后，所以又追赠武士彠为并州都督、司徒、周国公。咸亨年间，再次加赠为太尉兼太子太师、太原郡王，附祭于高祖的祭庙。武后临朝．被尊为忠孝太皇。后来，武后自立为帝，武士彠被追封册立

氏缺乏礼数，杨氏怀恨在心。武后被册立后，将杨氏封为代国夫人，姐姐封为韩国夫人。当时武元庆担任宗正少卿，武元爽担任少府少监，长兄的儿子武惟良担任卫尉少卿。杨氏唆使武后上疏，将武元庆等人出放外官，以表明皇后的谦让。后

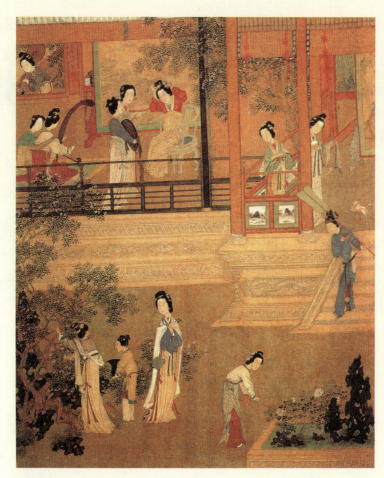

🌸 **贵妃晓妆图·明·仇英**

仇英擅长人物画，尤其仕女图，他的这幅《贵妃晓妆图》将唐朝仕女早晨起床后听乐、梳妆、摘花、簪头等情景表现得淋漓尽致，体现了杨贵妃等后妃的奢华生活。

为皇帝。先天年间，玄宗下诏削去他皇帝的尊号，封为太原王。

最初，武士彟娶相里氏为妻，生下儿子武元庆和武元爽。后来又娶了杨氏，生下三个女儿。大女儿嫁给贺兰氏，很早就守寡了。次女即为后来的武后。最小的女儿嫁给郭氏，比较贫贱。武士彟死后，几个儿子侍奉杨

来武元庆死了，武元爽被流放到振州。乾封年间，武惟良和弟弟淄州刺史武怀运在泰山下聚集，当时武后姐姐的女儿贺兰氏在宫中，受到皇帝的宠爱。武后想杀死他们，于是唆使皇帝来到她母亲家，武惟良等人奉献食物，武后暗中下了毒药，贺兰氏吃后，就被毒死了。武后归罪于武惟良等人，杀死了他们，武元爽也受牵连而死。

【浪荡子杨国忠】

　　杨国忠，是杨贵妃的远房堂兄。他喜欢赌博饮酒，多次向人借贷，行

为不检点，为姻亲族人所不齿。三十岁时，他入蜀从军，因为表现优秀，应该受到升迁，节度使张宥鄙薄他的为人，就鞭打羞辱他，但最终他表现突出，被任命为新都尉。后来被免职，更加困窘，蜀地的豪族鲜于仲通经常资助接济他。叔父杨玄琰死在蜀州，杨国忠照顾他的家人，因而和堂妹私通，这位堂妹就是虢国夫人。他又肆意挥霍叔父的财产，到成都赌博，一天工夫就全部输光了，然后就逃跑了。很久以后，他被任命为扶风尉，郁郁不得志。后来再次入蜀，剑南节度使章仇兼琼与宰相李林甫不和，听说杨贵妃最新得宠，想要结交贵妃作为内援，于是他派遣鲜于仲通到长安，鲜于仲通拒绝了，却向章仇兼琼引荐了杨国忠。杨国忠身材魁梧，能言会道，章仇兼琼很高兴，将他任命为推官，派遣他到长安呈献贡物。临出发时，章仇兼琼告诉他说："郫县有一天的粮食，你到了那里，可以拿走。"杨国忠到郫县后，得到上百万蜀地的财宝，大喜过望。他来到京师，见到杨氏诸妹，一一馈赠了厚礼。这时虢国夫人刚刚死了丈夫，杨国忠厚厚贿赂她，又和她私通。于是杨氏诸妹天天赞誉章仇兼琼，又说杨国忠善于玩摴蒲的游戏，玄宗于是召见杨国忠，擢升他为金吾兵曹参军、闲厩判官。杨国忠逐渐得以入宫侍奉皇帝，常常很晚才出宫，管理账簿没有丝毫的差错，皇帝高兴地说："这是管理财政的人才啊。"

【排斥李林甫】

李林甫制造了韦坚等人的冤狱，想要危害太子，主管此案的官员都心存畏惧，不称李林甫的心意。因为杨国忠为人凶悍而能干，李林甫就指使他审讯此案。杨国忠于是大行冤狱，揣摩着凡是李林甫想要除掉的人，都全部加以诬陷诛杀，因此很合李林甫的心意。而此时虢国夫人也权势熏天，常常接近皇帝，皇帝的好恶，杨国忠全部探听得一清二楚。因此皇上认为他很能干，擢升他为度支员外郎。升官后不到一年，他就兼任了十五个官职。李林甫见状，开始对他心存嫉恨。

起初，杨慎矜举荐王鉷为御史中丞，后来两人不和，王鉷就勾结杨国忠，一起弹劾杨慎矜，将他害死。从此杨国忠权倾朝野。后来，杨国忠又采纳吉温的计策，贬斥了李林甫的亲信萧炅、宋浑等人，削弱了李林甫的

权势。从此李林甫与杨国忠结下了仇怨。而王銶深得皇帝的宠信，地位权势超过了杨国忠，杨国忠心怀嫉妒，利用邢绛的案件诬陷王銶，将他诛杀掉。接着他又穷劾穷查邢绛的党羽，牵连到李林甫。皇帝由此开始嫌恶李林甫，并日益疏远他。

皇帝想讨伐南诏，杨国忠为报答鲜于仲通的恩德，就向皇上举荐他，让他率兵征讨。后来鲜于仲通打了败仗，全军覆没，杨国忠不仅为他隐瞒了败绩，反而虚夸鲜于仲通的战功，使他以白衣领职。于是杨国忠自请担任剑南节度使，得到皇帝的应允。他耻于征讨云南无功，知道必然受到李林甫的指责，于是指使部下请求自己赴任，表示自己忧虑边防，迎合皇帝的心意，实际上是为了禁绝众人的批评。李林甫果然上奏派遣他赴任。临行之时，他哭诉自己被李林甫中伤，贵妃也

🔴 **虢国夫人游春图·唐·张萱**

正所谓"一人得道，鸡犬升天"，杨玉环的受宠，也让她的三个姐姐都被封为国夫人。此画描绘的就是杨玉环的三姊虢国夫人及其眷从盛装出游的情形。

为他说话，所以皇上更亲近他，预算好让他还朝的日期。但他上路后心中惴惴不安，皇帝又派驿使将他追回。这时李林甫已经病重，他到床榻前探视，李林甫说："我就要死了，你要做宰相，以后的事情就拜托你了。"杨国忠疑心有诈，汗流满面，不敢应承下来。李林甫死后，他果然被任命为右丞相，并兼任文部尚书、节度使等多种要职。他掌权后，就穷查李林甫的罪行，让他家败人亡。

【独揽朝政】

杨国忠又负责官吏的铨选，为了夸耀自己神速明断，他违背惯例，

短期内就录用了大批官吏，让天下人大为震骇。他又和虢国夫人居住在一个府邸，平时纵情嬉戏调笑，毫无礼法廉耻。以前，选拔官员的时候，有司审核过以后，都要送给门下省，由侍中和给事中等人复核，不合格的就予以罢黜。杨国忠则召集左丞相陈希烈坐在一角，给事中坐在旁边，他圈定好以后，就谎称说："已经由门下省复核了。"陈希烈不敢持异议。侍郎韦见素等人曾经从堂下走过，抱着文牍材料，杨国忠看着杨氏诸妹说："这两个穿紫袍的主事怎么样？"说完满堂哄笑。

杨国忠为人粗疏，处理政务刚愎自用，百官不敢提出异议。他又善于谄媚逢迎，事事都迎合皇帝的喜好，不管天下的兴亡安危。皇帝想要在边境用兵，他就亲自征调军粮，任用通晓文簿的恶吏。所有的公务文牍，他裁决后，左丞相不敢诘问，只是小心地署上名字。有一年，大雨将庄稼毁坏了，皇帝很担忧，杨国忠挑选长得丰稔的禾苗，进献给皇帝，说："雨水没有毁坏庄稼。"扶风太守房琯上报本郡的灾情，杨国忠大怒，派御史审查他。此后再没有人敢上报灾情。官员上奏前都先刺探清杨国忠的心意后，才敢开口启奏。他的儿子杨暄参加进士考试，没有被录取，礼部侍郎达奚珣派儿子达奚抚去拜见杨国忠，杨国忠刚见到达奚抚时，非常高兴。接着他听说杨暄落第了，就大骂说："我的儿子不能得到富贵吗？这帮鼠辈居然吝惜一个名额！"达奚珣得知后大惊，立刻让杨暄中第了。

三彩仕女坐俑·唐

【兵败被杀】

安禄山受到皇帝的宠信，在边境手握重兵，不守法度。杨国忠知道他不肯屈居己下，于是揭发安禄山谋反，皇帝怀疑他们是互相嫉妒，因此不肯相信。安禄山早就有反心，但皇帝很厚待他，所以隐忍着，想等皇帝逝世后再举兵谋反。如今见皇帝宠信杨国忠，恐怕于己不利，就加快谋反的计划。不久，安禄山被任命为尚书右仆射，皇帝担心杨国忠不高兴，就册封他为司空。安禄山回到幽州后，发觉杨国忠在图谋自己，于是决意叛乱。杨国忠派人刺探安禄山的反状，又唆使京兆尹李岘包围了安禄山的宅第，捕杀或贬斥了他的一批亲信。安禄山上疏为自己辩白，列举了杨国忠的二十条大罪，皇帝却归咎于李岘，将他贬为零陵太守，以此来抚慰安禄山。杨国忠缺乏谋略，为人自负而暴躁，认为安禄山不足为虑，因此就故意激怒他，迫使他造反，从而取信于皇帝，皇帝也没有觉察到杨国忠的动机。于是杨国忠建议任命安禄山为宰相，让他入朝辅政，从而剥夺他的节度使兵权。诏书拟好后，皇帝派遣使者辅璆琳去侦察安禄山。而璆琳受到安禄山的贿赂，坚持说他不会造反。于是皇帝对杨国忠说："安禄山没有二心，将诏书烧掉吧。"后来安禄山以诛杀杨国忠为名，起兵反叛。皇帝想要亲自出征，将帝位禅让给太子。杨国忠对杨氏诸妹说："如果太子监国，我们就要被诛杀了。"于是大家一起哭泣，又进宫告诉了杨贵妃，杨贵妃以死要挟皇帝，亲征的事情就此作罢。

哥舒翰镇守潼关，凭着险要地形按兵不动，杨国忠听说他要反对自己，心生怀疑，于是督促他出战。

哥舒翰不得已，只好出关迎战，结果大败投降。消息传到京师后，杨国忠面见百官，情不自禁地哽咽起来。起初，杨国忠听说安禄山起兵后，就以剑南节度使的身份，在梁州、益州等地安置心腹，作为自保之策。现在，哥舒翰既已兵败，杨国忠就上奏请求皇帝到蜀地。皇帝答应了。当时群臣都不知情，杨国忠与韦见素、高力士和皇太子等数百人护卫着皇帝。右龙武大将军陈玄礼图谋杀死杨国忠，没有成功。走到马嵬（今陕西兴平西）时，将士们又累又饿，陈玄礼害怕发生变乱，就召集将领们说："现在天子遭难，国家不保，都是杨国忠的罪过。我想要诛杀他向天下人谢罪，你们觉得怎么样呢？"众人都说："我们都久有此意，事成之后哪怕自己被杀死，我们也心甘情愿。"适逢吐蕃使者前来拜见杨国忠，众人大喊道："杨国忠和吐蕃谋反！"骑兵围上去，杨国忠冲出来，有人射中他的鼻梁，追上去将他杀死。众人争着吃他的肉，又将他枭首示众。皇帝惊问道："杨国忠也谋反吗？"当时吐蕃使者也被杀死了。御史大夫魏方进责备大家说："为什么杀宰相呢？"众人大怒，将他一并杀掉了。

仇士良列传

仇士良是唐文宗时的宦官，权倾一时，飞扬跋扈。甘露之变后，仇士良铲除了李训及其党羽，从此得以擅权，文宗虽然闷闷不乐，但也无可奈何。文宗病重时，他矫诏拥立武宗即位。武宗即位后，内心疑忌他，后来他辞职了。他又教唆宦官让皇帝不理国政，以便掌握实权。

【奸宦仇士良】

仇士良，字匡美，循州兴宁人氏。顺宗时，他开始服侍太子。宪宗即位后，他被擢升为内给事。有一次，他在敷水驿站留宿，与御史元稹争抢驿站的正寝，并打伤了元稹。御史中丞王播等人上奏说，按照旧例，两人中先到驿站的，应该住正寝。皇帝认为元稹不对，贬了他的官。元和、大和年间，仇士良多次奉诏出使，所到之处聚敛勒索，贪婪无度。

【大权独揽】

文宗与李训合计，想杀死王守澄，仇士良因为素来与王守澄不和，皇帝就擢升了他的官职，使他们互相残杀。不久后，李训密谋驱逐所有的宦官，仇士良发觉后，与鱼弘志、宋守义等人，挟持皇帝回到宫中。王涯、舒元舆等人已经被捕，仇士良肆意加以恫吓凌辱，逼他们承认谋反，将罪状向朝廷公布。大家不知道真相，都认为谋反属实，仇士良于是纵兵大肆逮捕，不问青红皂白，杀死了一半公卿。事情平息之后，他被加授为特进、右骁卫大将军，鱼弘志被封为右卫上将军兼中尉，宋守义被封为右领军卫上将军。

【斥逐异己】

当时，李石辅佐朝政，为人很有气节，仇士良和他议论朝政时，数次都理屈词穷，因而非常忌恨他。于是派刺客去亲仁里刺杀他，李石侥幸得以逃脱。李石因此感到恐惧，于是就辞职了，仇士良更加肆无忌惮。

泽潞人刘从谏原本与李训约定，诛杀郑注。李训死后，他愤恨仇士良专权得志，于是上疏为王涯等人鸣冤，并派遣部将陈季卿将李训写给他的书信进呈皇帝。李季卿到了京师后，适逢李石遇刺，京师纷扰不安，于是心存疑虑，不敢进献。刘从谏大怒，就杀死了李季卿，将文书驿送到朝廷。又上疏说："我和李训诛杀郑注，是因为郑注是宦官提拔的。现在四方都传言，宰相想要除掉宦官，宦官为了自保，于是称他们谋反，并妄加杀戮。如果大臣真有谋反之意，应该交给有司审讯，怎么能任意逮捕，将他们斩杀在朝堂呢？宦官们党羽密布，我想要亲自朝见陛下，又恐怕被他们杀害，因此只好修备兵力，做陛下的心腹。万一奸臣难以制服，我誓死要将他们清除。"书折上奏后，人人得以传看。仇士良心中惶恐，于是擢升刘从谏为检校司徒，想要堵住他的口。刘从谏坚决地推辞，又屡次上疏，揭露仇士良等人的罪状。皇帝虽然不能除掉仇士良，但也依靠刘从谏的话，得以制约仇士良。然而皇帝心中郁郁不乐，打猎宴会等游乐也都取消了。

开成四年（839），皇帝患上风痹病，病情稍有好转后，就在延英殿召见宰相，退朝后，问身边的人说："现在值朝的学士是谁？"回答说："周墀。"皇帝将他招来，问："你认为我是怎样的君主？"周墀叩头说："我不知道，但天下人都说陛下是尧、舜一样的明君。"皇帝说："我这样问，是想知道我和周赧王、汉献帝比，谁更糟糕一些？"周墀惊恐地说："陛下有贤明的德行，为什么要和那两个君主相比呢？"皇帝曰："周赧王、汉献帝都受制于大臣，我如今受制于家奴，比他们差远了。"说着流下眼泪，周墀也伏地叩头，连连流泪。于是皇帝不再上朝，一直到去世。

起初，枢密使刘弘逸、薛季棱、宰相李珏、杨嗣复等人谋划，让太子

🔴 鎏金凤鸟翼鹿纹银盒·唐

监掌国政，仇士良与鱼弘志商议，另立他王，李珏不同意，于是仇士良假传圣旨，立颍王为皇太弟，而太子仍旧为陈王。武宗即位后，仇士良被擢升为骠骑大将军，并加封楚国公。不久，李珏、杨嗣复就被罢职，而刘弘逸、薛季棱则被诛杀了。

【失势而亡】

武宗英明果断，仇士良虽然有援立之功，皇帝内心却疏远他，只在表面给予他尊崇。李德裕受到皇帝的器重，仇士良更加恐惧。会昌二年(842)，给皇帝上尊号，仇士良传播流言说宰相写了赦书，还要扣减禁军的粮饷，以此激起禁军的不满。他又唆使左右神策军说："如果这是真的，可以到朝堂前抗争。"李德裕告诉了皇帝，皇帝派遣使者告谕神策军说："赦书是我的主意，与宰相有什么关系呢？你们怎么敢这样？"士兵于是不再闹事。仇士良更加惶恐不安。第二年，皇帝进封仇士良为观军容使，兼任统领左右军，仇士良推脱有病，坚决请求告老，不久就死了。

新唐书·列传

李辅国列传

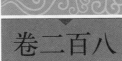

李辅国是唐肃宗时的宦官，他曾经帮唐肃宗出谋划策，平定叛乱，因此深得肃宗的倚重和信任，得以大权独揽。他又挑拨肃宗和玄宗的父子关系，将玄宗移居到甘露殿。肃宗病重时，他杀死张皇后，迎立太子。代宗即位后，虽然表明尊崇他，却剥夺了他的实权，后来又暗中派刺客将他杀死。

【独揽朝政】

李辅国，本名李静忠，以阉人的身份在御厩服杂役，后来侍奉高力士，又能将马养得很肥，于是被举荐给太子，并服侍太子。

陈玄礼等人诛杀杨国忠时，李辅国曾参与谋划，又为太子出谋划策，力图中兴唐朝。太子到灵武后，李辅国劝他即位，是为肃宗。肃宗很倚重他，四方的奏折、军符、玺宝全部交付给他。李辅国城府极深，事事小心谨慎，内心阴险却从不流露出来，因此得到皇上的信任。他又不吃荤，假装佛门弟子的慈悲，人们都认为他温和善良，因此不加戒备。皇帝回到京师后，又封他殿中监等职，使他独揽大权。宰相群臣想要觐见天子，都要请托李辅国，才能如愿。他派出几十人专门刺探官吏的行动，官吏哪怕很小的过失，也无不受到讯问。无论是州县的狱案、三司的弹劾，还是官员的任免，都是他假称皇帝的旨意，私下任意处置，并不让皇帝得知。诏书

下发时，李辅国署名后才能施行，群臣不敢提出任何异议。李岘做宰相时，曾经向皇上叩头说："这样将会乱国。"于是皇帝下令说，诏令不是从中书省出来的，都让李岘复审，李辅国心中不悦。

【离间肃宗父子】

当太上皇住在兴庆宫后，皇帝时常派人来问候起居，父子关系极其亲密。皇帝命令陈玄礼、高力士等人侍奉太上皇。李辅国出身微贱，如今虽然暴贵，高力士等人还是看不起他，对他不礼貌，李辅国于是心怀怨恨。起初，太上皇在长庆楼置酒宴会，靠近大路，上元年间，剑南的奏事官员经过楼下，都会前来觐谒，太上皇向他们赐酒，又厚加赏赐。李辅国趁机向皇帝进谗言，说太上皇交结外人，陈玄礼、高力士等人将要谋反，军心动摇，请将太上皇迁居到禁中。皇上并没有觉察他的用心。李辅国又假传圣旨，削减太上皇的马匹供给。太上

皇对高力士说："我儿听从李辅国的计谋，不能尽孝道了。"适逢皇帝生病，李辅国谎称皇帝请太上皇到宫中巡行，走到睿武门时，被五百名弓弩手挡住了道路，太上皇惊骇得几乎掉下马来，高力士见状，厉声高喝："太上皇做了五十年太平天子，李辅国你想干什么？"并呵斥他下马，李辅国失手将马缰绳掉下来，又强作镇静，骂高力士说："你这老头真不懂事！"然后斩了一个随从。高力士大呼："太上皇向将士们问好。"将士们收刀入鞘，跪下叩头，并山呼万岁。高力士又说："李辅国给太上皇牵马！"李辅国穿靴子步行，和高力士牵着马，送太上皇住进甘露殿，跟前侍卫才几十人，都是老弱之人。太上皇牵着高力士的手说："没有将军的话，我已成刀下之鬼了。"左右的人都流下眼泪。不久，太上皇所亲近的近臣都被流放，于是太上皇闷闷不乐，直到崩逝。

李辅国虽然权势熏天，却仍不满足，想做宰相，被皇帝委婉地否决了，于是李辅国就暗示宰相裴冕等人联名推荐自己。肃宗悄悄地让萧华阻止了裴冕。

张皇后愤恨李辅国专权，皇帝病重时，太子监掌国政，皇后召见太子，想要诛杀李辅国和程元振，太子没有听从，皇后又召见越王、兖王等人。

三彩女立俑·唐

后来此事泄露，李辅国就在凌霄门伏兵迎接太子，并连夜逮捕了二王，又杀掉了张皇后。

【失势被杀】

代宗即位后，李辅国因为拥立之功，更加跋扈，甚至对皇帝说："陛下只管坐在宫中，外面的事情听任我来处决。"皇帝颇为吃惊，想除掉他，而忌惮他手握兵权，于是尊称他为尚父，无论大小事情都向他报告，李辅国于是很安心。不久，皇帝就派人巧妙地剥夺了他的兵权。朝廷内外听说他已失势，都互相庆贺。李辅国感到忧惧，不知所措，就上奏请求辞职。皇上进封他为博陆郡王，仍为司空、尚父。李辅国想进中书省作谢表，门卫不让他进去，说："尚父已经罢掉宰相，不能再进去了。"李辅国气得说不出话来，很久才说："我是死罪，侍奉不了郎君，请求到地下侍奉先帝吧！"

起初，李辅国迁居太上皇时，天下都很不平，代宗当时做太子，也很愤愤不平。现在，代宗不想公开杀他，于是派遣刺客将他暗杀，时年五十九岁。他的头被扔进粪坑中，右臂被砍下，祭告泰陵。但代宗仍瞒着此事，刻木代头下葬，追赠他为太傅，谥号为丑。

索元礼 侯思止列传

索元礼和侯思止都是武后朝的酷吏。当时，武后指派周兴、来俊臣等人大兴冤狱，被诬陷为谋反罪并受到株连的大臣不计其数。索元礼为了迎合武后的心思，发明了极其残忍的刑法和刑具，用来折磨囚犯。后来，武后为平息众怒，将他逮捕入狱，并死在狱中。侯思止出身贫贱，本是高元礼的家奴，因为诬告舒王李元名和裴贞谋反，被任命为官职。高元礼又教他如何奏对武后，他受到武后的赏识。他因为强娶赵郡李自抱的女儿，被收付有司审讯而死。

【恶魔索元礼】

索元礼是胡人，天性残忍。起初，徐敬业起兵讨伐武后，武后很担忧，发现大臣中有很多切齿不满者，于是想借大狱案除掉这些异己。索元礼揣摩到她的心思，就上疏告发，说有紧急事变，武后召见他，擢升他为游击将军，并主审狱案。于是他在洛州牧院审理钦犯，制造铁笼，箍住囚犯的脑袋，然后用楔子夹紧，直到犯人脑浆迸裂而死。又用横木夹紧犯人的手脚，旋转横木，号称为"晒翅"。或者将犯人绑在梁上，在头发上系上石头。每审讯一个犯人，他都要穷究到底，以至于牵连到几百人，仍然不肯罢休，士大夫们为之恐惧丧胆。后来他数次被引荐给武后，并加以赏赐，以助长他的威风，因此他更加暴虐，杀人更多。此时来俊臣、周兴也接踵而行，大兴冤狱，被天下人称为"来索"。薛怀义刚开始显贵，被索元礼收养为义子，因此受到武后的宠信。后来因为索元礼过于暴虐残忍，又接受贿赂，武后为平息众怒，收买人心，将其逮捕，交给法官审判。索元礼不服，法官招呼身边的人说："将他制造的铁笼拿来。"索元礼非常恐惧，于是就认罪了，死在狱中。

【豺狼侯思止】

侯思止，雍州醴泉人氏。他出身贫穷，又非常懒惰，不务正业，后来做渤海高元礼的家奴，非常诡诈奸猾。恒州刺史裴贞曾经鞭打属吏，属吏心怀怨恨，就唆使侯思止诬告舒王李元名和裴贞谋反，此案交给付周兴审讯，裴贞和李元名都被灭族，侯思止被任命为游击将军。高元礼心中害怕，请来侯思止和自己同坐，悄悄教他说："皇上破格任用你，如果皇上说你不识字，你就回答说：'獬豸不识字却能辨别正邪，陛下任用人才，为什么一定要识字呢？'"不久后，武后果然问他不识字的事情，侯思止就依言回答，武后很高兴。天授年间，他被擢升为左台侍御史，高元礼又教导他说："皇帝因为你没有宅第，一定会将籍没的谋反者的宅第赐给你，你应该推辞说：'我痛恨谋反者，不愿住他们的宅第。'"不久以后，武后果然要赐他宅第，他按照高元礼教给他的话回答，武后更加高兴，并大加赏赐。

侯思止本是家奴，言语非常粗俗，他曾经审问魏元忠，责备他说："赶快供认白司马，不然你要遭受孟青。"当时，洛阳有个地方叫白司马坂，有个将军名叫孟青棒，曾经杀死了琅琊王李冲。侯思止不知道，以为"白司马"就是"叛"的法律用语，"孟青"就是"棒"刑的意思。魏元忠不肯承认，侯思止就将他拽倒。魏元忠从容地站起来，说："我如同骑驴掉了下来，脚挂在镫子上，被拖着走。"侯思止大怒，再次拽他说："你抗拒皇上的使者吗？"想要置他于死地。魏元忠大骂说："侯思止，你想得到我的人头，可以用锯子割下来，但不要指望我供认谋反。你位居御史，应当知道礼义，却说'白司马'、'孟青'，这是什么俚语呢？如果不是我，谁会教你呢？"侯思止惊惧得流出汗来，起身道歉说；"有幸承蒙您的指教。"于是请他上床坐。魏元忠徐徐就座，毫

不变色，于是侯思止放宽了对他的审讯。侯思止说话粗俗而多有谬误，人们常常引为笑谈，侍御史霍献可多次嘲弄他，侯思止发怒，就奏报了武后，武后责备霍献可说："我已经任用他，你为什么要讥讽他？"霍献可于是详细上奏了侯思止说的粗言俚语，武后听后也大笑不止。

来俊臣抛弃了旧妻，强娶了太原王庆诜的女儿，侯思止也想效仿他，强娶赵郡李自挹的女儿，此事被交付给宰相审理。李昭德说："来俊臣以前劫夺王庆诜的女儿，已经有辱国体，这个家奴也想效法吗？"于是将他打死。

🔴 **黑人俑·唐**

从奴隶社会的真人殉葬，逐渐演变为以俑像代替真人真物的殉葬，而唐代陶俑就是唐代贵族的陪葬物。

吴少诚 吴元济列传

吴少诚和吴元济都是唐朝中期以后称霸一方的割据势力。吴少诚为李希烈效力，李希烈死后，被众人推举为申州、蔡州和光州等地的节度使。他治军严厉，充实军备。唐德宗联合了各道兵马讨伐他，结果官军溃败下来，朝廷只好容忍他的割据地位。后来吴元济袭封，当时裴度被任命为宰相，力主讨伐他。皇帝在裴度的支持下，再次诏令数路兵马，联兵讨伐。李光颜等人善于用兵，数次打败吴元济的部队。最终，吴元济被擒获斩首。

列传

新唐书

【吴少诚治军】

吴少诚，是幽州潞人，以祖上的荫袭被任命为诸王府户曹参军事。他客居荆南时，受到庾准的器重，被任命为牙门将。他随庾准入朝，途经襄阳，揣测梁崇义必定会谋反，于是秘密计划，准备呈献天子，李希烈将此事上奏朝廷，朝廷嘉奖他，擢升他为通义郡王。后来梁崇义果然谋反，李希烈任命吴少诚为先锋，加以讨伐。李希烈反叛，吴少诚为他竭诚尽力，等到李希烈死后，又推举陈仙奇为留后，不久又杀掉他，于是众人共同推举吴少诚为节度使，德宗也就授予他申、蔡、光等州节度观察留后的职务。

吴少诚治军，能厉行节俭，充实军备。自从李希烈以来，申、蔡等地民风大乱，劫掠成风。李希烈的部将郑常、杨冀等人想要劫持吴少诚，使

他归命朝廷，后来没有成功，郑常、杨冀被杀害。吴少诚全部宽宥了众将，以此收买人心。贞元五年（789），他被任命为节度使。

【讨伐失败】

很久以后，曲环死去，吴少诚趁着陈许等地没有节度使的空隙，派兵攻打临颍，守将韦清和他勾结，留后上官涗调遣了三千兵力，前去救援，全部被活捉，于是吴少诚围攻许州。德宗大怒，削夺了吴少诚的官爵，纠合了十六道兵马进军讨伐。于頔率领襄阳的士兵在吴房、朗山等地与叛军交战，俘获了三员将领。王宗率寿州的士兵在秋栅破敌。然而官军人数虽多，却没有统帅，监军的宦官对进退之计，意见又不统一。后来在小溵河交战，各道兵马没有交战就溃退下来，丢弃的辎重

兵器不计其数。皇帝于是任命夏州节度使韩全义为淮蔡招讨处置使，上官说为副使，众将领都受韩全义的节制。后来与吴少阳在广利城交战，官军再次败绩，退到五楼驻扎，受到敌军的偷袭，全军溃败。韩全义和监军贾英秀连夜逃跑，退守溵水。吴少诚率军进逼溵水，韩全义很害怕，又退守陈州，很多将领都纷纷逃跑。韩全义虽然斩杀了数人，想要杀鸡儆猴，但仍然不能振奋官军的声威。后来吴少诚引兵而退。

韩全义被打败后，吴少诚得到军中诸人的几百封书信，他拿着这些信欺骗大家说："朝廷的官员都委托韩全义攻破蔡州后，掠夺将士的妻女作为奴婢。"他想以此激怒士兵，断掉他们归顺朝廷的念头。吴少诚认为官军软弱，于是写信给贾英秀，请求为他昭雪平反。皇帝召集大臣商讨此事，宰相贾耽说："官军从五楼退却，吴少诚没有乘胜追击，这是他有悔过自新的意思。"皇帝的心意也有所动摇，吴少诚乘机得以加强守备，使老巢更加坚固。但皇帝仍然任命宦官为监军，节制诸路兵马。剑南韦皋上奏说，不如拣选朝

中晚唐女服

此为中晚唐之际的贵族礼服，主要分为宽袖对襟衫、长裙、披帛三个部分。一般多在重要场合穿着。穿着这种礼服，发上还簪有金翠花钿，所以又称"钿钗礼衣"。

廷的重臣作为统帅，并向皇帝推荐浑瑊、贾耽；如果不愿烦扰朝廷的元老，其次的办法，就是让韦皋统率上万精兵，顺流而下，直趋荆、楚之地，铲除叛军；再次的办法，就是趁着他请罪的机会，加以赦免，并撤退各路兵马。皇帝于是采取下策，赦免了吴少诚，恢复了他的官爵。顺宗即位后，吴少诚被晋升为同中书门下平章事、检校司空，并移封为濮阳郡王。元和四年（809），吴少诚死了，被追赠为司徒。

【吴元济承父业】

吴元济，是吴少阳的长子。他长得容貌丑陋，尖嘴宽腮。最初被任命为试协律郎，并代理蔡州刺史。董重质是吴少诚的女婿，骁勇猛悍，善于用兵，吴元济很倚重他。他劝说吴元济派遣精兵四处出击，攻克扬州、润州、邓州等地，横行天下。吴元济心怀犹豫，没有采纳他的建议。

先前，吴元济的部将苏兆、杨元卿、侯惟清劝说吴少阳入朝，有

人说他们心怀异志，吴元济缢杀了苏兆，囚禁了侯惟清。皇帝以为二人都死了，于是就追封他们。当时杨元卿在长安奏事，拜见宰相李吉甫，详细叙说淮西的状况，并请求拘捕蔡州派遣的使者。吴少阳死了四十天，皇帝不为他辍朝举哀，却增兵调将以防变故。

适逢传言说董重质杀死了吴元济，并将他灭族，李吉甫于是上奏，请求为吴少阳举哀发丧，并追赠为尚书右仆射。吴元济没有得到任命，于是纵兵四面出击，四处剽掠。吊唁吴少阳的使者到来后，因为无法入城，只好返回。皇帝下诏，削夺吴元济的官爵，并任命李光颜为忠武节度使，统领军队对阵驻扎。又授命节度使严绶等人，率兵加以讨伐。适逢连绵阴雨，严绶驻扎在蔡州西部，官军略有小胜，便生出轻敌之意，毫无防备，受到敌军的偷袭，战败而退。

【初战不利】

这时裴度被任命为宰相，辅佐朝政，叛军开始感到恐惧。吴元济的部将中，也多有不听从命令的，李光颜等人在时曲等地，数次打败了叛军。元和十一年（816），官军再次云集。李文通在固始打败叛军，高霞寓在郎山与敌作战，杀死了上千人，焚烧了敌人的营垒。敌军假装溃逃，高霞寓穷追不舍，中了伏兵的袭击，几乎全军覆没，于是他退守新兴，包围了该城。后来救兵来到，才解除了围困，高霞寓退守唐州。高霞寓被打败后，吴元济放松了戒备，以为官军不足畏惧。这年秋天，李文通连夜出兵，奇袭九女原，擒获了两名战将，投降的叛军有上万人。李光颜也打败了两万郾城的士兵。皇帝怨怒各路军马没有立下大的战功，就下诏让内常侍梁守谦慰劳军队，并用金钱招募敢死之士，督促作战。诏书下达后，赏罚分明，将领们都很畏惧。皇帝又罢免了高霞寓，任命李愬为唐邓隋节度使。

【殄灭叛贼】

吴元济的军粮告罄，士兵们只好吃草根充饥。城中的百姓为饥饿所苦，四处逃散，吴元济因为吝啬粮食，对出逃也毫不禁止。李愬率兵攻打西边，攻克了十多所营垒，后来又攻克了朗山。李光颜在郾城打败了叛军张伯良的三万兵力。吴元济眼见连连败北，于是就上表服罪，请求归顺朝廷，皇帝派遣使者许诺不处死他。吴元济要取三百匹马，但董重质不给他，因此没能投降。这时李愬又攻克了兴桥，图谋攻克蔡州，敌军的势力更加衰弱。

自从吴少诚割据蔡州四十年来，官军不曾逼近城下，又曾经打败韩全义、于頔等人，因此军队倚仗着地形之险，骄纵无忌，虽然朝廷纠合了天下的兵力，三年才能攻克几个县。在裴度到来之前，各路将领速战却没有取胜。裴度来到后，倾心慰劳将士，

因此将士们心怀感激，都发奋作战。
期间，裴度派遣使者到蔡州，劝说吴
元济投降，但吴元济被身边的人劫持，
不能投降。当时李光颜作战最勇猛，
吴元济的兵力全部布置在时曲抵御。
李祐为李愬出谋划策说："蔡州的守
兵都是老弱之兵，精兵全部在外，如
果直捣县城，一定能擒获叛贼。"李
愬于是派遣精锐骑兵，连夜袭击蔡州，
挖墙入城，守兵没有察觉。等到官兵
攻入内城，敌军只有一千多守卒。吴
元济这才惊慌起来，穿上铠甲，登上
城楼等待董重质的救援。适逢董重质
向李愬投降了，官军激战了两天，毁
掉了城门，捉拿到吴元济，并将他全
家押解到长安。群臣纷纷对皇帝表示
庆贺，皇帝用吴元济祭献宗庙社稷，
并将他斩首示众。吴元济终年二十五

狩猎出行图壁画·唐

此壁画位于唐高宗之子章怀太子墓中。
以远山近树为背景，描绘了几十个骑马
之人，以及骆驼、鹰犬和猎豹等景象，
阵势十分庞大。狩猎在唐代是帝王官宦
们经常进行的活动。

岁，他的妻子入奴籍，二弟、三弟被
流放至江陵，最后被杀掉。

论赞

赞曰：《左传》称："《周易》的作
者大概了解盗贼吧！"然而只有
圣人才能了解盗贼。唐朝中叶开始衰败，
奸雄称霸，占据了魏、赵、燕等地，叛
乱上百年，朝廷却无力恢复。皇帝昏庸，
大臣无能，都是因为不能洞悉盗贼啊！

李林甫列传

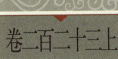

李林甫是唐玄宗天宝年间的著名奸相。他最初被任命为吏部侍郎，后来依附于武惠妃，又被韩休举荐，于是出任宰相之职。他上任后，处处迎合皇帝的意思，又妒贤嫉能，排斥张九龄等人。肃宗被立为太子，他数次企图危害太子的地位，但最终没有得逞。他又树立党羽，迫害异己，所有试图揭发弹劾他的，都被处死或者被贬斥。后来杨国忠也被任命为宰相，与李林甫不和，李林甫于是逐渐被疏远，并忧惧而死。

【谄媚为相】

李林甫，是长平肃王李叔良的曾孙。源乾曜与他的舅舅姜皎是亲家，后来源乾曜做了宰相，源乾曜的儿子为李林甫请求司门郎中的官职，源乾曜向来轻视李林甫，说："郎官应该有才能声望，他哪有这种才能呢？"于是授任他以谕德。后来他被御史中丞宇文融举荐，历任刑部和吏部侍郎。起初，吏部发榜任用官员时，宁王私下嘱托了十个人，李林甫说："希望贬退一个人，以显示公正。"于是淘汰了其中一人，说："因为此人是宁王所托，因此不予任用，等到来年再考虑。"

当时，武惠妃特别受宠爱，她的儿子寿王和盛王也受到皇帝的宠爱。李林甫通过宦官告诉武惠妃，说愿意为寿王效力，惠妃很感激他。当时，侍中裴光庭的夫人武氏曾经与李林甫私通。适逢相位空缺，皇上听从萧嵩

的建议，决定任用韩休为宰相。正要起草诏书的时候，武氏唆使李林甫为韩休请求相位。韩休就任后，很感激李林甫，却与萧嵩不和，于是就举荐李林甫，说他有宰相之才，惠妃也暗中相助，于是李林甫就被授予黄门侍郎，并一路擢升到兵部尚书。

【陷害宰执】

皇帝因为谗言想废掉皇太子、鄂王和光王三人。张九龄再三切谏，皇帝很不高兴。李林甫私下对宦官说："这是天子的家事，外人何必干涉呢？"开元二十四年（736），皇帝在东都，想回长安。裴耀卿等人建议，等农民收割完庄稼后，冬天再返回。李林甫假装跛脚，独自落在后面。皇帝问原因，他上奏说："我不是有病，是要向陛下奏事。两个都城是帝王的东西行宫，往来何需选择时间呢？如果真的妨碍农事，减免所经之地的赋

税就行了。"皇帝很高兴，立刻命令启程。

张九龄正直稳重，很有才能，李林甫因为靠阿谀奉迎而担任要职，所以很嫉妒张九龄，就暗中陷害他。皇帝想要赏赐朔方节度使牛仙客，张九龄认为不妥，于是和李林甫商量，一起进谏劝阻，李林甫答应了。等到朝见时，张九龄据理力争，李林甫却默不作声，出宫后又将张九龄的话泄露出去。第二天牛仙客见皇上，流泪推辞。皇帝更想封赏他，张九龄不同意。李林甫对他说："天子想任用人，有什么不行的呢？"皇帝听说后，喜欢李林甫不专权，由此疏远了张九龄，并很快罢免了他，专门任用李林甫，又任命牛仙客为宰相。后来，皇帝终于杀死了太子。

白话精编二十四史

◉第七卷◉

双鸾衔绶带纹银盒·唐

【危害太子】

皇帝重新立太子，李林甫屡次夸赞寿王，而皇帝却看重忠王，最终册立了他。太子册立后，李林甫害怕祸患，于是假装与太子妃的哥哥韦坚友好。他让韦坚出任要职，然后诬陷他，试图牵连到太子。但太子申请与韦妃断绝了关系，李林甫无法得逞。不久，他又暗中指使人，诬告河西节度使王忠嗣想拥兵辅佐太子。皇帝不相信，但还是贬斥了王忠嗣。李林甫多次说："太子应该知道阴谋。"皇帝说："我儿子在宫内，怎么能和外面的人互通消息呢？"后来，李林甫又请求以庆王代替太子，也没有得逞。太子谨慎孝顺，朝野内外也没有流言，因此没有被皇上废黜。

【逢迎玄宗】

当时皇帝年事已高，懒于朝政，李林甫善于窥探皇上的心意，因此被皇上所倚重，深信不疑。李林甫诱使皇帝沉溺于深宫中的享受，他每次上奏请求，都贿赂皇帝身边的人，以窥探皇帝的心思。他的性格阴险谨慎，喜怒不形于色，面容貌似和善，其实城府很深，让人难以捉摸。公卿如果不通过他而获得晋升，必定会获罪流放；而依附他的人，即使是小人，也受到重用。宰相张九龄、李适之等人都被放逐，杨慎矜、张瑄等人则相继被他诛杀。他有一处堂室，形如偃月，被称为月堂。每次想陷害大臣时，他就住进去精心谋划。如果出来时面色喜悦，那个人就要家破人亡了。

皇帝下诏，让天下有技艺才能的文人到朝廷参加考选，李林甫害怕文人面对皇帝时，指斥自己，就进言说："在野之人不知道禁忌礼节，只会胡言乱语，不如让尚书省长官考察他们。"于是御史中丞进行考察，竟然没有选中一人。李林甫因此向皇上祝贺，说朝廷没有遗漏任何人才。

六曲熊纹银盘·唐
盘高1厘米，口径13.4厘米，1970年西安市南郊何家村窖藏出土，熊作张口待食或嚎叫状。熊本为笨拙而凶猛的动物，但经匠师的精心设计，却显得温顺可爱。

【斥逐异己】

咸宁太守赵奉璋想要上奏列举他的罪状，李林甫指使爪牙，将他收捕，并罗织罪名将他处死。皇帝曾经在勤政楼举行盛大的歌舞会，结束之后，兵部侍郎卢绚引缰勒马，从容而过。皇帝喜爱他的风度，赞誉有加。第二天，李林甫找来卢绚的儿子，说："你的父亲德高望重，皇上想委任他做交、广的刺史，如果害怕远行的话，就告老求退吧。"卢绚心中恐惧，听从了他的话，于是被外放为华州刺史，从此断送了前程。于是所有才望卓绝的人，李林甫都能设法让天子疏远他们。李林甫因为结怨太多，害怕刺客，每次出行都带着很多骑兵护卫。所住的地方也重门复壁，有时甚至一夜迁徙多次，连家人也不知道他的行踪。

【忧惧而死】

后来李林甫的爪牙王鉷罪行败露，皇帝下诏让宰相审讯，李林甫大惧，也不敢面见王鉷，也不敢加以营救。于是他让杨国忠取代王鉷，任御史大夫。但李林甫向来瞧不起杨国忠，等到杨国忠因杨贵妃的原因而贵盛起来，两人互怀仇怨。杨国忠兼任剑南节度使，适逢敌人进犯，李林甫趁机上言，请皇上派他赴任，想借此离间他。但杨国忠辞别皇上时，皇上却让他处理完军务后，就立刻回朝。李林甫本来有病在身，听说后忧愁愤懑，病情加重。不久，杨国忠返回朝廷，前来看他，李林甫在床上流着泪向他托付后事，很快就死掉了。

李林甫担任宰相期间，蒙蔽天子的耳目，谏官都尸位素餐，没有人敢于上谏直言。补阙杜璡两次上疏，被贬为下邽令。李林甫借此劝其他人说："主上贤明，群臣有什么好议论的呢？你们看不见仪仗队的马匹吗，整天不做声，却吃上等的草料；一旦鸣叫，就可能被赶走了。后来即使不想鸣叫，还能享受到以前的待遇吗？"从此，上谏之路就被堵塞了。

自从贞观以来，边将都由儒臣担任。李林甫嫉妒儒臣立下战功，又受到朝廷重用，于是劝说皇帝："夷狄之所以还没有平定，是因为任用文臣为将，他们惧怕矢石，不敢身先士卒。不如任用蕃人为将，他们生性勇猛，善于打仗，只要能感化他们，让他们竭力输诚，平定夷狄就很容易了。"皇帝以为很对，于是擢升了安禄山、高仙芝、哥舒翰等人，任为大将。李林甫这样做，是因为他们是异族，没有入朝做宰相的资格。就这样，安禄山统领着三路劲卒，十三年来一直担任此职。天子认为李林甫的计策很对，于是安下心来。而安禄山也得以起兵毁灭天下，使唐王朝从此一蹶不振。

【死后恶名】

杨国忠素来怨恨李林甫，李林甫

还没有安葬，他就暗中指使安禄山揭发李林甫的过失。安禄山派遣阿布思的降将入朝，控告李林甫与阿布思合谋反叛。有关部门审讯此事，李林甫的女婿杨齐宣心中害怕，就胡说李林甫用巫术诅咒皇上，皇帝大怒，剥夺了他的所有官爵，又改用小棺材，用百姓的葬礼予以安葬。

皇帝前往蜀地时，给事中裴士淹因为善辩多学，得到皇帝的宠爱。当时肃宗在凤翔，每次任命宰相，都要禀报奏闻。等到房琯被任命为将，皇帝说："这不是击败叛军的将才。要是姚元崇在，叛军就容易平定了。"皇上又评论以前的宰相，谈到宋璟时，说："他故意卖弄正直，以此来沽名钓誉。"皇上总共评论了十来人，都非常精当准确。说到李林甫时，皇上说："此人妒贤嫉能，无人比得上。"裴士淹于是在旁说："陛下既然知道，为什么还要长期任用他呢？"皇帝默不作声。

至德年间，东西两京都收复，大赦天下，唯独安禄山的党羽，及李林甫、杨国忠、王铣等人的子孙不加宽免。在天宝年间，曾经有人在太清宫为玄宗、肃宗雕镂玉像，也雕镂了李林甫、陈希烈的像，陈列在左右。代宗时，有人上言："李林甫为人阴险，曾经陷害先帝，使国家处于危难之中，如今为什么还要保留他的像呢？"朝廷下诏将他的像埋在宫中。广明初年，卢携为太清宫使，挖地得到他的像，送到京兆毁掉了。

卷二百二十三下

卢杞列传

卢杞是唐德宗时的宰相。他曾经被任命为虢州刺史，后来受皇帝器重，被召入朝，担任宰相。然而他妒贤嫉能，排挤并诬陷宰相杨炎，使杨炎最终被罢免相位。他又举荐户部侍郎赵赞主管度支。赵赞的赋税措施不得民心，激起泾州士兵的兵变，皇帝只好逃跑到奉天。李怀光平定了叛乱，卢杞心存私心，于是唆使皇帝不让李怀光入朝。李怀光因此心怀怨恨，图谋反叛，皇帝这才醒悟过来，贬斥卢杞。皇帝想重新起用卢杞，但因为李泌等人的力谏，只好作罢。卢杞最终老死于澧州。

▶【初授相职】

卢杞，字子良。他容貌丑陋，却能言善辩。他不以粗衣陋食为羞耻，不了解的人都称赞他有祖先的风度气节。他被任命为忠州刺史时，曾经谒见节度使卫伯玉，卫伯玉不喜欢他，于是他辞官回到京师。后来他被任命为虢州（今河南灵宝）刺史，上奏说虢州有三千头官府的猪为患民间，德宗让他将猪迁移到沙苑，卢杞说："同州人也是陛下的百姓，我认为还是杀了吃掉好。"皇帝说："任虢州的刺史而能操劳其他的州，这是宰相之才啊。"下诏将猪分赐贫民，于是有意重用他。不久，就召他为御史中丞，论奏都很适度。一年后，升任御史大夫，并很快就擢升为门下侍郎、同中书门下平章事。

▶【排斥同僚】

卢杞得志之后，就逐渐显露出阴险奸诈的本性。他嫉贤妒能，官员只要稍有忤逆自己，就一定要将其置于死地。杨炎与卢杞共同辅政，杨炎鄙视卢杞才能低下，卢杞不高兴，不到半年就诬陷杨炎，罢免了他的宰相。严郢和杨炎不和，卢杞就提拔他为御史大夫，而杨炎最终遭贬逐而死。宰相张镒忠诚能干，受到皇帝的器重，卢杞难以离间。适逢陇右有战事，卢杞就假意请求前往，皇帝不同意，他就趁机举荐张镒镇守凤翔。后来，他又嫌恶严郢。当时，朱滔与朱泚兄弟不和，朱滔诬告朱泚的行军司马蔡廷玉离间兄弟间的关系，请求杀掉蔡廷玉。不久朱滔反叛，皇帝想贬斥蔡廷玉以取悦朱滔，于是让御史郑詹审讯蔡廷玉。蔡廷玉心中害怕，就自杀了。卢杞上奏说，恐怕朱泚疑心是朝廷诛杀了蔡廷玉，希望审讯郑詹，并弹劾御史大夫严郢。当初，郑詹和张镒交好，每次趁卢杞不在的时候，就独自谒见张镒，后来被卢杞察觉。一天，他得知郑詹来到后，就径直来到张镒处。郑詹赶紧藏起来，卢杞故意谈些机密的事情，张镒不得已，只好说："郑侍御在这里。"卢杞假装很吃惊地说："刚才说的话，不是外人应当听到的。"于是，数罪并举，下诏打死郑詹，将严郢流放费州。卢杞又憎恨颜真卿直言敢谏，适逢李希烈反叛，他就派遣颜真卿前去安抚叛军，结果被叛军杀害。李洧想以徐州投降，有所谋划，结果使者有误，先禀告了张镒，卢杞大怒，就暗中阻挠此事。卢杞又陷害了度支杜佑、前宰相李揆等人。他的为人就是这样奸邪狠毒，但因为他深得皇帝的宠爱，所以人们不敢揭发。

彩绘跪坐女俑·唐

始强行征收房屋税和交易税，并对隐瞒不报的，实行严厉的惩罚。这些措施使得民不聊生，怨声载道，究其根源，都是卢杞的责任。

皇帝出逃到奉天，卢杞和关播扈从皇帝。几天后，崔宁从叛军中来，将皇帝出逃的责任归咎于卢杞，卢杞于是诬陷崔宁谋反，皇帝杀了崔宁。灵武节度使杜希全率领六千士兵前来赴难，皇帝和群臣商讨行军路线，卢杞建议经过漠谷，浑瑊秉持异议，认为漠谷道路险峻，容易受到叛军的袭击，不如取道乾陵北面。皇帝听从了卢杞的建议，叛军果然据险顽抗，军队无法通过，只好逃到邠州。

【任用非人】

当时河南、河北战事频繁，朝廷连年用兵，财政费用严重不足。卢杞于是举荐户部侍郎赵赞主管度支。赵赞听取党羽韦都宾的建议，向富商征收钱财。于是官吏大肆搜查民宅市坊，又进行拷打，以至于很多人承受不住冤屈，就自杀了。后来，又向买卖粮食的商人和典当铺等强行借贷钱财。然而，即便是这样，搜集上来的钱财仍然不够。于是，赵赞变本加厉，开

【遭受贬斥】

李怀光从河北还朝，数次击败叛军，朱泚撤军而逃。有人对赵赞等人说："李怀光曾经指责宰相取法谋略，度支聚敛赋税过重，应该杀死，向天下人谢罪。如今李怀光立有功劳，皇帝一定会听从他的话，公等有性命之虞。"赵赞告诉了卢杞，卢杞很害怕，于是就欺骗皇帝说，李怀光战功卓越，让叛军闻风丧胆，不如让他不要入朝，而是乘胜追击叛军，平定京师。皇帝同意了他的意见。于是下诏让李怀光

史，因此不肯起草诏书。宰相不高兴，就找来其他舍人起草诏书，袁高据理力争。于是谏臣赵需、裴佶等人也上谏说卢杞罪大恶极，他们的谏言极为恳切，皇帝对宰相说："可以任命他为小州的刺史吗？"李勉说："陛下任命他为大州刺史也不难，但怎么平息天下人的非议呢？"于是任命他为澧州（今湖南澧县）别驾。后来散骑常侍李泌觐见皇帝，皇帝说到了这件事，李泌祝贺皇帝说："今日外面传言说陛下是汉桓帝、汉灵帝，现在我才知道陛下是尧舜一样的明君。"皇帝很高兴，于是卢杞就老死在澧州。

起初，尚父郭子仪病重，百官前去探视时，都不让侍妾退避。等到卢杞来时，则让侍妾回避，躲在几案后面。家人奇怪地询问原因，郭子仪说："卢杞容貌丑陋而内心阴险，左右的人必然会讥笑他，倘若他日后掌权，我就会有灭族之灾啊。"

⊙ 做面食泥俑群·唐
唐代作品，此俑群高9.7厘米～16厘米。泥俑为泥胎施彩，表现了舂粮、簸粮、磨面、揉面、擀面和烙饼的家务情景。女俑上身穿窄袖口白襦，外罩半臂衣，下身系蓝裙。衣饰整洁，但神态显得疲劳，其身份可能是豪门家婢。

驻守便桥，不要前来入朝。李怀光立下大功，却无法见天子一面，因此心中怀恨，公开声讨卢杞的罪恶。皇帝醒悟过来，将卢杞贬为新州司马。

卢杞被贬斥后，皇帝仍经常思念他。等到兴元年间大赦天下，卢杞被改任为吉州长史。他于是说："皇帝必然会再次任用我。"贞元元年（785），下诏授予他为饶州（今江西鄱阳）刺史。给事中袁高却对宰相说，卢杞是国家的罪人，不应该委任为大州的刺

论赞

赞曰：木头要朽坏时，就会生长蠹虫，国家要灭亡时，就会兴起奸邪之徒。所以许敬宗、李义府、傅游艺三名宰相逞凶，致使武后篡夺了帝位；李林甫任用藩人为将，致使皇帝流亡；卢杞谋划国事，导致兴元年间的国家岌岌可危；崔胤、柳璨执掌国政，最终使唐朝覆亡。哎，治理国家的人应该引以为鉴啊！

史思明列传

史思明是唐朝中叶"安史之乱"中的重要人物。他原本是突厥人,由于用计立下战功,逐渐升迁,成为安禄山的部将。安禄山反叛后,派遣他攻打河北、常山等地,成为叛军的军事骨干。他率领的士兵最初锐不可当,攻陷了不少州县。后来,安庆绪杀死安禄山,自立为帝,对史思明心存猜忌,判官耿仁智乘机劝他归降了朝廷。归降以后,皇帝企图秘密除掉他,不幸事情败露,史思明于是再次反叛。他杀死安庆绪,自称皇帝。然后派兵攻打洛阳、汝州等地。官军弃地而逃,大为恐慌。然而,他对于部下苛酷无情,儿子史朝义也受到他的责骂。后来,史朝义勾结禁军将领曹将军等人将他杀死。

▶ 【初立功勋】

史思明,是宁夷州突厥人的后代,以前叫史窣干,思明是玄宗赐给他的名字。他身形瘦削,勾肩弓背,头发和胡子都很稀少。他脾气暴躁,诡计多端。他是安禄山的同乡,比安禄山早一天出生,因此长大后两人关系亲密。史思明年少时,就通晓六种语言。后来因为欠了官府的钱,无钱偿还,因此想要逃到奚地,半路上却被巡逻的骑兵截住,想要杀他,他撒谎说:"我是使者,你知道杀了天子的使者,国家就会遭殃,不如带我去见你们的国王,国王如果不杀我,你就立功了。"巡逻兵认为他说得对,于是将他带去见国王。史思明见了国王,并不跪拜,他说:"天子的使者见了小国的君主不跪拜,这是礼节。"国王大怒,但又怀疑他是真正的使者,最后将他带到馆舍,待之以礼。史思明将要回朝,国王派遣上百人跟随他入朝。奚人有个部将,名叫琐高,在国中很有声望,史思明想要捉住他用来赎罪,就吓唬国王说:"跟随我的人虽然很多,却没有一个人足以面见天子,只有琐高这样的人才,才可以到中原去。"国王很高兴,命令琐高带领三百将士前往。到了平庐,史思明派人去见驻军将领,告诉他:"有数百名奚人,声称是入朝面见天子,实际上是想入侵,请加以防备。"主将暗地派出军队前来,杀死了奚人部众,将琐高囚禁起来献给皇上。幽州节度使张守珪认为他立下奇功,奏请皇上任命他为折冲都尉。

天宝初年,史思明已经官至将军。他入朝奏事时,皇上赐座给他,和他谈话，惊奇于他的才能，于是询问他的年龄，他回答说："四十岁了。"皇上拍着他的后背说："你晚年将会显贵，努力吧！"后来果然做了大将军。他跟随安禄山讨伐契丹，安禄山兵败，单骑逃到师州，杀掉了部下左贤哥解、鱼承仙，以推卸责任。史思明逃往山中，过了二十天，才聚集残兵败将共七百人，在平卢追到安禄山，安禄山高兴地握着他的手说："我以为你死了，现在你还活着，我还忧虑什么呢？"史思明说："我听说进退在于时机，我要是早早露面，就和哥解一起到地下去了。"

史思明年少时地位卑贱，同乡人都看不起他。乡里的豪族辛家有个姑娘，无意中见到史思明，就告诉她的父母说："一定要把我嫁给史思明。"辛家父母不同意，但姑娘坚持己见，最终嫁给了他。史思明也骄傲地说："自从我结了婚，官运亨通，生了很多儿子，大概要显贵了吧！"

【攻城略地】

安禄山起兵造反，派遣史思明攻克河北，又让他留守范阳（今河北涿州）。常山颜杲卿等人传布檄文，号召大家抵抗叛军，安禄山派遣他攻打常山，九天就活捉了颜杲卿。他又进逼饶阳，打败了前来增援的李奂、颜真卿等人。适逢李光弼收复了常山，史思明只好解除了饶阳的围兵，前去迎战郭子仪、李光弼的联军，两战皆败，于是逃入博陵。后来他又攻克平卢，重振兵力，于是重新攻克了常山，并攻克了河间、景城、平原、清河、信都等地。

鸟兽山水纹镜·唐

史思明军队所到之处，纵容部下杀人越货，奸淫或强占平民的妻女，因此将士十分振奋。那时，河北全部被叛军占领，百姓的财物被洗劫一空，青壮年被强迫服役，老弱病残则被杀死，手下的士兵以杀人取乐。安禄山委任他为范阳节度使。当初，他麾下只有两千骑兵，打了几次胜仗以后，兵力大振，竟然产生了吞并江、汉的狂妄野心。

列传 新唐书

至德二年（757），史思明与蔡希德、高秀岩合兵十万进攻太原。李光弼派部将张奉璋带兵把守故关，但被史思明攻克，张奉璋逃到乐平。李光弼固守太原将近十个月，史思明不能攻克。此时安庆绪杀死了父亲安禄山，僭称皇帝，赐他姓安，名荣国，并封爵为妫川郡王。

【降而复叛】

叛军攻陷两京时，用骆驼运送宫中的珍宝，贮存在范阳，结果珠宝堆积如山。史思明见状，意欲占为己有。后来安庆绪逃亡到相州，他手下有三万残兵败将回到北边，不知何去何从，史思明杀死了其中几千人，其余的士兵向他投降了。安庆绪知道他怀有二心，就派遣阿史那承庆、安守忠等人到史思明那里，以商讨事情为名，伺机制伏他。判官耿仁智想以君臣大义感化他，就对他说："当安禄山强盛的时候，谁敢不服从他呢？所以您侍奉他，是无罪的。如今皇帝圣明有德，您如果能派遣使者表示归顺，就能够转祸为福了。"史思明说："好。"阿史那承庆等人并不知情，率领五千骑兵到来，史思明身穿甲胄，加以慰劳，说："公等来到，士兵都非常高兴，但他们向来惧怕使者的威严，请解除武装后进城。" 阿史那承庆等人听从了他的建议。史思明和他们喝酒的时候，逮捕了他们，夺取了兵

权，又发给士兵盘缠，让他们返回。于是史思明就归降了朝廷。

然而史思明虽然表面上归顺了朝廷，却暗中勾结叛军，并更多地招募军队。皇帝知道后，就擢升乌承恩为河北节度副大使，命他秘密除掉史思明，因为史思明曾经侍奉过乌承恩的父亲乌知义，这样不会让他起疑心。后来乌承恩不慎泄露了计划，史思明虽然有所风闻，但还没有证实。于是，在乌承恩入朝回来后，史思明留他住宿，但在床下埋伏了细作。乌承恩的儿子来见乌承恩，也被留下住宿。半夜里，乌承恩告诉儿子说："我奉命

🔴 **三彩西瓜·唐**

唐三彩是盛行于唐代的低温陶器，以黄、褐、绿为基本釉色，后来人们习惯把这类陶器称为"唐三彩"。此器塑为一西瓜静放托盘状，褐色装饰托盘，黄、绿装饰西瓜，形象生动，富有生活情趣。

除掉这个叛贼。"细作禀告了史思明，于是史思明拘捕了乌承恩，从他身上搜出李光弼写给他的公文，以及要诛杀的将士名单。史思明大骂道："我有什么对不起你的？至于要这样呢？"乌承恩回答说："这是太尉李光弼的计谋，皇帝并不知道。"史思明于是召集将士，向西哭着说："我忠心耿耿，并没有背叛国家，为什么要杀我呢？"于是杀死了乌承恩等人。皇帝派遣使者安抚说："这是乌承恩策划的，不是我和李光弼的意思。"史思明又听说朝廷计划处死陈希烈，于是心怀恐惧，说："陈希烈等人是大臣，太上皇丢下他们，向西逃跑了，复位以后，这样的人应该受到慰劳，却被杀死，更何况我本来是跟随安禄山反叛的呢？"部将都劝他上表天子，请求诛杀李光弼，他于是派出耿仁智、张不矜两人入朝上表，并威胁说，如果朝廷不杀死李光弼，他就要派兵攻打太原。但耿仁智偷梁换柱，暗中调换了奏疏。史思明身边的人秘密告诉了他，于是史思明拘捕了两人，下令将他们斩首，后来又想宽赦他们，就召见他们，责备说："耿仁智侍奉我三十年，我怎么忍心杀你呢？"耿仁智愤怒地说："人固有一死，你听信邪言，再次图谋造反，我生不如死！"史思明大怒，打死了他。这时九个节度使围攻相州，安庆绪向他求援，史思明害怕官军，不敢进兵。

乾元二年（759）正月，史思明自称大圣周王，建元"应天"，并救援相州，击退王师，杀死了安庆绪，吞并了他的部众，然后留下史朝义镇守相州，自己领兵返回。四月，他将国号更改为"大燕"，自称应天皇帝。他封妻子辛氏为皇后，史朝义为怀王，周贽为宰相，李归仁为将。他又将范阳称为燕京，洛阳称为周京，长安称为秦京。他又改州为郡，铸造"顺天得一"钱。

🔸 蹙金绣夹半臂·唐

【兵变身死】

史思明派兵向西，攻克了洛阳，又获得了汝州之地，上元二年（761）二月，他用计在北邙山击败了李光弼的军队，官军放弃了河阳、怀州等地，京师大为震动恐慌。史朝义攻打陕州兵败，史思明大怒，将他和部将召回，想要诛杀他们，后来又释放了他们，说："史朝义太怯懦，不能成就事业。"因此想倚重史朝清。他又命令史朝义筑城存储军粮，到期后，史思明来察看，看见没有完工就发怒了，走的时候说："等我攻克陕州，就斩了这个家伙。"史朝义很害怕。适逢骆悦等人受到史思明的责骂，于是他们就游说史朝义杀掉史思明，劝他找来史思明宠信的禁卫军将领曹将军。曹将军畏惧诸将，不敢拒绝。史思明素来喜欢优伶，吃饭睡觉都让他们随侍，优伶因为他很残忍，也痛恨他。夜里史思明惊醒了，在床上大呼。优伶问原因，他说："我梦见一群鹿过河，鹿死了，河水也干涸了，这是什么意思呢？"不久他上厕所，优伶互相说："他完蛋了。"少顷，骆悦带兵赶来，史思明知道发生了兵变，跳墙出去，来到马厩，想骑马逃走。骆悦的部下周子俊射中他的胳膊，他坠下马来，问兵变的主谋是谁，回答说："怀王。"史思明说："我白天失言了，发生这种事也是情理中的。只是杀我太早，使我不能到长安。"于是大声叫了怀王三次，说："可以囚禁我，不要落得杀父的骂名！"又骂曹将军说："你误了我的事！"于是他被反绑着，送到柳泉驿舍。骆悦害怕众人不满，于是缢死了史思明，将尸体用骆驼运回东京。

论赞

赞曰：安禄山、史思明唆使亡命之徒，凭借天子的恩宠，发动叛变，祸乱天下。他们身为臣子，却背叛君主，而他们的儿子也能谋杀自己的父亲，世事都有报应，这就是天道啊。然而百姓遭受厄难，都是借着某些人才造成的，因此他们两个人骤然兴起又骤然灭亡。张谓讥刺刘裕说："仰慕近代的曹操、司马懿，以及远古的齐桓公、晋文公，却只是给两个朝代带来祸患，在很短的时间内，就换了八位君主，其中六个不能得到善终，上天的报应就是这样昭然无疑的啊。"杜牧说："相面的人说隋文帝会当上皇帝，后来果然篡夺了帝位。北周末年，杨氏家族长久世袭八柱国的爵位，等到篡位后，不到二三十年，无论老壮婴儿，全部都死于非命。那些相面的人，如果也能预见到这些祸患，才是真正善于相面的人。"张谓、杜牧的言论，都是非常深刻正确的，至今还为人们称道。像安禄山、史思明这些人，仰慕刘裕、杨坚却没有如愿，比他们更加可悲啊！

黄巢列传

黄巢是唐末农民暴动的主要领袖。唐朝末年，天下连年饥荒，民不聊生，王仙芝聚众起事，黄巢听说后，也在家乡起兵响应。王仙芝兵力渐强，朝廷有意招安，授予王仙芝官职。但黄巢却没有受到封赏，因此心怀怨愤，将王仙芝殴打一顿，率部离开，王仙芝最终也没有接受朝廷的招安。后来，王仙芝兵败被杀，余部投奔黄巢，于是黄巢称王，并掠夺河南、山南等地。朝廷派遣军队镇压，虽一度打败了黄巢，但由于将领之间矛盾重重，各自存有私心，因此黄巢得以重振旗鼓，并最终攻克长安，皇帝率领百官出逃。他在长安称帝，任命百官，又纵兵大掠，屠虐百姓。后来官军在长安居民的配合下，收复了京师，黄巢败逃。李克用等人联合各路兵马，继续和黄巢交战。黄巢连连败北，部将朱温等人也投降朝廷。黄巢在逃亡途中，被人杀死。

【起兵造反】

黄巢，曹州冤句人氏。世代以贩盐为生，家资殷富。他精通剑术，善于骑射，文理粗通，并喜欢收养亡命之徒。

咸通末年，天下连年饥荒，河南一带盗贼横行。乾符二年（875），王仙芝聚众在长垣起事，不断击溃唐军，并劫掠临近的郡县。黄巢素来有起事之心，听说后募集了几千人，起兵响应王仙芝，侵扰河南的十五个州，渐渐地，他的兵力发展到几万人。

朝廷派遣平卢节度使宋威和他的副手曹全晸率兵讨伐王仙芝，大败王仙芝的军队，但由于朝廷的昏庸，以及唐军将领间的猜忌，王仙芝很快就兵力复振，攻陷了汝州、阳武等地，逼近东都一带，朝廷大为震动。

【分道扬镳】

王仙芝率兵出没于蕲州和黄州一带，蕲州刺史裴渥有意招安王仙芝，为他向朝廷请求官职，让他罢兵。王仙芝和黄巢等将领前去拜谒裴渥，并和裴渥宴饮。不久，朝廷派宦官前来颁布诏令，授予王仙芝左神策军押衙的官职。王仙芝非常高兴，而黄巢没有受到封赏，心中怨恨不已，质问王仙芝说："你投降朝廷，独自被封赏了官职，这五千部众怎么办呢？你赶紧走，把士兵交给我吧。"于是他殴打了王仙芝一顿，打破了他的头颅。王仙芝害怕众怒难犯，于是没有接受朝廷的封赏，而是劫持了州兵，裴渥

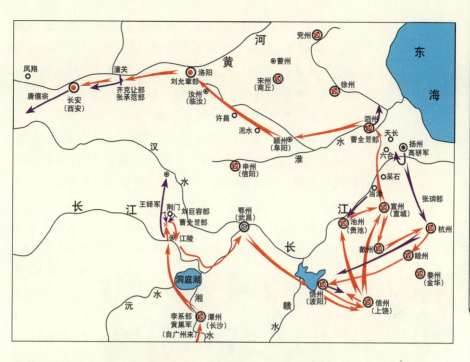

🔥 **黄巢北伐夺取两京之战示意图**

黄巢从广州北伐，经桂州，占潭州，败于荆门，次年，渡淮北上，进占洛阳，称帝，国号大齐。

和宦官仓皇逃走。此后，义军兵分两路：一路由尚君长率领，前往陈、蔡等地，另一路由黄巢率领，向北攻掠齐、鲁等地，众万人，进入郓州，杀死节度使薛崇，兵力达到数万人。

后来王仙芝战败被杀，这时黄巢正在围攻亳州，王仙芝的部将尚君让率领残部，前来投靠黄巢，并推举黄巢为王，号称"冲天大将军"，并委任百官，又驱迫河南、山南的十多万民众劫掠淮南一带。

▶【转战东南】

黄巢攻克考城，据有濮州，后来又侵犯襄邑、雍丘等地，受到唐朝军队的截击。此后，黄巢在军事上连连失利。他在江西的部队，被镇海节度使高骈击破；入侵新郑、郏、襄城、阳翟等地的部队，被崔安潜赶跑了；而浙西的部队，节度使裴璩杀死了两个首领，士兵死亡无数。黄巢于是前往天平军的军营，请求归降，朝廷下令授予他右卫将军的官职。但当时藩镇之间互相不和，黄巢估计他们不足以制伏自己，于是很快再次反叛，转而入侵浙东一带，捉拿了观察使崔璆。高骈听说后，派遣将领张潾、梁缵前去讨伐反贼，击败了黄巢的部队。黄巢收拾残部，攻克了虔州等地，然后直驱建州。

当初，军中流传谣言说："看到儒生就杀，军队必然覆灭。"黄巢进入福建后，许多俘虏谎称是儒生，于是就被释放了。后来，黄巢抄近路包围了福州，观察使韦岫战败，弃城而逃。黄巢入城后，到处焚毁房屋，杀人就如割草一般。经过崇文馆校书郎黄璞家时，他下令说："这是儒者，你们把火炬熄掉，不要放火。"后来又访求处士周朴，找到他后，黄巢问他："你能跟随我吗？"周朴回答说："我连朝廷的官都不肯做，怎么能跟随叛贼呢？"黄巢闻言大怒，立刻将他杀掉。

黄巢攻破广州，活捉了节度使李迢。十月，黄巢又占据了荆南一带。他胁迫李迢向皇帝写奏表，想要做天平节度使。

李迢却刚直不屈，说："你即使砍掉我的手腕，我也不会写这个奏表。"黄巢恼怒之下，杀死了李迢。江西招讨使曹全晸和山南东道节度使刘巨容，率兵在荆门和黄巢作战。唐军用计佯作逃跑，黄巢纵兵追击，结果中了埋伏，伤亡惨重，许多人都做了俘虏。于是黄巢逃亡江东，有人劝刘巨容乘胜追击，刘巨容说："朝廷总是赏罚不公。当国家处于危难的时候，朝廷固然不吝于赏赐，但叛军被平定后，我们往往也就获罪了。不如留下这些叛军，以此要挟朝廷，获得更多的利益。"于是不肯派兵追击，这使黄巢获得了喘息

黄巢起义军进入长安

列传

新唐书

和休整的机会。

黄巢害怕被袭击，于是转而入侵江西，兵力达到二十万。攻打临安时，守将董昌兵力薄弱，不敢迎战，于是心生一计，在野外草丛中埋伏了几十名骑射手。当黄巢的军队到来时，伏兵射死了军队的首领，士兵都惊骇逃散。董昌于是往前推进驻守在八百里，见到田间老妇，对她说："如果追兵到来，你告诉他们临安的军队驻守八百里。"追兵到来后，大惊失色，说："刚才几十个骑兵就能阻止我们，更何况绵延八百里长的大军呢？"于是就返回了。

【重振旗鼓】

广明元年（880），黄巢趁着藩镇之间的不和，趁机渡过淮水，进犯申、光、颍、宋、徐、兖等州，守将纷纷逃走。然后黄巢很快就攻占了东都，留守刘允章率领百官出来迎接黄巢的军队。黄巢入城后，只是慰问安抚，军队并没有骚扰百姓。与此同时，唐朝皇帝调遣了三千神策军，防守在潼关一带，但神策军士兵却士气低落，毫无斗志。

十二月，黄巢的部队攻克潼关，齐克让率领军队关外迎战，叛军稍稍退却。不久，黄巢赶到，军队高声欢呼，川谷震动。而这时士兵军粮吃完，非常饥饿，于是暗中纵火烧掉齐克让的军营，齐克让逃入关中。张承范拿出钱财，鼓励士兵说："大家要勉力报国，援兵很快就到

了。"士卒感动得落泪，于是奋起抵抗，然而最终因寡不敌众落败。

【长安称帝】

黄巢封尚让为平唐大将军，盖洪、费全古为副将。部众全部披散头发，身穿锦衣，辎重从东都运往京师，千里连绵不绝，金吾大将军张直方与群臣在灞上迎接。黄巢乘坐着金舆，卫士都身穿绣袍，头戴华冠，而黄巢的党羽乘着铜舆跟随在后面，被几十万骑兵簇拥着。占领京师后，黄巢从春明门入城，登上太极殿，数千名宫女前来下拜迎接，口称黄王。黄巢高兴地说："这是天意啊！"黄巢住进田令孜的府第。手下的士卒见到穷苦百姓后，纷纷送给穷人们金钱或衣物。尚让派人告诉百姓说："黄王不像唐朝皇帝那样昏庸暴虐，不管你们的死活，你们不要害怕。"然而几天以后，便纵兵大掠，将居民捆起来，狠狠地鞭打，勒索财物。富人都赤着脚，被赶出家门，军官看中了合意的宅第，就住进去占为己有，又掠夺别人的妻女，大肆奸淫。士兵捕捉到唐朝官吏后，全部斩首，又纵火烧了无数房舍。

黄巢在太清宫斋戒，然后登上帝位，号为"大齐"。然后他又任命了

百官。又下令军中禁止杀人，兵器全部送到官府。但因为他的部下本来就是盗贼，所以士兵多不从命。

▶【战败出逃】

这时，皇帝驻扎在兴元，下诏催促各道兵马来收复京师。各地的唐军屡次打败黄巢的军队，进入京师。黄巢偷偷逃出京师，来到石井。诸军行营副都统程宗楚从延秋门入城，行营司马唐弘夫驻扎在城下，京师的人们大声叫喊说："朝廷的军队来了！"然后，邠、泾等各路兵马也争相进入京师，并大肆劫掠。

黄巢潜伏在城外，派人前往侦察，等到城中放松了戒备，就派遣孟楷率领了几百名士兵，前来突袭邠、泾的军队，而京师的人们还误以为是王师，非常欢迎他们。这时唐军士兵因为劫掠了许多珍宝财物，全身都带着财物，行动很不方便，于是溃败下来。黄巢军队杀死了唐弘夫。黄巢再次进入京

🔴 **五牛图·唐·韩滉**
中国十大传世名画之一，本幅及尾纸上有赵孟頫、孙弘、项元汴、弘历、金农等十四家题记。

师。京师的居民曾开城迎接朝廷的军队，黄巢就决意报复，杀死了八万居民，血洗全城，以至于地面到处都是鲜血，就如溪水一样。唐朝军队退守武功一带。

几个月后，黄巢的部将朱温、尚让等人，涉过渭水打败李孝昌等人的军队。齐克俭在兴平扎营，被黄巢军队包围，挖开河堤引水淹城，却没有成功。有人在尚书省的门上题字，挖苦大齐政权就要灭亡了，尚让勃然大怒，杀死胥吏，挖出他的眼珠，然后将其首级悬在城门，又杀死了郎官和卫士几千人，百官得知后，全部都逃跑了。

黄巢的得力部将率领三千士卒，攻掠丹、延的南部，然而却遭遇到王重荣的精锐部队。朱温屡次被困，又看到黄巢大势已去，而向黄巢要求增援的请求，又被擅权的孟楷从中作梗，不予答复，于是就向唐朝军队投降了。朱温的投降，对本已处于劣势的黄巢军队，可以说是致命的一击。

第二年正月，雁门节度使李克用在渭南打败黄巢的军队；二月，朝廷军队又在梁田陂击溃了黄巢军

队。黄巢连连失利，粮食又吃光了，部下开始不服从命令，偷偷准备逃跑。李克用又数度打败了黄巢，诸节度使的军队也纷纷赶来，奋勇杀敌，黄巢一溃千里，一直被追赶到望春。黄巢夜里仓皇逃跑，部众还有十五万人，他们逃跑的途中，落下无数的辎重珍宝，唐军士兵纷纷争夺，这才给了他们喘息的机会。

【兵败狼虎谷】

黄巢又攻打中牟，军队正在渡河的时候，李克用突然发动袭击，很多士兵都被淹死了。于是黄巢带领残兵败将逃向封丘，李克用继续追击，再次打败黄巢，然后返回到郑州扎营。黄巢渡过汴水，引兵向北。然而夜间忽然下起大雨，士兵都惊慌失措，李克用知道后，急忙赶到黄河边攻打黄巢。黄巢渡过黄河，攻打汴州，朱全忠拒守此地，而李克用派兵前来救援，杀死了黄巢的部将李周、杨景彪等人。黄巢连夜逃到冤句。李克用在后面紧紧追击，尚让等人见势纷纷归降。黄巢于是心怀猜忌，不断屠杀大将。李克用

昼夜兼程，追赶黄巢，然而半路上粮食吃完，只好放弃。黄巢率领残部上千人，逃入太山。

六月，时溥遣派将领陈景瑜和尚让追击到狼虎谷，黄巢走投无路，于是对外甥林言说："我本来是为朝廷讨伐奸臣，然而事业成功后，却没有隐退，这是我的错误。你割下我的首级去献给天子，就可以得到富贵了，我不想让别人占了这种便宜。"林言不忍心下手，黄巢就自刎了，却没有死掉，林言就将他杀死，又杀了他的兄弟妻子，将首级装在盒子里，准备献给时溥。而太原博野军又杀死林言，与黄巢的首级一起献给了朝廷。

白话精编二十四史

第七卷

论赞

赞 曰：广明元年（880），黄巢进入京师，夸口要取代唐朝。黄巢被杀，秦宗权却又猖獗起来，为害天下，直到后来朱温篡夺了帝位，他们都是黄巢的党羽啊。莫非是上天要借这些人之手，来毁掉唐朝吗？

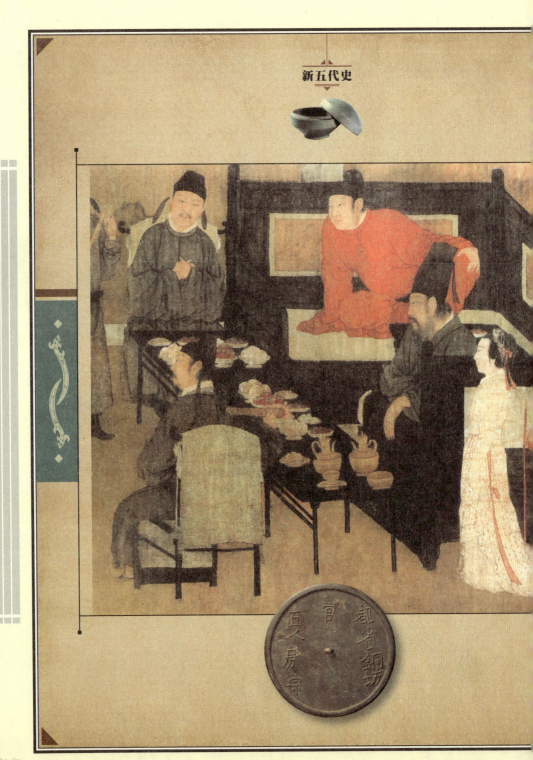

新五代史

都省铜坊
官
五房宗

新五代史

首都师范大学历史学院教授 博士生导师
阎守诚

《新五代史》是北宋欧阳修撰,记述后梁、后唐、后晋、后汉、后周五代 54 年历史（907～960）的纪传体史书。全书 74 卷,包括"纪"12卷、"传"45 卷、"考"3 卷、"世家"及"年谱"11 卷,"四夷附录"3 卷。原名《五代史记》,为与薛居正撰《五代史》相区别,故称《新五代史》。在"二十四史"中,它是唐代以后唯一的私修史书。

《新五代史》与薛史体例不同,薛史五代各自独立成书,此书则五代史统在一起,只是纪传中按王朝次序排列,如梁本纪、唐本纪。传多用类传,有家人、死节、一行、唐六臣、义儿、伶官、宦者、杂传等传目,多为此书创立。此书无"志",对五代的典章制度没有全面的记载,只有司天、职方二《考》。《司天考》内容大体相当于历、天文、五行《志》,可见五代时的自然变化;《职方考》则是用表的形式排列出五代各自所辖的州,反映五代各朝的疆域变化。但此书增加了《十国世家年谱》,相当于十国年表,简明扼要,便于查阅,是其特色。

本书文字简洁流畅,材料除据薛史加以删削外,还择用了小说、笔记资料,有一定的史料价值,可与薛史相互参考。此书附有欧阳修门生徐无党的注,分散卷中,不另单行,欧阳修修史采用春秋笔法,褒贬善恶,强调尊王思想和封建秩序,史论用"呜呼"发端,发表感慨议论。

唐庄宗本纪

唐 庄宗李存勖是后唐王朝的建立者。他是晋王李克用的儿子，晋王死后，他平定了叔父的叛乱，稳定局势。他奋发图强，救援赵国，灭掉燕国，并在无数次残酷的战争之后，最终消灭了世敌梁国。然而，他建立后唐称帝后，却恣意享乐，宠信伶人。唐明宗李嗣源趁机叛乱，唐庄宗在混乱中被人杀死。

武德军十二生肖镜·五代

此镜圆钮，花瓣纹钮座。纹饰分三圈，内圈为八卦纹，中圈为十二生肖，外圈为缠枝花。内圈有铭文置于八卦纹间，共八字，为"武德军作院罗真造"。"武德军作院"为前蜀武德军所设作坊。

日后富贵后，不要忘记报效国家。"他长大后，善于骑射，胆量过人，也通晓《春秋》的大义，尤其喜欢音乐舞蹈优伶之类。

【奋志创业】

天祐五年（908）正月，李存勖在太原承袭王位。他的叔父李克宁杀死了都虞侯李存质，李存勖的宠臣史敬镕告发李克宁谋反。二月，李存勖捉住了李克宁，并将他杀死，命令周德威从乱柳率军返回太原。梁国夹城的守兵听说晋国有丧事，周德威也将被召回，因此放松了戒备。晋王对部将说："梁人庆幸我遭遇丧事，猜测我年少，刚刚即位，不能有所作为，我们应乘其懈怠，攻击他们。"于是发兵前往上党，来到三重岗，叹息说："这是先王置酒设宴的地方。"适逢天降大雾，攻击夹城的梁军，梁军大败。九月，李克用又派遣周德威攻打晋州，并在神山打败了梁军。

李存勖，是晋王李克用的长子。起初，李克用在邢州打败孟方立后，回军上党，在三垂岗设酒宴庆功，乐师演奏《百年歌》，弹奏到衰老时的情况，声音非常悲切，举座之人心中凄怆。此时李存勖在旁，只有五岁，李克用捋着胡须，指着他感慨地笑道："我将要老了，这孩子有奇才，二十年后，能代替我征战沙场吧。"李存勖十一岁时，跟从李克用击败王行瑜，李克用派他到京师报捷，唐昭宗惊异于他的相貌，赐给他翡翠盘，抚摸着他的后背说："你外貌奇特，天祐七年（910）冬，梁王派遣王景仁攻打赵国，赵王王镕向晋王求援，众将都怀疑王镕有诈，认为不可出兵，晋王不听，于是出兵救赵，在柏乡大败梁军，斩首两万余人，并乘胜深入梁地，攻打梁国的夏津、黎阳等地。燕王刘守光听说晋军深入梁地，于是就整装军队，扬言要援助晋国，晋王有些担心，于是就撤军了。后来，晋王和赵王王镕在承天军相会时，刘守光在燕地称帝。晋王听说后，就派遣周德威会合镇州和定州的军队，攻打燕国，刘守光向梁国求救，梁军于是攻打赵国，在枣强屠城，被李存审击溃而逃。十年十月，刘守光请求投降，晋王前往幽州，结果刘守光却违背前约，不肯投降，李存勖就攻克了幽州。十一年，李存勖在太原杀死了燕王刘守光，又用他的父亲刘仁恭来献祭。于是赵王王镕、北平王王处直推举晋王为尚书令，并开始建立行台。

同光元年（923）四月，李存勖即皇帝位，国号为"唐"。他任命百官，追封先祖，并以魏州为东京，太原为西京，镇州为北都。这年的十月，在经过无数次残酷的厮杀和较量之后，李存勖终于消灭了他最大的敌手梁国，梁王朱敬翔自杀。

▶【兵变身死】

同光四年春，李存勖赦免死罪以下的囚犯，郭崇韬因为受到别人的诬陷，被魏王李继岌杀死。戊寅，契丹派遣使者前来。二月，任命南院使李绍宏为枢密使，同月，邺都军将赵在礼在贝州谋反，并攻克了邺都，武宁军节度使李绍荣前往征讨，邢州军将领赵太也发动叛乱，东北面招讨使李绍真奉命加以征讨。成德军节度使李嗣源也奉命讨伐赵在礼。次月，在诛杀赵在礼以后，李嗣源也起兵谋反，龙骧指挥军使姚彦温率领先锋军，向李嗣源投降。嗣源进入到汴州。四月，李存勖便驾崩了。

❀ 后唐庄宗李存勖像

唐明宗本纪

明宗是后唐历史上的第二位皇帝。他本是唐庄宗的义子,善于骑射,在庄宗征服各地的战争中,多次协助庄宗获胜,建立了累累功勋,因此深受庄宗的宠信。后来在与梁军的战争中,唐庄宗采纳了他的意见,并取得了决定性的胜利。庄宗称帝后,他受到庄宗的猜忌,后来发动兵变,篡夺了帝位。在位期间,他为政宽厚,关爱百姓,是五代君主中在位时间最长的。

【累立战功】

唐明宗皇帝,本是夷狄的后裔。他的父亲是雁门部将,后来明宗因为善于骑射,于是在唐庄宗军中效力。他为人质朴敦厚,寡言少语,做事也非常谨慎,因此深得唐庄宗的喜欢,并将他收为养子,并赐名为李嗣源。

梁军攻打兖州等地,朱宣前来向唐庄宗求援。唐庄宗派遣李存信率兵三万,前往救援。李存信在莘县停滞不前,仅仅派李嗣源另率三千兵力,攻打梁军,梁兵解围而去。而李存信因为在莘县逗留太久,受到罗弘信的袭击,溃败而逃,李嗣源却独自殿后,从容而还,唐庄宗为嘉奖他,将他率领的五百名骑兵号为"横冲都"。光化三年(900),李嗣昭攻打梁国的邢、洺等地,经过青山后,和葛从周的部队交锋,大败而逃,梁军乘胜追击。李嗣源从小路赶来,对李嗣昭说:"我为你

打一仗。"于是解下马鞍,磨快箭镞,然后在高处布好阵形,从容指挥,追兵赶到后,不知他的用意,因而逡巡不前。李嗣源向敌军士兵大呼道:"我仅仅要活捉葛从周,士兵们不要动!"于是他策马冲入敌军,奋起进攻。李嗣昭也紧随其后,梁军撤退而去。战事结束后,李嗣源身中四箭,太祖亲自脱衣服给他穿,并赐予他药物,从此李横冲名震四方。

梁军和晋军在柏乡对峙,梁的龙骧军分为两部,分别骑着清一色的白马和枣红马,兵力非常强盛,让晋军士兵闻风丧胆。庄宗举起酒杯,劝李嗣源喝酒,激将他说:"你看见敌军的枣红马和白马会害怕吗?即使我也会胆怯。"李嗣源大笑道:"只是徒有其表而已,明天这些马就要进我们的马厩了。"庄宗大喜,说:"你有这种气魄,我们一定能打败梁军。"于是李嗣源扬鞭策马,攻打梁军的白马阵,很快就捉获了两名偏将。梁兵溃

败下来，李嗣源因为战功被任命为代州刺史。后来，庄宗攻打刘守光，李嗣源及李嗣昭率领三万兵马另从飞狐道出发，平定山后，攻取武州、妫州和儒州。庄宗平定魏州之后，顺道攻取了磁州、相州，唐王室封他为相州刺史、昭德军节度使。不久，又被封为安国节度使。契丹攻打幽州，庄宗派遣李嗣源和阎宝等人打退了契丹的进攻。

同光元年（923），李嗣源镇守横海。此时，梁军和唐军在黄河边对峙，李继韬献出潞州，向梁军投降，庄宗很担忧，于是将李嗣源召入帐中，说："李继韬以上党向梁军投降，如今梁军正猛攻泽州，我出其不意地袭击郓州，断掉梁军的右臂，可行吗？"李嗣源回答说："两军相峙已久，如果不出奇兵，就难以分出胜负，我请求独自担当这个任务。"于是他率领五千人过河，到达郓州时，郓州人毫无防备，于是他轻易地攻破了郓州，随即被任命为天平军节度使、蕃汉马步军副都总管。

🔴 **宫中图（局部）·五代·周文矩**
史书说周文矩精于画仕女，他的仕女画多表现宫中妇女生活的豪华和空虚，此《宫中图》在情调上也是如此。

【打败梁军】

梁军攻克了德胜军的南营，庄宗退守杨刘。此时王彦章也猛攻郓州，庄宗下令全军救援，并任命李嗣源为先锋。追到中都时，擒获王彦章和梁军的监军张汉杰。王彦章虽然战败，而段凝却仍率领着梁军，驻扎在黄河边。庄宗不确定下一步的攻势，大多数将领都建议乘胜攻克青、齐等地，李嗣源却力排众议，说："王彦章战败一事，段凝还不知情，等他知道此事，在犹疑间做出决断，也需要三天时间。即使他料到我们的进犯，赶紧发兵救援，也需要花时间准备船只，在黎阳渡河。这里距汴州不远，前面也没有险阻地形，我们两晚就可以到达。等到攻克了汴州，段凝就不足为虑了。"郭崇韬也赞同他的意见，于是庄宗同意了，派李嗣源率领上千骑兵，先到汴州攻打封丘门，敌军开门投降。庄宗到达后，大喜过望，牵着李嗣源的衣襟，并用头相碰说："这是和你共同打下的天下啊。"于是李嗣源被拜授为中书令。

同光二年，庄宗在南郊祭天，并赐李嗣源以铁券。五月，李嗣源在潞州打败杨立。六月，他任宣武军节度使，兼任蕃汉内外马步军总管。这年冬天，契丹骚扰渔阳，李嗣源在涿州将其打败。

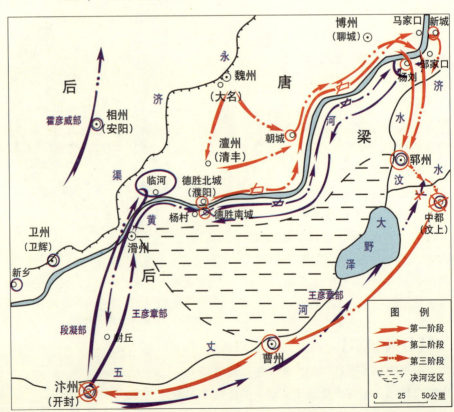

后唐灭后梁及蜀示意图

同光三年，李嗣源出任成德军节度使，不久，庄宗去邺城巡幸，李嗣源请求朝见，未得应允。后来贞简太后病逝，请求参加太后葬礼，庄宗答应，但因为契丹侵边，此事没有成行，直到十二月才在洛阳朝见庄宗。

【篡位称帝】

天成元年（926），郭崇韬和朱友谦等人都被谗言陷害而死，李嗣源因为名高望重，也受到唐庄宗的疑忌。赵在礼在魏地谋反，大臣都请求派遣李嗣源讨伐叛军，唐庄宗不答应。群臣再三请求，庄宗迫不得已，派李嗣源出兵讨伐。李嗣源到达魏地后，赵在礼登楼谢罪。随即，发生兵变，李嗣源进入魏州城，和赵在礼会师，举兵叛乱，不久就攻克了汴州。四月，唐庄宗驾崩。不久，李嗣源进入洛阳，在唐庄宗的灵柩前即位，称为明帝，并大赦天下，更改年号。即位后，他十分倚重安重诲，并任命他为枢密使。

明宗虽然出身夷狄，却为人质朴宽厚，关爱百姓。在五代的君主中，他是值得称道的。他曾经在夜间焚香，向上天祝祷说："我本是粗蛮之人，怎能治理好天下呢？天下动乱已久了，愿早日降生圣人吧。"他即位之初，就削减了宫女和乐师等人；又废除了内藏库，四方的贡物都收藏在官府。广寿殿曾经发生火灾，后来修葺时，官府想涂上红色油漆，他叹息道："上天以火灾劝诫我，我

怎能更加奢侈呢？"有一年大旱，后来降雪，他坐在院中，诏令宫人不要扫雪，说："这是上天赐给我的。"他多次向宰相冯道询问民间的疾苦，听冯道说谷物和衣帛价格低廉，民间无疾疫，就高兴地说："我应该和你们一起做好事，来报答上天的恩德。"对贪污的官吏，他则毫不留情地处死，说："这是百姓的蛀虫啊！"并降下诏书，褒奖清廉的官员孙岳等人，以此激励天下。

长兴四年（933）十月，唐明宗到士和亭，不慎染病。十一月，其子秦王李从荣率兵攻入兴圣宫，失败后被处死。不久，皇帝就在雍和殿驾崩了。

论赞

唉，自古以来，太平之世少而动乱之世多。三代称王天下，都统治了几百年，其中的有道之君屈指可数，何况是后世呢，更不要说五代了。明宗即位时，年事已高，不近声色，也不喜欢游猎。他在位七年，是五代君主中在位最长的，当时战事停歇，五谷丰收，百姓都得以休养生息。然而他性格刚果，仁慈却不能明辨是非，多次诛杀无辜的臣僚。他和儿子李从荣之间，不能预先考虑到祸患，结果仓促中发生事变，使李从荣陷于大恶，明宗也因此饮恨而终。李从荣的变乱，任圜、安重诲等人的死亡，都是上下互相蒙蔽，毁誉不分的后果啊。治理国家的人，都要引以为鉴啊！

新五代史

●本纪●

卷十二

周世宗本纪

周 世宗柴荣是后周的皇帝。他本是周太祖郭威的内侄和养子，周太祖去世后，他继承了帝位。当时，全国有南唐、北汉等若干割据势力。柴荣即位后，南征北战，在短短的时间里，就打败北汉，后来又率兵南征，打败了南唐，南唐国主向后周称臣。但不久后，他即去世。然而他却揭开了统一天下的序幕，为赵匡胤统一全国奠定了基础。

▶【初登帝位】

世宗睿武孝文皇帝，本姓柴，是邢州龙冈人。柴氏的女儿嫁给周太祖，就是圣穆皇后。皇后的哥哥柴守礼的儿子柴荣，从小跟随姑姑在太祖家长大，他恭谨忠厚，受人喜爱，太祖把他当做儿子看待。后来太祖的地位逐渐显贵，柴荣也长大成人，他相貌英伟，擅长骑射，略通经书史籍，性情沉稳少言。太祖镇守天雄的时候，柴荣担任贵州刺史、天雄军牙内都指挥使。

乾祐三年（950）冬天，周军在魏州起兵，侵犯京师，柴荣留守魏州。周太祖在京师称帝后，拜授柴荣为澶州刺史。枢密使王峻一向嫉妒柴荣，柴荣广顺三年正月进京朝拜，王峻不让他留下。不久王峻获罪被杀，三月，周太祖任命柴荣为开封尹，封为晋王。这年冬天，占卜决定次年正月初一在南郊祭祀，而太祖因为患病，很久都没上朝了。

显德元年（954）正月，周太祖在南郊勉强完成祭祀仪式，随即让晋王主持内外的军兵大事。不久太祖驾崩，但一直隐瞒消息，过了很多天才发丧，晋王柴荣在灵柩前继位。右监门卫大将军魏仁浦被任命为枢密副使。

二月，回鹘派遣使者前来。不久，北汉前来征讨，从潞州进攻。周世宗下令郑仁诲留守东京，自己则率军从潞州攻打汉军。周军和刘旻在高原交战，刘旻败逃，周军乘胜追击直到高平，再次打败刘旻。周军进入潞州，周世宗任命天雄军节度使符彦卿为河东行营都部署。

四月，神圣文武恭肃孝皇帝被葬在嵩陵。汾州董希颜、辽州张汉超先后反叛汉军归顺周军。很快周军又攻取了岚州、宪州等四地。周世宗随即赦免潞州的流放罪以下的囚犯，奔赴太原，忻州监军李勍杀死刺史赵皋，也背叛北汉投降。

五月，代州守将郑处谦向周军投降，契丹出兵救援北汉军。符彦卿和契丹军在忻口交战，结果大败，先锋都指挥使史彦超战死。六月，周军班师回朝，路过新郑时，世宗前去朝拜嵩陵。然后取道太原回到京城。七月庚辰，周世宗任命枢密院直学士、工部侍郎景范为中书侍郎，兼任同中书门下平章事，魏仁浦为枢密使。

显德二年春天，周世宗亲自写下诏书，广求诤言。五月，诏令宣徽南院使向训、凤翔节度使王景二人讨伐蜀地。到十一月，向训先后攻克秦州、成州和阶州三地，王景攻克凤州。周世宗又任命李谷为淮南道行营都部署，前去征讨南唐。同年，世宗下诏大规模拆除佛寺，禁止双亲无人供养的人出家或私自剃度，还诏令全国禁止制造铜器。十二月，郑仁诲病逝，世宗亲自前去吊唁。

第二年，周世宗派向训留守东京，自己率兵南征。侍卫亲军都指挥使李重进和唐军在正阳交战，打败唐军。二月，

❀ 周世宗陵

周世宗柴荣在位六年，显德六年（959）病逝，享年三十九岁。按照太祖郭威的遗训，后周的皇陵都俭朴无华，区别于历代帝王陵寝。史称柴荣为五代第一明君。

周军到达下蔡浮桥，不久攻克滁州。李璟求和，周世宗不答应。李璟又派他的使臣钟谟前来献表。到三月，周军已先后攻克扬州、泰州等五州，但是常州和泰州很快就落回唐军手里。

【建功立业】

显德四年（957）二月，世宗再次南征，并在次月攻克了寿州。十二月，泗州南唐守将范再遇叛乱，献出守城，向后周投降。同月，世宗攻克了泰州。五年，后周攻克了海州、楚州、雄州、扬州等十四州，李璟前来纳贡朝见。回鹘、达靼等族得到消息后，也大为震动，纷纷派使者前来朝见。六月，世宗释放了南唐的4600多名降卒，让他们回到故土。九月，占城国王释利因德缦也派遣使者前来朝见。十二月，世宗下令，减免州县的赋税。

显德六年正月，高丽王王昭派使者来朝见。不久，女真也派遣使者前来朝见。三月，甘州的回鹘部族前来进献宝玉，世宗没有接受。同月，王朴去世，宣徽南院使吴延祚充任东京留守，世宗率领大军北征，并封吴延祚为左骁卫上将军、枢密使。四月壬辰，世宗攻克了乾宁军，数天后，又攻克了益津关，将之改名为霸州；攻克了瓦桥关，将之改名为雄州。五月，又攻克了瀛州。六月，世宗将符氏立为皇后，并封儿子柴宗训为梁王，柴宗谊为燕国公。柴宗训是世宗的第四个儿子。世宗即位之后，大臣们请求分封皇子为王，世宗始终没答应。等到世宗北征，攻克三关后，患上疾病，于是回到京师，这才封年仅七岁的柴宗训为梁王。同月，世宗在滋德殿驾崩，恭皇帝柴宗训即位。

论赞

唉，世宗在位仅仅五六年，却攻克了秦陇，平定了淮南，威震天下。他同时又重视文事，延用儒士，编撰《通礼》《正乐》等书。他为人英明果断，谈吐富有远见。当时中原缺乏钱财，他说："既然佛教认为身世虚妄不实，以普济为要务，即使佛的真身存在，如果能够惠泽世人，就会毫不犹豫地舍身济人，何况是铜像呢，他怎么会吝惜呢？"于是下令毁掉天下铜制佛像，用来铸造钱币，并拆除了天下的许多寺院。他曾经秉烛夜读，读到唐朝元稹的《均田图》时，慨然长叹，于是下诏颁布法令，使天下的田产得以均等，可见他的心胸志向是很大的啊！后来，世宗征讨南唐，向宰相李谷问计；等攻克淮南后，拿出李谷的奏疏，让学士陶谷写赞辞，并盛在锦囊中，放在身边，用以警醒和勉励自己。他智勇双全，可谓是豪杰，又能虚心听取他人的意见，用人不疑，的确是贤明的君主啊。

康怀英 张归霸列传

康怀英和张归霸是梁太祖手下的两员猛将，在梁太祖创建霸业的过程中，他们两人跟随他南征北战，屡建战功。

【猛将康怀英】

康怀英，兖州人氏。他曾经为朱瑾效力，担任牙将的职务，梁军攻打朱瑾，朱瑾为了报复，就出兵骚扰丰、沛等地，劫掠当地的粮食。他留下康怀英守城，康怀英却献出城池，向梁军投降，于是朱瑾逃跑到吴地。梁太祖得到康怀英这样一员骁勇的战将，大喜过望。后来，康怀英跟随氏叔琮攻打赵匡凝，攻克了邓州。梁兵在岐州与李茂贞交战，任命康怀英为先锋，康怀英来到武功后，杀死了上万敌军。太祖得到接报后，非常高兴地说："这个地方叫武功，真是名副其实啊。"为了奖赏康怀英，梁太祖将上好的名马赐给他。当时，李周彝率领着鄜坊的士兵，日夜兼程，前来救援岐州的守军。援军驻扎在三原界，康怀英发动奇袭，将援军击败，又乘胜攻克了翟州，胜利而归。当时岐州的士兵驻扎在奉天，康怀英在敌营的东北面安扎营垒。夜半时分，敌军发动了进攻，康怀英不想惊动其他的将领，于是独自率领着部下的三千士兵，前往迎战。他身先士卒，英勇杀敌，等到天亮的时候，敌军终于撤退，而他身受十多处创伤。李茂贞和梁军议和，昭宗回到京师后，为嘉奖康怀英的战绩，封赐他为"迎銮毅勇功臣"。

杨行密攻打宿州，梁太祖派遣康怀英前往迎战，击退了杨行密的军队。康怀英被举荐为宿州刺史，后来擢升为保义军节度使。适逢丁会背叛梁军，将潞州献给晋军，梁太祖任命康怀英前往征讨。临行之际，梁太祖再三告诫康怀英，叮嘱他务必要攻克潞州，言语中流露出严肃而恳切的心情。康怀英心中惶恐不安，下定决心一定要攻克潞州，于是修筑了隔河相对、互为犄角的营寨，将潞州围得密不透风。晋国派遣周德威驻扎在乱柳，数次前来寻衅，康怀英都不敢迎战，梁太祖听说后，就另外派遣李思安代替康怀英统率军队，将康怀英降职为都虞侯。很久以后，李思安也没有建立战功，梁太祖大怒，罢免了李思安，任命同州刘知俊来接掌兵权。

刘知俊还没有到达军营，太祖就亲自来到泽州，前来援助康怀英等人，并督促他们作战。不久，晋王李克用就死了，唐庄宗下令，让周德威撤军回朝。梁太祖听说晋国遭遇大丧，周德威也引兵而退，于是他也回到了洛阳，手下的将领们虽然留了下来，却逐渐放松了戒备。庄宗对周德威说："晋国所以能够抵抗梁国，并让他们有所顾忌，是因为先王的功绩。如今梁军听说先王已死，必定认为我刚刚即位，不能出兵，因此就懈怠下来。我们正应该出其不意，发动袭击，不仅能解除围困，也能够成就霸业。"于是他和周德威等人快马飞奔，六天后到达北黄碾，适逢大雾弥漫，天昏地暗，什么都看不清，庄宗在三垂冈埋下伏兵，然后直逼敌军营垒，大败梁军。三百名梁军将领战死，康怀英率领着上百名骑兵，侥幸逃脱。他前来叩见梁太祖，向太祖请罪。太祖说："去年用兵之前，天象已呈不祥之兆，占卜的人都说战事不利，我却不听他们的建议，致使败绩，这不是你的罪过，而是我的过失啊。"于是宽免他的罪责，任命他为右卫上将军。

后来刘知俊叛变，奔逃到岐州，梁太祖任命康怀英为保义军节度使和西路副招讨使。刘知俊率领岐州士兵，围攻灵武，梁太祖派遣康怀英攻打邠宁等地，以牵制刘知俊的行动。康怀英攻克了宁州、庆州和衍州三地。他率军归还，路过升平时，受到刘知俊的偷袭，梁军大败。他改任感化节度使。后来，朱友谦叛变，依附晋国，康怀英前去讨伐他，与晋军在白径岭交战，康怀英再次大败而逃。于是，他改任永平节度使，并死于此地。

▶【张氏兄弟】

张归霸，清河人氏。他的女儿嫁给梁末帝，被封为德妃。张归霸少年时，和他的弟弟张归厚等人一起投奔黄巢，后来黄巢战败逃走，于是张归霸兄弟向梁军投降了。秦宗

白瓷盒·五代

权攻打汴州，张归霸率兵应战，数次立下战功。当时张晊驻扎在赤冈，派出骑兵前来挑战。骑兵放箭射中了张归霸，张归霸却毫不惊慌，从容地拔出箭矢，然后挽起弓箭，一箭就射死了敌手，然后他策马上前，眨眼之间，就夺取了骑手的战马。此时梁太祖正在高处的山坡上观战，目睹了这惊险勇猛的一幕，大为惊叹，立刻将张归霸招来，赏赐他大量钱物，又将坐骑赐给他。

梁太祖攻打蔡州，蔡州将领萧颢率兵猛攻太祖的军营，当时形势非常危急，张归霸来不及向梁太祖请示，就与徐怀玉各自统勒部众，兵分两路，然后夹击敌军，敌军溃败，于是太祖得以脱险，并攻克了蔡州。太祖南征北战，又攻打兖州、郓州等地，并攻克了曹州，命令张归霸率领数千士兵镇守此地。朱瑾率兵前来攻打，张归霸听说后，就出城迎战，在金乡大败敌军。后来他又攻破了濮州。晋军攻打魏地，张归霸跟随葛从周，前去救援魏军，洹水一战后，张归霸擒获了李克用的儿子李落落，并将他交给了魏军。梁军在内黄打败了刘仁恭，此战中张归霸立功最多。光化二年（899），他暂时治理邢州，又被擢升为莱州刺史，并被封为左卫上将军、曹州刺史等职。开平元年，他被封为右龙虎统军、左骁卫上将军。次年，他被封为河阳节度使，后来得病而亡。

张归霸的弟弟张归厚，善于使用弓槊，能够以少胜多。张晊屯扎在赤冈时，张归厚与张晊独自在阵前交战，张晊因为疲惫，就退却了，梁军趁机发动进攻，张晊大败。梁太祖非常高兴，于是任命张归厚为骑长。梁军攻打时溥时，张归厚率领士兵，率先向九里山进兵，在徐州和敌军交战，梁国的旧将陈璠背叛梁朝后，当时正在徐州。张归厚远远望见他，就怒睁双目，破口大骂，随后冲入敌阵，想要捉拿他，却被箭射中了左眼。郴王朱友裕攻打郓州时，屯兵于濮州，梁太祖后来赶到时，朱友裕却已经移营别处，和梁太祖走散了。和郓州士兵交战后，太祖登上高处，瞭望敌军形势，发现敌军不过千余人，于是命令张归厚率兵将他们冲散，结果大量的郓州士兵聚集起来，张归厚害怕敌众我寡，就率领数十名骑兵，护卫梁太祖首先撤离。他的坐骑被射死了，于是他就徒步持槊，继续杀敌。太祖回到军营后，以为张归厚必死无疑，就派遣张筠前来为他收尸。孰料张归厚虽然负伤多处，仍然还活着。太祖见到他后，流着泪说：“只要你还活着，军队战败了又算得了什么呢！”并擢升他为右神武统军，乾化元年，他被拜授为镇国军节度使，后来生病而死。

郭崇韬列传

郭崇韬是后唐的名将和谋臣。他最初被唐庄宗任命为中门使，深受庄宗的倚重。他帮庄宗出谋划策，打败了契丹，不久又打败了梁将王彦章等人。后来，当众将领都主张和梁军议和的时候，郭崇韬却力排众议，坚决主战。庄宗采纳他的建议，很快就灭掉了梁国。庄宗称帝后，他请求庄宗册封刘皇后，以此巩固自己的地位。他为官廉洁，因此深受宦官等人的嫉恨。他又直言敢谏，阻谏庄宗修建高楼避暑的计划，庄宗很不高兴。后来，他被任命为招讨使，协助魏王李继岌征伐蜀地。他文武兼施，很快就灭掉了蜀国。但是他向来痛恨宦官，又触怒了李从袭和向延嗣等人，因而遭受诬陷，在蜀地被刘皇后矫诏杀死。

▶【打败契丹】

郭崇韬，代州雁门人，任河东教练使。他为人聪明机敏，应对自如，因富有才干而广受称赞。在唐庄宗还是晋王的时候，孟知祥担任中门使，郭崇韬为副使。中门使这一职位，能参与管理国家的机要大事，孟知祥担心容易获罪，请求出外任职，推荐郭崇韬做了中门使。

晋兵在镇州围攻张文礼，久攻不下，而定州王都趁机引诱契丹前来进犯。契丹兵到达新乐，晋兵都很害怕，想要突围而去。唐庄宗犹疑不决，郭崇韬说："契丹这次来，并不是要解救张文礼，而是因为王都以利益引诱他。而且现在晋兵刚刚打败梁军，士气振奋，应趁机击退契丹，不能因为胆怯而匆忙撤退。"庄宗认为他说得

对，果然打败了契丹。唐庄宗即位后，拜授郭崇韬为兵部尚书、枢密使。

▶【谋灭梁国】

梁国王彦章击破德胜，唐军向东退守到杨刘，被王彦章围困。唐庄宗登上高处，望见王彦章正深挖壕沟，想切断唐军退路，心里不以为然，笑道："我知道他的用意，他想打持久战拖垮我。"随即率领士兵手持刀剑出战，结果被王彦章伏击，大败而归。庄宗问郭崇韬："有什么好办法？"这时，唐军已经占领了郓州。于是郭崇韬说："王彦章将我们困在这里，目的是要夺取郓州。我愿意领兵数千人，占据黄河下游，在险要的地方修筑堡垒，以策应郓州为名，王彦章一定会来争夺，一旦分散了他的兵力，

就可以重新谋划了。不过修建堡垒需要时间，皇上可以带领精兵天天挑战王彦章，牵制住他，十天后堡垒就可以修好。"庄宗认为可行，于是派郭崇韬和毛璋率领几千兵士乘夜行军，所过之处，驱逐百姓，劫掠财物，拆毁房屋，砍伐树木，渡过黄河，在博州东面修筑堡垒，昼夜赶工，六天就建成了。王彦章果然领兵前来猛烈攻打，当时正是大热天，王彦章的士兵热死了不少，堡垒还没攻克，损失的士兵已经过半，只得返回杨刘，唐庄宗率领军队迎面痛击，王彦章的军队被打败。

康延孝从梁国投奔唐，先拜见了郭崇韬，郭崇韬把他让进内室，将梁国的军情探听得一清二楚。唐自从丢失了德胜、黎阳、卫州又被梁兵攻占，李继韬则献出泽潞两州投降梁国，契丹也屡次进犯，现在康延孝带来消息说，梁国正在纠集兵力，准备对唐大举进攻，将士们都认为胜负难测。庄宗对此也感到很忧虑，询问将领们的意见，将领们都说："唐虽然夺得郓州，但是隔着黄河也难以守卫，不如将郓城给梁国，夺回卫州、黎阳，以黄河为界，和梁国协议停战，也许可以以此为将来打算。"庄宗不高兴，召见郭崇韬询问计策，郭崇韬说："陛下兴的是正义之兵，将士们冲杀战场、老百姓辛辛苦苦

输送军饷，十年有余。如今国家大业已成，黄河以北，人人都翘首期盼着功成名就，休养生息。现在夺得了郓州，却要放弃它，即使想划定黄河为界，谁肯为陛下把守呢？而且，唐没有丢失德胜的时候，四方商贾云集，征调转运的物资都聚集在此。自从丢失了南城，据守杨刘，物资一路上辗转运输，损耗过半。而魏、博等五个州，庄稼还没有收割，即使榨干老百姓聚物敛财，也应付不了几个月，这哪里是按兵不动、打持久战的时机呢？我从康延孝那里，已经探清梁国的虚实，这是老天要消灭梁国啊。希望陛下派出部分兵士把守魏州，固守杨刘，同时从郓州直捣梁国的巢穴，不到半个月，天下就太平了！"庄宗大喜，说：

🔴 **八达游春图·五代·赵喦**

"这才是大丈夫的事业啊！"当天就下令军士将家属送回魏州，夜渡杨刘，从郓州出发袭击汴州，八天就消灭了梁国。庄宗论功行赏，拜郭崇韬为侍中、成德军节度使，依旧任枢密使。

庄宗和将士们以武力夺取天下，郭崇韬虽然不曾亲临战场，却单靠帮皇上出谋划策成为辅助帝业的第一大功臣，他位兼将相，把治理天下当做自己的使命，碰到任何为难之事也从不逃避。这给宦官、伶人专权，造成了不方便。

【拥立皇后】

当初，郭崇韬和宦官马绍宏都担任中门使，而马绍宏的官位更高。等到庄宗即位以后，两人都应当担任枢密使，但郭崇韬不想位居马绍宏之下，于是任命张居翰为枢密使。马绍宏因为没当上枢密使，心怀怨愤，郭崇韬于是让马绍宏担任内勾使。全国凡是通过征收和税得来的钱财俸禄，都需要经过内勾使。不久，由于文案账簿繁多，各州具深受其害，这件事被废止，而马绍宏尤其怨恨。郭崇韬很害怕，对老朋友的弟子说："我辅佐皇上夺取天下，现在大功告成，而小人们纷纷兴风作浪，我想躲开，回去镇守洛阳，也许这样可以免祸，可行吗？"老朋友的弟子说："俗话说'骑虎难下'，如今你权位很高，下面的人都妒忌你，你一旦失去现在的地位，还能保身吗？"郭崇韬问："那怎么办呢？"回答说："现在皇上还没有册封皇后，刘氏受宠，您应当请求皇上，赶紧立刘氏为皇后，并多做一些对天下百姓有利的事情，然后再告退。天子因为你立下大功而没有过失，必然不会让你离去。这样，你在外有不贪权势的名声，在内又有中宫的帮助，又受到天下人的喜爱，即使有人诬告诽谤你，也动摇不了你的地位了。"郭崇韬于是上疏皇帝，请求立刘氏为皇后。

郭崇韬向来廉洁，但自从到了洛阳，开始收受四方的贿赂和馈赠，他的老朋友因此提出质疑，郭崇韬说："我官居将相，俸禄和赏赐价值上万，

当然不缺这些东西。但是如今的藩镇诸侯，大多数是梁国的旧将，过去都曾经与皇上同生死、共患难。我如果拒绝接受他们的一切馈赠，岂不是会产生怨恨？何况，那些财物收藏在我家，跟放在公家仓库里有什么两样？"第二年，天子在南郊祭天，郭崇韬将他收藏的财物悉数捐出，作赏赐之用。

【请求辞职】

南郊祭天之后，庄宗随即册封刘氏为皇后。郭崇韬多次上表，请求将枢密使的职务交还内臣，同时请求辞官，庄宗都好言挽留，不予允许。郭崇韬又说："当初，我跟随皇上驻扎朝城，设计攻打梁军的时候，皇上曾拍着我的背和我约定：'成功之后，我给你一个镇。'现在天下统一，才俊云集朝廷，我已经筋疲力尽，希望能如约告退。"庄宗说："朝城之约，我答应给你一个镇，却没有答应让你离开。你丢下我，要去哪里呢？"郭崇韬于是陈说关系到天下利害的二十五件事，皇上都按照他的意愿实行了。

李嗣源担任成德军节度使，想调任郭崇韬到忠武军任职，郭崇韬诚恳地拒绝了。庄宗说："我怎能身居天下最高的位置，而让你没有尺寸安身之地呢？"郭崇韬不断推辞，庄宗于是收回任命，仍然让他担任侍中、枢密使。

【直言切谏】

同光三年（925）夏天，大雨下个不停，大水淹没了农田，很多老百姓颠沛流离而死。庄宗担心宫中湿热，不宜居住，想要修建高楼避暑。宦官进言说："我看见长安全盛时候，大明宫、兴庆宫楼阁有上百间。现在的皇宫还比不上那时的公卿宰相家。"庄宗说："我坐拥天下，难道建不起一座楼？"于是，派宫苑使王允平办理此事。宦官说："郭崇韬常常因为租赋繁重而眉头紧锁，吝惜钱财，皇上即使想建楼，能建成吗？"庄宗于是派人询问郭崇韬："过去，我和梁军在黄河边上对垒，严冬炎夏，披着铠甲骑在马上，都不觉得劳苦。现在，我住在幽深的内宫，有大房子遮阴，却感到天热难耐，这是为什么呢？"郭崇韬回答说："陛下过去以天下为己任，现在为个人舒适着想，忧虑的事情不一样，情势自然也就不一样。希望皇上不要忘记创业时的艰难，常常像当初在黄河边胸怀天下，那么即使大热天，也会觉得清凉无比。"庄宗默然不语。后来，他还是派王允平修建高楼，郭崇韬果然直言劝阻。宦官说："郭崇韬的宅第，和皇宫一样，他怎么知道皇上有多热呢？"就这样，越来越多的谗言传到皇帝耳中。

河南县令罗贯，为人刚强正直，奉公守法，任凭权贵和宦官等人的请

 列传

新五代史

托堆满了书案，一概不理睬，都拿给郭崇韬看。郭崇韬多次向皇上提及此事，宦官、伶人恨得咬牙切齿。过去，张全义担任河南尹，县令人多是他的门生。后来罗贯任职河南尹，不畏惧张全义的权势，凡是倚仗他为非作歹的人，全部被他处死。张全义大怒，曾经派人向刘皇后告状，刘皇后从容地为罗贯辩解，但身边的人日夜诋毁他。庄宗隐忍着，一直没有惩罚罗贯。皇太后驾崩后，庄宗前往墓地祭祀，道路泥泞不堪，桥也朽坏。庄宗问："主管的人是谁？"宦官回答说："归河南管辖。"于是立刻找来罗贯，罗

贯回答说："我没有接到诏书，请责问主管这事的人。"庄宗说："这本来归你管，还要问谁！"于是将他逮捕入狱，狱吏将其打得遍体鳞伤。第二天，皇帝下诏将他处死。郭崇韬阻止说："罗贯只是没有修好桥梁和道路，不应该被判死罪。"庄宗大怒说："太后的灵车快要启程，我的车马往来此地，桥梁和道路却没修好，你说他没有罪，可见是他的朋党！"郭崇韬说："罗贯虽然有罪，应当由主管部门依法审讯。皇上以万乘之尊，对一个县令发怒，天下的人都要说皇上执法不公。"庄宗说："罗贯是你器重的人，就由你处置吧！"于是就起身回宫，郭崇韬跟在后面，依然据理力争。庄宗关上殿门，郭崇韬无法入内。罗贯终于被处死。

【征讨蜀地】

第二年，庄宗征讨蜀地，商讨挑选大将的事情。当时明宗为总管，按理应当前往。而郭崇韬因为受到诋毁，处境很危险，因此想立大功来保全自身，于是说："契丹侵犯北边的领土，只有总管才能御敌。魏王李继岌是太子，却寸功未立，派他去最为合适。"庄宗说："李继岌还没成人，怎能担当大事？一定要为他选个副手。"郭崇韬还来不及回答，庄宗说："我有人选了，没有人比你更合适。"于是，任命李继岌为西南面行营都统，郭崇韬为招讨使，军政大事都听凭郭崇韬裁决。

🐦 山鹧棘雀图·五代·黄居寀

唐军进入蜀地，所到之处，敌军都纷纷向唐军投降。王衍的弟弟王宗弼，偷偷向郭崇韬行贿，请求担任西川兵马留后，郭崇韬许诺让他担任节度使。唐军来到成都后，王宗弼将王衍迁移到西宫，将王衍的妃嫔、珍宝等全部呈献给郭崇韬和他的儿子郭廷诲。王宗弼又和蜀人联名上疏李继岌，请求让郭崇韬镇守蜀。李继岌对郭崇韬存有疑心，郭崇韬无法表白自己，只好借故杀了王宗弼及他的弟弟王宗渥等人，并没收他们的家财。蜀国人得知后大为恐慌。

【获谗被诛】

郭崇韬向来痛恨宦官，曾经对李继岌说："等皇上驾崩，你即位之后，一定要将宦官全部铲除，就是阉马也不要骑。"监军李从袭等见郭崇韬独揽军权，心中本来就愤愤不平，听说此话后，更加切齿痛恨，想要除掉他。庄宗听说攻克蜀地，就派遣宦官向延嗣来犒劳唐军，郭崇韬不去郊外迎接，向延嗣大怒，于是和李从袭等人一起陷害他。向延嗣回朝后，献上从蜀地缴获的兵马财物账单。庄宗说："人们都说蜀国富甲天下，缴获的财物就这些吗？"向延嗣于是说蜀国的财宝都被郭崇韬私吞，又诬告他想要谋反，将会危及魏王。庄宗大怒，派遣宦官马彦珪前往蜀国，观察郭崇韬的动静。马彦珪告诉了刘皇后，刘皇后让他假传圣旨，让魏王杀掉了郭崇韬。

当初，郭崇韬掌权时，宰相豆卢革、韦悦等人都依附他。郭崇韬的父亲名叫郭弘，豆卢革等人就借由别的事，上奏将弘文馆更名为崇文馆，为他父亲避讳。因为他姓郭，就把他当成郭子仪的后代，郭崇韬也默认如此。他征讨蜀国时，经过郭子仪的墓地，下马恸哭一番后才离开，听见的人都觉得好笑。但郭崇韬忠于国家，有雄才大略。他攻破蜀国后，就派遣使者向南诏的各部落宣扬唐朝的威德，想以此安抚他们，真是胸有大志啊！

论赞

嗳，做官的人不能尽职，这个问题由来已久了。我读梁的诏书底本，知道在敬翔、李振担任崇政院使的时候，凡是秉承皇上的意旨，都请宰相裁决。如果宰相有不同意见的时候，则奏请皇上决断，或者秉承圣意，但还有需要再请示的地方，就都记下来送进宫中，等圣意明确了再宣布下发。梁的崇政使，等同于唐的枢密使，担负着上下通报的责任，唐时多为宦官担任，到梁的时候，为防止祸患，都改用士人担任。他们在皇宫里接受皇帝问询，参与谋划计议也是有的，但没有独自在外管事的情况。到了郭崇韬、安重诲担任这个职务的时候，恢复了枢密使的名称，权力却和宰相一样大。后代沿袭，于是一分为二，文官的事情归宰相管，武官的事情归枢密使管。枢密使的责任既然如此重大，那么宰相从此就不能尽到宰相的职责了。

周德威 史建瑭列传

周德威和史建瑭是唐庄宗手下的两员猛将，为后唐的建立立下了累累战功。周德威以勇武闻名天下，令敌军闻风丧胆。他跟随庄宗多次打败梁军，后来又率兵攻打燕地，协助庄宗活捉了燕王。在胡柳陂一战中，庄宗不听他的建议，结果被梁军打败，周德威战死。史建瑭也勇猛善战，多次跟随庄宗出征。在枣强一役中，以寡敌众，使用奇策，打败了梁军。后来，在攻打镇州的战役中，他中箭身亡。

【周德威智擒敌将】

周德威，字镇远，朔州马邑人氏。他为人智勇双全，望见烟尘，就能判断出敌军的人数。他身材魁梧，笑起来脸不变色，人人远远望见他，都凛然而生敬畏之心。他曾经为晋王效力，担任骑兵将领，后来被擢升为铁林军使，跟随晋王击败王行瑜，因战功被擢升为衙内指挥使。他的小名叫周阳五，在梁晋争霸之际，周阳五的勇武闻名于天下。梁军围攻太原时，号令军中说："能活捉周阳五的人，将被封为刺史。"梁军有名叫陈章的骁将，经常骑着白马，身披红色战甲出入阵中，他下决心要活捉周阳五。晋王告诫周德威说："陈章想活捉你当刺史，见到骑白马、披红甲的人，你要多加小心。"周德威笑道："陈章喜欢说大话，怎么知道不是我做刺史呢？"于是他告诫部卒，见到陈章后就佯装败逃。两军交战后，周德威身穿士兵的衣服，混杂在军队中。他的部下见到骑白马穿红甲的人，就遵命撤退，陈章举起长矛紧紧追赶，周德威等他冲过去后，挥起铁槌击打他，陈章被打中，坠下马来，于是被活捉了。

【屡败强敌】

梁军攻打燕地，晋王派周德威率领五万士兵，攻打梁国，以解燕国之危。周德威攻克了潞州，梁军只好撤军回救，包围了潞州，守将李嗣昭关闭城门，据守潞州，周德威和梁军在城外对峙了一年多。李嗣昭素来和周德威不和，晋王很担忧，病危时告诉了庄宗。晋王死后还没有安葬，庄宗刚刚即位，处死了叔父李克宁，国内还没有安定，而晋军的重兵都统率在周德威手中，晋国人心惶惶，害怕发生变故。唐庄宗派人将晋王去世和李克宁被杀的消息告诉了周德威，并召他率军返回。周德威接到命令后，当天就回到太原，将士兵留在城外，徒步进城，伏在晋王的灵柩前，恸哭欲绝，晋国的人心这才安定下来。然后，他跟随庄宗击败了梁军，并和李嗣昭和好如初。他因战功被封为振武节度使、同中书门下平章事。

天祐七年（910）秋，梁军派王景仁率领魏、滑、汴、宋等地的七万士兵，攻打赵国。赵王王熔向晋军求援，晋国派周德威驻扎在赵州。入冬后，梁军来到柏乡，赵国人告急，庄宗亲自率兵从赞皇出发，在石桥和周德威会师，前进到相距柏乡五里远的地方，安营扎寨。晋军兵力很少，王景仁所率领的神威、龙骧、拱宸等军，都是梁国的精兵，士兵的铠甲在日光的映照下，闪闪发光。晋军望见后，都有些害怕。周德威鼓励部卒说："这是汴、宋等地雇来的小商贩，并不值得害怕。他们的铠甲价值几万，擒获他们后，正可以做我们的装备。与其望着这些铠甲，心生羡慕，不如将它们夺来。"然后他又对庄宗说："梁兵锐不可当，我军应稍稍退后，等待时机。"庄宗说："我们孤军深入，速战速决才对我军有利，要不然，敌军知道我们兵力薄弱，我们就只好束手就擒了。"周德威说："不是这样的。赵军善于守城，而不擅长野外作战。我们的优势是骑兵，平原之地，才能发挥骑兵的战斗力。如今我军驻扎在河边，如果逼近敌营，就无法发挥我们的优势。"庄宗不高兴，退回营帐中休息，众将领都不敢求见。周德威对监军张承业说："我不速战，

并非是怯敌。我军兵力薄弱，又靠近敌营，所倚仗的，不过是一条河罢了。假如梁军得到船筏，率兵渡河，我们就全军覆没了。不如退兵，驻守在鄗邑，诱使敌军出兵，骚扰他们，然后伺机用计谋打败他们。"张承业于是觐见庄宗说："周德威是老将，懂得用兵，希望大王考虑他的意见！"庄宗赶紧起身说："我正在考虑呢。"不久，周德威擒获敌军的散兵，得知王景仁正在造船。于是他带着俘虏来见庄宗，庄宗笑着说："恰恰如你预料的一样。"于是晋军退守鄗邑。清晨，周德威派遣三百名骑兵，前去敌营挑战，自己率领三千精兵紧随其后。王景仁大怒，下令全军出击，周德威且战且退，撤退了几十里，到达鄗地南部。双方列好战阵，梁军兵分两路，汴州和宋州的军队列阵在西边，魏州和滑州的军队列阵在东边。庄宗策马登上高地，望见敌军的阵形后，高兴地说："平原可进可退，确实是打胜仗的地方！"于是他派人告诉周德威，自己打前锋，让周德威率军紧随其后。周德威劝阻道："梁军全军出动，转战几十里，他们来时肯定来不及带干粮，即使带了干粮，也来不及吃。等不到中午，人马都会饥饿，那时他们必然撤退，我们再攻击他们，则一定能取胜。"将领们都赞同他的意见。到了下午，敌军的东边扬起烟尘，周德威鸣鼓前进，梁军发生了骚动，无法重新列成战阵，于是士兵纷纷逃跑，周德威乘胜追击，杀死的敌军不计其数，王景仁仅仅带

白话精编二十四史

第七卷

着十多名骑兵，狼狈逃脱。自从梁军和晋军交恶以来，共打了十几场仗，梁军从来没有遭受过如此惨重的失败。

刘守光在燕地称帝后，晋国派遣周德威率领三万士兵，从飞狐出发，前去攻打燕地。周德威进入祁沟关，攻克了涿州，在幽州将刘守光包围，并攻克了外城，刘守光关闭城门据守。晋军陆续攻克了燕地的各州县，又过了一年多，终于攻克了幽州。周德威虽然身为大将，但常常身先士卒，冒着石头和箭矢的危险来回驰骋。刘守光手下有名叫单廷珪的猛将，远远望见了周德威，说："这是周阳五！"于是挺枪策马，前来追击。周德威佯装败走，估计单廷珪快要追到时，立刻跃马向旁一闪，单廷珪正在撒马追赶，无法停下来，等到他从周德威身边掠过，周德威挥起铁槌，将他打下马来，活捉了单廷珪。庄宗和刘鄩在魏地僵持不下，刘鄩夜间偷偷率领军队，经过黄泽关袭击太原，周德威从幽州率领一千骑兵，进入土门，尾随在他的后面。刘鄩来到乐平后，碰到下雨，无法继续前进，于是返还。周德威和刘鄩争着向东赶到临清。临清囤积有粮食，而且是晋军输送粮饷的必经之地，周德威首先占据了此地，因此庄宗最终能困住刘鄩，并将他击败。

▶【兵败战死】

庄宗勇猛好战，见到敌军后更是求战心切。周德威是老将，用兵稳重，常常避开敌军的锋芒，然后伺机取胜。

天祐十五年，周德威率领三万燕军和镇、定等地的士兵，跟随庄宗出师，从麻家渡向临濮进发，以便赶赴汴州。军队驻扎在胡柳陂，黎明时，侦察骑兵报告说梁军到了。庄宗向周德威征求战策，周德威回答说："此地距离汴州，用不着两天两夜就到了。梁军士兵的父母、妻子都在那里，而梁国的命运取决于这一战。我们深入敌境，他们怀有必死之心，我们只能智取，难以和他们硬拼。况且我军先到此地，粮草营垒都准备完毕，是可以以逸待劳的。请大王按兵不动，让我率领骑军骚扰他们，使他们无暇修筑营垒、砍柴做饭。然后等他们疲劳困顿的时候，再趁机出击，就能够取胜了。"庄宗说："我们驻扎在黄河边，整天等待着敌军，如今敌人到了，我们却不进攻，那我们做什么呢？"然后回头对李存审说："你带着辎重先走，我为你殿后。"并立刻督促军队前进。周德威对他的儿子说："我不知会葬身于何处了。"晋军遇上梁军，展开阵形：晋王在中间，镇州和定州的军队在左边，周德威的军队在右边，辎重等车辆在周德威的西边。两军交战后，庄宗率领银枪枪冲入梁军，梁军略有失利，进攻晋军的辎重车辆，运送辎重的士兵见到梁军的红色战旗，都大惊失色，逃入周德威的军队中，周德威的军队大乱，梁军趁机发动攻击，周德威父子双双战死。庄宗和众将相抱痛哭说："我不听老将军的话，致使他们父子丧生！"庄宗即位后，追赠周德威为太师。明宗时，加赠为太尉，并配祀庄宗的庭庙。

【史建瑭奇策退敌】

史建瑭是雁门人氏。晋王担任雁门节度使时，他的父亲史敬思担任九府都督，跟随晋王入关打败黄巢，收复了京师，又在陈州攻打秦宗权，曾经率领骑兵作为先锋。晋王追击黄巢直到冤朐，返回时经过梁地，驻扎在城北。梁王在上源驿站摆设酒宴，款待晋王，只有史敬思和薛铁山、贺回鹘等十多人随侍左右。晋王喝醉了，就在驿站住宿，梁军夜间围攻驿站。万分危急中，史敬思登上驿楼，射死了十几个梁兵，适逢天降大雨，晋王才得以和随从一同逃走。而史敬思却为梁国的追兵抓获并杀死。

史建瑭年轻时在军中担任裨校，等到晋军招降丁会后，与梁军在潞州对峙，史建瑭已经担任晋军的先锋。他杀死了很多梁兵，因此梁军士兵互相告诫要躲开史先锋。梁国派遣王景仁攻打赵地，晋军前来救援，建瑭率领先锋兵在柏乡和梁军交战。梁军组成方阵，分成两部分：汴州和宋州的士兵居左，魏州和滑州的士兵居右。周德威攻打左边的军队，史建瑭攻打右边，梁军大败而逃。史建瑭因战功被擢升为检校左仆射。

天祐九年（912），晋军攻打燕国，燕王刘守光向梁军求援，梁太祖亲自率兵攻打赵国，围困枣强、蓚县等地。当时，晋国的精兵都去攻打燕

开元平宝·后梁

国了，只有符存审与史建瑭率领三千骑兵，驻扎在赵州。梁军攻克枣强后，符存审扼守着下博桥。史建瑭将手下的五百骑兵分为五队：分别前往衡水、南宫、信都、阜城，剩下的一队自己率领，约好捉拿到梁国的十多个割草放牧的士兵，在下博桥会师。到黄昏时，擒获了几十个敌兵，将他们全部杀死，各队留下一名活口，放他逃跑，并告诉他说："晋国的大军就要来了。"次日，史建瑭率领上百名骑兵，打着梁军的旗帜，混杂在割草放牧的士兵中，晚上叩开梁军的营门，杀死了守卒，纵火大叫，又杀死了数百人。而梁军割草放牧的士兵，各自都碰上了晋兵，被释放生还的士兵，回来后都说晋国大军将至。梁太祖连夜拔营撤退，蓚县人趁势追击，梁军丢下的辎重武器不计其数。梁太祖本来已患病，这时病情转重，而晋军得以全力攻打燕地。天祐十八年（921），晋军在镇州讨伐张文礼，史建瑭率领先锋士兵攻克了赵州，捉拿了刺史王珽。军队到达镇州后，在攻打城门的时候，史建瑭中箭身死，时年四十二岁。

苏逢吉 王章列传

苏 逢吉和王章是后汉高祖手下的官员。苏逢吉最初是高祖的节度判官，深得高祖信重。高祖称帝后，他被任命为宰相，权势熏天。他贪婪成性，卖官鬻爵，为政也十分苛酷，为了抓捕盗贼而不惜残杀无辜。他又和周太祖结怨，后来周太祖起兵，他带着隐帝逃跑，途中自杀。王章原为汉高祖的孔目官，高祖称帝后，他被任命为三司使、检校太尉。当时，朝廷连年用兵，王章主管钱财事物，供应军饷，从无匮乏。然而，他横征暴敛，百姓不堪其苦，后来被处死。

【苏逢吉谄媚事主】

苏逢吉，京兆长安人氏。汉高祖镇守河东时，他的父亲苏悦担任高祖的从事，苏逢吉常常代替父亲写奏折文案，苏悦后来告诉了高祖。高祖大为惊奇，于是就召见苏逢吉，见他精神俊朗，眉目清秀，心生爱怜，就任命他为节度判官。汉高祖生性刚直严厉，宾客幕僚很少能得以觐见，只有苏逢吉能随意出入，整天在高祖的书房中侍立待命。当时上奏的公文繁多，堆积如山，因为惧于高祖的威严，没有人敢通报，苏逢吉就将这些公文放入怀中，小心观察高祖的颜色，等到高祖心情宽松时，就赶紧呈献给他，汉高祖大多都认可了，也因此日益喜欢他。然而，苏逢吉为人贪婪狡诈，毫无德行，又非常残酷无情，以杀人为乐。汉高祖曾经在生日的那天，派遣苏逢吉去清理狱中的囚犯，以此为

自己祈福，叫做"静狱"。苏逢吉进入狱中查看囚犯，不管罪行的轻重，全部将他们杀死，然后奏报高祖说："监狱已经清净了。"

【卖官鬻爵】

高祖称帝后，苏逢吉被任命为中书侍郎、同中书门下平章事。当时，百废待兴，各项制度刚刚创立，朝廷的大事都由苏逢吉裁决，他也以此为己任。但他向来缺少学问，各种大事随意裁决，任性而行，所以汉代毫无法度，又不实行仁德之政，老百姓都怨声载道。高祖平定京师后，苏逢吉与苏禹珪一起在中书省任职，提拔官员经常违反旧例。而苏逢吉尤其喜欢接受贿赂，卖官鬻爵，导致天下的指责声不绝于耳。但高祖正倚重于这两个人，因此他们权势熏天，没有人敢告发他们。凤翔李永吉初次来京师朝

见，苏逢吉因为李永吉是前秦王的儿子，世代都是王侯，猜想他家中一定藏有奇珍异宝。于是他派人对李永吉说，只要李永吉给他祖上的玉带，他就任命李永吉为一个州的刺史。李永吉称没有玉带，苏逢吉于是派人卖一条玉带，价值几千缗，要求李永吉买下它。王筠在晋朝末年出使楚国，这时刚刚回来，苏逢吉猜想王筠一定得到了楚王的厚重财物，于是就派人勒索他，并答应让他担任某个州的刺史，王筠快快不乐，将一半的财物进献给他。但苏逢吉并没有兑现诺言将官职授予李永吉和王筠二人。

晋朝宰相李崧跟随契丹北去，高祖进入京师后，将李崧的宅第赏赐给苏逢吉，而李崧在西京另有田宅家产，苏逢吉将它们都占为己有。李崧回到京师后，将房屋的

沧州铁狮子

后周广顺三年（953），山东匠人李云铸成著名的沧州铁狮子。铁狮子位于今河北沧州东南20千米的开元寺内，神态威武，当为寺内文殊菩萨的坐骑。铁狮子的铸成，标志着中国制造大型铸铁件技术的提高。

契券献给了苏逢吉，苏逢吉很不高兴，而李崧的子弟多次口出怨言。后来，苏逢吉就唆使他人，诬告李崧和他的弟弟李屿、李义等人，将他们收捕入狱，在酷刑的折磨下，李崧不堪其苦，只好凭空捏造了自己的罪状，说："和二十个家仆，图谋策划叛乱。"上报中书省后，苏逢吉擅自将"二十人"改为"五十人"，于是李崧被灭族。

【滥杀无辜】

当时，天下动荡不安，到处都是盗贼，苏逢吉亲自起草诏书，下发到各州县，凡是盗贼所住的本家和附近的邻居都要灭族。有人对苏逢吉说："做盗贼被灭族，已经违背了先王的法制，更何况要诛灭邻居呢？"因为说得在理，苏逢吉只好不情愿地去掉灭族这一条。诏书下达后，郓州的捕贼使者张令柔将平阴县十七个村的村民数百人全部杀死。卫州刺史叶仁鲁听说辖境内有盗贼，亲自率兵追捕。当时十多个村民正一起追赶盗贼，一直追入山中，盗贼都逃散了。村民正苦苦寻索，这时叶仁鲁率领士兵赶到了，见到追捕盗贼的村民，就将他们当成盗贼，全部捉

拿，挑断他们的脚筋，将他们丢弃在山野中，这些人大声悲号鸣冤，不几天就死了。人们听说此事后，都为他们鸣冤叫屈，而苏逢吉却认为叶仁鲁很能干，于是，天下借着抓捕盗贼而滥杀无辜的事情就愈演愈烈了。

苏逢吉显贵后，生活更加奢侈无度。他说中书堂的食物太难吃，于是命令自家的厨师进献食物，每天都是珍馐美馔。他的继母死后，他也不服丧。妻子武氏死后，他暗示百官及州镇的官员，送丝绸给他做丧服。武氏的丧期未满，他就任命她的儿子当官。他有一个庶出的兄弟，从外面回家后，没有先拜访苏逢吉就见了他的儿子，苏逢吉大怒，就借口其他的事情，向高祖告发他，将他活活打死。

【结怨太祖】

苏逢吉曾经跟随高祖征讨邺地，多次借着酒兴，在军中羞辱周太祖，周太祖怀恨在心。后来隐帝即位，苏逢吉向来和李涛交好，就唆使李涛奏请罢免周太祖和杨邠枢密使的职务。李太后见李涛挑拨大臣间的关系，心中大怒，罢免了李涛的宰相职务，让杨邠兼任平章事，朝政大事都交给他裁决。苏逢吉、苏禹珪从此大权旁落，乾祐二年（949），他被封为司空。

十六罗汉之阿氏多·五代·贯休
此图为唐末五代著名画僧贯休的名作，贯休多才多艺，他所画的罗汉像，用笔极其细致准确，毫发毕现。

周太祖镇守邺地，没有免去枢密使的职务，苏逢吉认为方镇大员不适合兼任枢密使的职务，为此和史弘肇争论不休，但朝廷最终采纳了史弘肇的意见。史弘肇怨恨苏逢吉和他政见不合，不久在王章家中饮酒，苏逢吉借着酒劲，言语不逊，冒犯了史弘肇，史弘肇更加愤怒。苏逢吉心中害怕，想要外出任职来躲避史弘肇，不久又打消了这个念头，别人问他原因，他说："如果离开这里，史弘肇的权势更加炙手可热，倘若他要陷害我，我就死无葬身之地了。"

【穷途末路】

当时，隐帝还是少年，奸邪之人在他的身边弄权。史弘肇等人威势过重，凌驾于隐帝之上，隐帝和李业、郭允明等人都心怀忧虑。苏逢吉每次见到李业等人时，都用言语激怒他们，于是李业等人杀死了史弘肇，让苏逢吉代理枢密院。正在起草任命的诏书时，听说周太祖起兵叛乱，于是作罢。苏逢吉晚上住在金祥殿东阁，对司天夏官正王处讷说："昨天天将黑时，我看见李崧在我身边，活人看见死人，这是不吉祥的事情。"周太祖来到北郊，官军在刘子陂被打败。苏逢吉住在七里，夜间和同屋的人举杯畅饮，然后四处找刀，想要自杀，身边的人赶紧劝止住他。次日，他和隐帝逃跑到赵村，在民舍中自杀。周太祖平定京师后，割下他的脑袋示众，受刑的地方恰恰是李崧被杀之地。

【暴敛之徒王章】

王章，魏州南乐人氏。他曾经担任州孔目官，张令昭驱逐了节度使刘延皓，于是他为张令昭效力。后来张令昭败落，王章的岳父白文珂和副招

讨李周关系很好，于是将王章托付给李周。李周将王章藏在麻袋中，用骆驼运到洛阳，藏在自己的宅第中。后唐灭亡后，王章才露面，被任命为河阳粮料使。汉高祖掌管禁兵，补授王章为孔目官，后来他跟随高祖来到太原。

高祖即位后，他被任命为三司使、检校太尉。高祖驾崩，隐帝即位，王章被加封为太尉、同中书门下平章事。此时，后汉建国不久，又惨遭契丹的掠夺，京师财物匮乏，而关西有三个地方同时叛乱，周太祖率兵征讨西方，王章供应军饷，从来没有断绝匮乏过。然而他横征暴敛，百姓都不堪其苦。过去，百姓上缴的每一石税粮都加收二升，作为"雀鼠的损耗"，王章却将每一石加收到二斗；而当时通行的货币，都以八十文当做一百文，王章又减少了三文；如果州县百姓为田产争讼，就重新核查该州县的田产，以便搜刮隐瞒不报的田产，天下因此深受其害。他尤其不喜欢文士，曾经对人说："这些人连算盘都不会用，对国家有什么益处呢？"官员的俸禄，都取自供应军队剩下的低劣财物，他又让官吏高估他们的价值，估价完后，又再次增加，直到他满意为止。如果百姓私自贩卖盐、矾、酒曲等物，一经发现，不论贩卖多少全部都被处以死罪。因此官员们狼狈为奸，百姓也怨声载道。不久他就和史弘肇一起被处死了。

王彦章 刘仁赡列传

新五代史

●列传●

王彦章和刘仁赡分别是后梁和南唐的忠臣。王彦章曾经是梁太祖手下的猛将，骁勇善战，被人称为"王铁枪"。梁末帝即位后，昏庸无能，赵岩等小人把持朝政，后来晋军攻打梁国，形势危急，宰相敬翔准备以死相谏，这才感动末帝，起用王彦章为招讨使。他虽然善用计策，无奈兵力相差悬殊，最终以失败告终。而招讨副使段凝和赵岩等人勾结，向末帝进谗言，于是王彦章被罢免了。梁被灭后，他被唐庄宗擒获，无论庄宗怎么劝说，他都不肯投降，庄宗只好将他杀死。刘仁赡是南唐的清淮军节度使。周世宗攻打南唐时，他拼死抗击周军。李璟向世宗称臣，他仍然坚守寿州。后来他病重，部将献城投降后，周世宗为嘉奖他，授予他官职，他却拒不受命，并于当天去世。

▶【铁枪王彦章】

王彦章，字子明，是郓州寿张人。年轻时当兵，跟随梁太祖，担任开封府押衙、左亲从指挥使、行营先锋马军使。梁末帝即位后，王彦章先后担任濮州、澶州刺史。王彦章骁勇彪悍，能赤脚在荆棘上走一百步。他手持一杆铁枪，骑在马上奔突冲杀，奋疾如飞，没有其他人能举起他的铁枪，军中称他为"王铁枪"。

梁、晋争夺天下，彼此成为劲敌，唯独王彦章心里看不起晋王，他对人说："亚子不过是斗鸡小儿，有什么值得畏惧的？"梁将魏、相等六州分为两镇，担心魏州军不听从指挥，于是派遣王彦章统领五百轻骑兵进驻魏州，驻扎在金波亭以防兵变。魏州军果然作乱，趁夜进攻王彦章。王彦章

向南逃走，魏州人投降晋军。晋军攻破澶州，将王彦章的妻子儿女俘获，带回太原，赐给他们住宅，并提供充足的供养，秘密派使者招降王彦章，王彦章斩杀使者，以绝后路。但是晋人对王彦章为梁出征感到不安，一定要招降他，于是对他的妻子儿女更好于以前。

▶【临危受命】

自从梁军丢失魏、博二州后，梁军和晋军都在黄河两岸扎营，王彦章常常担任先锋。这时，晋军已完全占领黄河以北，他们用铁锁截断德胜口，在黄河南、北两岸各修建城寨，号称"夹寨"。而梁末帝昏庸无能，朝中由赵岩、张汉杰等无耻小人专权，大臣老将多数受到谗言离间，王彦章虽然

担任副招讨使，其谋略却不被采纳。龙德三年（923）夏天，晋军攻占郓州，梁人十分惊恐，宰相敬翔见事情危急，将绳子藏在靴中，进宫拜见梁末帝，哭着说："先帝夺取天下，不嫌弃我的才能，我的谋略无不被采用。现在强敌未灭，陛下不听我的忠言，我不受重用，不如去死！"接着拿出绳子，准备自缢而死。梁末帝让人制止了他，问他想说什么。敬翔说："情势危急，非王彦章不可！"梁末帝于是召见王彦章，任命他为招讨使，段凝为副招讨使。梁末帝问他何时可以破敌，王彦章回答说："三天。"左右的人都觉得好笑。

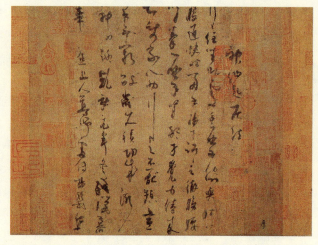

【兵败罢职】

王彦章领命而去，飞奔两天后到达滑州，他派人摆酒大宴将士，暗地里却派人在杨村准备船只，他命令六百士兵，身披盔甲，手持巨斧，带上炼铁的工匠、鼓风机以及木炭，顺流而下。王彦章聚集众人喝酒，酒喝到一半，他假装起身更衣，率领几千精兵，沿河奔赴德胜口。船上的士兵将铁索烧断，用巨斧砍断浮桥，王彦章则引兵猛攻南城。浮桥断开，南城被攻破，大概也是三天时间。这时，唐庄宗在魏州，让朱守殷据守夹寨，

他听说王彦章担任梁军招讨使，大惊失色地说："王彦章勇猛骁悍，我也曾经避其锋芒，朱守殷对付不了他。但王彦章兵力少，速战速决才有利，他一定会猛攻南城。"随即飞马前去营救，刚走了二十里，就碰到从夹寨来报信的人说："王彦章的军队已经到了。"等唐军赶到时，南城已经被攻破。唐庄宗让人拆除北城，做成木筏，和王彦章的战船都漂浮在黄河上，双方各自沿着一边河岸行驶，每当靠近就交战，一天之内交锋几十次。王彦章到达杨刘，几乎攻克此地。但晋人在博州东岸修筑堡垒，王彦章引兵攻打，没能攻克，返回去再次攻打杨刘，被打败了。

那时，段凝已有二心，和赵岩、张汉杰等相互勾结，王彦章向来刚烈，怨愤梁军日渐衰落，对赵岩等人的所

作所为十分痛恨，他曾经对人说："等我攻破贼军回来，要诛杀奸臣以告慰天下人。"赵岩等人听说后很害怕，和段凝协力想铲除他。攻破南城后，王彦章和段凝分别撰写捷书奏报，段凝派人告诉赵岩等人，让他们将王彦章的捷报藏匿起来，只呈上自己的。等到使臣到军中，只赏赐犒劳段凝而不赏赐王彦章，士兵们都大惊失色。等到杨刘兵败，段凝又上疏说："王彦章轻敌饮酒，致使兵败。"赵岩等人日夜在梁末帝面前诋毁他，末帝于是罢免了王彦章，任用段凝为招讨使。王彦章飞驰到京城觐见，用手在地上描画，陈述胜败的经过，赵岩等人暗示他人弹劾王彦章不敬，勒令他回家。

【不屈而死】

唐兵攻打兖州，梁末帝召见王彦章，让他把守东路，却只派给他包围皇帝车驾的士兵五百人，他们都是刚刚招募的新兵，不能打仗。梁末帝还派张汉杰监督王彦章。王彦章到达递坊，因兵少战败，退守中都，又被打败，他和亲兵一百多人拼死作战。唐将夏鲁奇向来和王彦章关系不错，分辨出他的声音，说："这是王铁枪！"接着用长矛将他刺伤，王彦章的战马扑倒，被抓获。唐庄宗见了王彦章，问："你往常把我看做无知小儿，现在你服输了吗？"又说："你是擅长打仗的人，为什么不守兖州而守中都？中都没有壁垒，拿什么固守？"王彦章回答说："大势已去，不是个人的力

量能够改变的！"庄宗心生悲怆之情，赐药让他绑扎伤口。王彦章身为武人，不曾读书，常说俚语："豹死留皮，人死留名。"可见他的本性忠良。庄宗喜爱他勇猛骁悍，想保全他，于是派人晓谕他，王彦章拒绝说："我跟着陛下血战十余年，如今兵败力尽，不死还等什么呢？而且我接受梁国的恩惠，只有以死相报，如果变心侍奉他主，如此苟活着，有什么面目见天下人呢？"庄宗又派唐明宗前往劝说他，王彦章病重，不能起床，他仰起头看着明宗，喊着他的小名说："你不是邈佶烈吗？我难道是苟且偷生的人吗？"于是被杀害，终年六十一岁。晋高祖时，他被追赠为彦章太师。

【刘仁赡拼死守城】

刘仁赡，字守惠，是彭城人。父亲刘金，担任濠、滁二州刺史，以骁勇闻名。刘仁赡担任将官，轻视财物，器重将士，法令严明，从小略懂兵书。他在南唐做官的时候，所到之处政治清明。周军出征淮南，李璟派将领刘彦贞抵御周兵，派刘仁赡为清淮军节度使，镇守寿州。周兵退守正阳浮桥，刘彦贞估计是因为害怕而撤退，紧追不舍。刘仁赡认为不能这样，刘彦贞不听，刘仁赡独自按兵不动，据守城池。刘彦贞果然兵败正阳。

显德三年（956），周世宗进攻寿州，将寿州重重包围，从淝河中流炮击寿州城；又将几十万巨竹捆绑在一起，在上面修筑木屋，号称"竹龙"，载上甲兵

攻城。他们用尽各种方法，但从正月直到四月，仍然没有攻克寿州。这一年天气炎热，大雨接连下了十多天，周兵的营寨里水淹了几尺深，淮河、淝水水位暴涨，炮船和竹龙都漂流到南岸，被李璟的士兵付之一炬，周军死伤惨重。周世宗东赴濠梁，委任李重进为庐、寿二州招讨使。李璟也派遣齐王李景达等人在紫金山下扎寨，修筑夹道连接城中。李重进与张永德两军相互猜疑不和，刘仁赡多次请求趁机出战，李景达不答应，刘仁赡因此怨愤成病。

第二年正月，周世宗又出兵淮河边，全部攻破紫金山下的营寨，将夹道毁坏，李璟的军队大败，将领大多被擒获，而李璟的守将广陵冯延鲁、光州张绍、舒州周祚、泰州方讷、泗州范再遇等，有的逃走，有的投降，就连李璟君臣也都震惊惶恐不已，上表称臣，表示愿意割让土地、进献贡品缴纳贡赋，以表达降伏的诚意。但刘仁赡独自坚守，攻克不下。刘仁赡的儿子刘崇谏，趁父亲生病之时，和将士们图谋出城投降，刘仁赡立刻下令将他斩首，监军使周廷构在中门号哭，想挽救刘崇谏，没有成功。于是，士兵们都感动落泪，愿意以死守城。

【义不食周粟】

到了三月，刘仁赡病重，已不省人事，副使孙羽以刘仁赡的名义伪造降书，献城投降。周世宗让人将刘仁赡抬到营帐前，感叹良久，赐给他玉带、御马，准他进城养病。又下诏说："刘

仁赡对侍奉的人竭尽忠诚，坚守节操，前世的名臣，没有几个能与他相提并论。我南下征讨，最大的收获就是他。"于是，封刘仁赡为检校太尉兼中书令、天平军节度使，但刘仁赡不能接受任命，当天去世，终年五十八岁。

周世宗派使者前去凭吊刘仁赡，出钱为他办理丧事，追封为彭城郡王，任命他的儿子刘崇赞为怀州刺史，赏赐庄园、住宅各一处。李璟听说刘仁赡死了，追赠他为太师。寿州原来的州治为寿春，周世宗将它迁到下蔡，恢复军政建制，称号为忠正军，他说："我以此奖赏刘仁赡的忠节。"

论赞

唉，天下人憎恶梁国已经很久了！然而，不幸生在那个时代的人，不做它的臣子也就罢了，那些享用主子俸禄的人，必然要为他的主人而死，像是王彦章这样的人，可谓死得其所！刘仁赡既然能杀死自己的儿子以明志，哪会是临死而变节之人呢？当今的《周世宗实录》里记录有刘仁赡的降书，实际上是他的副使孙羽写的。当初王环为蜀国守卫泰州，后来力尽而投降，周世宗十分赞赏他的忠诚，但只封他为大将军。从周世宗对待两人的厚薄之分，就知道刘仁赡没有投降。古往今来，忠臣义士难得啊！五代是乱世，这三个人，或出身兵士，或出身于伪国的臣子，真是令人感叹！真令人不胜感叹啊！

李存孝 李存进列传

李存孝和李存进都是唐太祖的义子。李存孝常年跟随李克用征战，屡建奇功。但他与李存信有矛盾，因为李存信的诋毁后来背叛李克用，被李克用率兵围攻，施以车裂之刑而死。李存进跟随李克用击败黄巢，后来担任天雄军都部署。最后，他跟随唐庄宗讨伐张文礼时，不幸战死。

【长臂李存孝】

李存孝，代州飞狐人。原本姓安，名敬思。唐太祖李克用征讨代北的时候，见到了他，让他在营帐中服役。太祖赐他姓名，收为义子，他常常跟随在唐太祖身边担任骑将。

文德元年（888），河南张言攻破河阳。李罕之前来归晋，晋将他安置在泽州，派李存孝等率军七千人协助李罕之收复河阳。两军战于温县，梁军首先扼制住太行山，李存孝大败。这时，晋军已夺得泽、潞二州，每年都出兵山东，与孟方立争夺邢、洺、磁三州，李存孝每次都跟随出战。孟方立死后，晋攻取三州，李存孝功劳最大。

彩绘女立俑·唐
女俑体态丰满，梳博鬓偏髻，穿窄袖宽大长袍，是盛唐时期的妇女服饰和形象。

第二年，潞州兵变，杀死李克恭，归顺唐。梁派李谠进攻泽州的李罕之，李存孝率骑兵前往救援。梁军对李罕之喊话说："您常依仗太原的势力，现在上党已归附唐，唐军已包围太原，沙陀人将无穴藏身，您还能依靠谁而不投降呢？"李存孝听后不以为然，率领五百精骑兵，围绕梁军营寨大喊道："我是寻找安身之穴的沙陀人，要拿你们的肉给将士们吃，你可以找个胖子和我一战！"梁军骁将邓季筠率军出战，李存孝挥动长矛迎战，将他生擒，李谠落败而逃，李存孝一直追到马牢关。然后又率军攻击潞州。唐任命孙揆为潞州节度使，梁军三千人担任护卫。李存孝派三百骑兵埋伏在崖谷的四面，等到孙揆的军队走过，拦腰截击，擒获孙揆。潞州守将听说了，都弃城而逃，晋于是又攻取潞州。这时，张浚、韩建讨伐晋，李存孝赶跑了他们，取得晋州和绛州。

李存孝手臂很长，善于射箭。他身披重铠，背着弓箭长矛，手舞铁锤，出入军阵。他带着两匹战马，激战之中常常换马而骑，上下如飞。当初攻打潞州时，李存孝功劳最大，而唐太祖却让大将康君立担任潞州留后，李存孝自负战功赫赫，竟几天不吃饭。大顺二年（891），李存孝升任邢州留后。当时，晋军连年攻打赵的常山，李存孝常常担任先锋，攻克临城、元氏两城。赵王向幽州李匡威求救，李匡威兵到，晋军就撤退。李存孝向来与李存信有矛盾，李存信诋毁他说："李存孝有二心，常常避开赵军，不发动进攻。"李存孝心里感到不安，于是依附梁并和赵交往，自己归顺唐，并请求会师攻打晋。第二年，赵与幽州产生矛盾，因为害怕而与晋讲和，反而派兵协助晋攻打李存孝。李存孝据城自守，唐太祖自领兵来到城下，开挖壕沟包围他们，等壕沟挖成后，沟深壁高，李存孝被困在城中。后来城中粮食已尽，他登上城楼呼喊说："我蒙受唐王的恩惠，官居将相，难道想舍弃父子之情而投靠仇雠吗？只是因为李存信陷害我。我希望见唐王一面，说一句话就赴死。"唐太祖哀怜他，派刘夫人进城安慰他。刘夫人将他带回，李存孝叩头请罪说："我对于晋，有功无过，之所以成这样，都是李存信害的！"唐太祖斥责他说：

"你写檄文，归罪于我，也是李存信害的吗？"于是将他捆绑在车上，到太原后，对他施以车裂之刑，并示众。

【义儿军使李存进】

李存进，是振武人，本姓孙，名重进。唐太祖攻破朔州时，收他为义子，赐给他姓名。他跟随太祖入关，攻破黄巢，被任命为义儿军使。

后来他跟随唐庄宗出征柏乡，升任行营马步军都虞侯，历任慈、沁二州刺史。唐庄宗刚得到魏博时，任命他做天雄军都部署，治理梁的乱军，一切依法办理，有犯法的人，就斩首分尸，在街头示众，魏人屏声敛气，十分惧怕他。后来，他跟随庄宗在黄河边打仗，立下战功，升任振武军节度使。当时，晋军驻扎在德胜，建南、北两寨，常常用船来回运兵，劳苦不堪，而黄河以北没有竹石。李存进用苇笮制成绳索，将大船连接起来，建成浮桥。唐庄宗很高兴，脱下衣服赐给他。

晋在镇州讨张文礼，久攻不下，而史建瑭、阎宝、李嗣昭等相继战死。于是庄宗派李存进接替李嗣昭，担任招讨使，驻扎在东垣渡。东垣渡土质不好，不能修筑堡垒，李存进于是命令士兵砍倒树木，建起营栅。后来，张文礼的儿子张处球趁晋军早晨出去放马，率领士兵一千余人，逼近李存进的营栅。李存进在桥上迎战，几乎杀光了张处球的兵马，但还是阵亡了。他死后，被追赠为太尉。

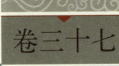

卷三十七

敬新磨 郭从谦列传

敬新磨和郭从谦都是唐庄宗朝的伶人。庄宗酷爱伶人，因此两人受到宠信。敬新磨为人滑稽，常常博得庄宗大笑。郭从谦曾和郭崇韬、李存乂友善，后来两人分别被诛杀或囚禁，郭从谦也内心不安，借李嗣源谋反的机会，唆使禁卫兵叛乱，将庄宗杀死。

▶【滑稽敬新磨】

唐庄宗喜好打猎，一次在中牟打猎时，践踏百姓农田。中牟县令拦住他的马，替百姓请求他，庄宗大怒，喝令县令离开，要杀了他。乐官敬新磨知道这样不行，于是率领其他乐官追上县令，将他抓到庄宗马前，斥责他说："你是县令，竟然不知道天子喜好打猎？怎能纵容百姓在此种庄稼，以缴纳赋税！为什么不让百姓挨饿，空出这块地，以便天子驰骋狩猎？你有罪，应该被处死！"然后，他请求庄宗赶快行刑，其他的乐官也一起附和。庄宗大笑，县令才免于一死。

唐庄宗曾经和艺人们在庭上嬉戏。他四下环顾，大喊："李天下，李天下在哪里？"敬新磨快步上前，打了庄宗一耳光。庄宗脸色骤变，左右的人都十分惊恐，他们抓住敬新磨责问道："你为什么要打天子耳光？"敬新磨回答说："李天下，只有一个人罢了，还叫谁呢？"左右的人都笑了，庄宗很高兴，对敬新磨加以重赏。

有一次，敬新磨上殿奏事，殿中有很多条恶犬，敬新磨离开的时候，一条狗起身追赶他，敬新磨躲在柱子后面，大声呼叫："皇上不要放纵你的儿女咬人！"庄宗的祖先本来是蕃夷，蕃夷的人对狗有忌讳，庄宗以为敬新磨借此讥讽他。因此大怒，拉弓搭箭要射死他。敬新磨急忙大叫："皇上别杀我！我跟皇上连为一体，杀了我不吉祥！"庄宗大惊，问他是什么缘故，敬新磨回答说："皇上建国时，改年号为同光，天下都称皇上为同光帝。'同'就是'铜'，如果杀了敬新磨，'同'就失去光泽了。"唐庄宗大笑，于是放了他。

但当时的乐官中，只有敬新磨尤其擅长滑稽取笑，他的笑话最为著名，而且没听说过他有什么其他的过失罪恶。有很多败政乱国的乐官，其中以景进、史彦琼、郭门高三人最为厉害。

▶【郭从谦弑主】

郭门高，名从谦，门高是他的艺

名。虽然他以艺人的身份受到重用，但因为曾经立过军功，所以被任命为亲军指挥使。他因为姓郭，拜郭崇韬为叔父，而皇上的弟弟李存义又把郭从谦当做养子。后来，郭崇韬死了，存义又被囚禁，郭从谦在军中摆酒设宴，愤然流泪，称这两个人是被冤枉的。这时，亲军军士王温在宫中担任夜间守卫，谋划叛乱，事情败露后被杀。唐庄宗戏谑郭从谦说："你的同党存义、郭崇韬辜负了我，又让王温谋反。还将做什么呢？"郭从谦十分害怕，回去后煽动兵士们说："花光你们的家财，吃肉喝酒，不要为以后打算。"军士问他缘由，郭从谦说："皇上因为王温的事情，等到攻破邺都，要将你们全都活埋。"军士们相信了他，都想造反。

后来，李嗣源的军队叛乱，向京师进军，庄宗向东直奔汴州，但李嗣源已经先期到达。庄宗到了万胜，不得入城，只好返还，士兵逃散，只剩下二万多人。过了几天，庄宗又向东奔向汜水，打算把守关口以抵抗叛军。四月初一那天，庄宗在中兴殿召见群臣。随行护驾的黄甲军和步兵分别在宣仁门和五凤门外列阵等候。庄宗到内殿用膳，郭从谦从军营中出来，弯弓拔刀，迅速进攻兴教门，与黄甲军互相对射。唐庄宗听说兵变，率领卫士们将叛兵赶出宫门。叛兵纵火烧掉宫门，爬城墙而入，庄宗杀死数十上百人。叛军从楼上向皇帝射击，皇帝受了重伤，扑倒在绛霄殿廊下，皇后以及诸王左右的人都逃走了。到午时，皇帝驾崩，五坊人善友把乐器聚集在一起，焚化了皇帝的尸体。李嗣源进入洛阳后，郭从谦被任命为景州刺史，不久就被杀死。《左传》上说："你从这里开始，也必将在这里结束。"唐庄宗喜爱乐官，却被乐官郭门高杀死，用乐器焚尸。能不引以为戒吗！

唐庄宗宠幸伶人

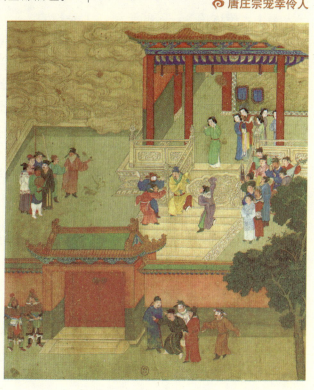

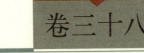

张承业 张居翰列传

张承业和张居翰原本是唐朝的宦官，后来投靠了唐庄宗。张承业受到庄宗的倚重，主持军国大事，以及钱粮军饷等。他为官正直，主管钱财非常严格，即使庄宗索要，作为私人之用，他也拒绝不给。他又爱惜人才，救护卢质等人，唐庄宗称帝，他苦谏不听，竟绝食而死。张居翰曾经担任枢密使，并私自改动庄宗诛杀王衍等人的诏书，救活了一千多人。

【张承业忠心奉公】

张承业，字继元，是唐僖宗时的宦官。他原本姓康，小时候就被阉割了，做内常侍张泰的养子。晋王攻打王行瑜的时候，张承业多次出入军中，传达诏令，时间长了，他就逐渐和晋王熟悉起来，并深受晋王的喜爱。后来，唐昭宗受到李茂贞的逼迫，想出逃到太原，于是先派遣张承业出使晋国，说明此意，并任命他为河东监军。不久，崔胤诛杀宦官，在京师以外的宦官，都诏令当地的地方官将他们处死，不得隐匿。晋王因为怜惜张承业的才能，不忍心杀他，就将他藏在斛律寺。直到昭宗驾崩后，他才让张承业重新露面，并重新任命他为监军。

晋王病重时，将庄宗托付给张承业，说："将这个孩子托付给你了。"庄宗即位后，非常倚重张承业，以兄长之礼对待他，逢年过节都拜访张承业的老母亲。庄宗与梁军在黄

河边交战，长达十多年，军国大事都交托给张承业，张承业也竭诚尽智，毫不懈怠。大凡积蓄钱粮、招兵买马，以及督促耕织、收缴赋税的事情，都是张承业所谋划并下令实施的。正是在他的帮助下，庄宗才在后来奠立了霸业的根基。但张承业执法很严，无论是晋阳的太后、妃嫔，还是各位王子，张承业都毫不畏惧，决不徇私，一概以法律约束他们，因此权贵们都畏惧张承业，不敢恣意妄为。

庄宗每年都从魏地回来，探望亲眷，需要花钱赌博游乐，并赏赐优伶等人。张承业主管钱财，不给庄宗。于是，庄宗在钱库中摆设酒宴，酒至半酣时，就让儿子李继岌为张承业跳舞，跳完舞后，张承业拿出宝带、钱币、马匹作为赠礼，庄宗指着堆积满地的钱财，对张承业说："和哥（李继岌的小名）缺钱用，可以给他一些钱，给宝带、马匹有什

么用呢？"张承业婉拒道："这是国家的钱，不是我的私财。"庄宗因此不高兴，说话就显得粗鲁，冒犯了张承业，张承业发怒说："我是老宣诏使臣，但不是为子孙谋私利

而吝啬府库中的钱财。我不过是为了帮助你成就霸业！你如果真想用钱，何必问我呢？到时钱花光了，军队溃散，遭灾的岂止我一人？"庄宗大怒，回头对元行钦说："拿剑来！"张承业起身，拉着庄宗的衣襟哭泣，说："我受先王的遗命，发誓要为国为家报仇。如今为大王珍惜钱财而死，也无愧于先

🌀 **四天王木函彩画·五代**
此版画描绘在"真珠舍利宝幢"的内木函上，苏州瑞光塔第三层塔宫中发现，其彩绘风格接近五代。

王了！"此时阎宝站在旁边，目睹此状，就拉开张承业的手，让他离开，张承业举起拳头，将阎宝打倒在地，大骂道："阎宝是朱温的党羽，蒙受晋国的大恩，却不能进献忠言，反而阿谀奉承，以讨主上的欢心！"这时，身边的近侍早就将此事告诉了太后，太后立刻派人召见庄宗。庄宗生性极

为孝顺，听说太后召见，心中很害怕，于是亲自倒了两杯酒，向张承业谢罪说："我酒喝多了，犯下过失，又得罪了太后。请你饮下这杯酒，帮我承担一些过失。"张承业却不肯喝。庄宗进入内宫，太后派人向张承业道歉说："小儿不懂事，冒犯了你，我已经鞭打责罚过他了。"次日，太后与庄宗一起来到张承业的宅邸，对他加以慰劳。

卢质嗜好饮酒，酒后往往轻狂无礼，从庄宗到各位王子，大都受到他的侮辱怠慢，庄宗深怀愤恨。张承业见状，借机说："卢质好酒贪杯，缺乏为臣之礼，我请求为大王杀掉他。"庄宗说："我正在四方招纳英才，以成就帝王之业，你怎么说这么不明智的话呢？"于是张承业起身，祝贺庄宗说："大王有这样的胸怀，天下就不难平定了！"卢质因此得以幸免杀身之祸。

青瓷莲花盏托·五代

【以死相谏】

天祐十八年（921），庄宗答应众位将领，即将称帝。张承业此时正卧病在床，听说这件事后，从太原乘肩舆来到魏州，劝阻说："大王父子与梁军誓不两立，血战三十多年，原本为国家报仇，复兴唐朝的社稷。如今元凶还没有剿灭，就急急忙忙地称帝，这不是大王父子当初的心愿，而且让天下人失望。"庄宗搪塞道："这是将领们的心愿。"张承业说："不对，梁是唐朝和晋国的仇敌，深遭天下人的痛恨。大王如果能真心铲除天下的大恶人，为历代皇帝报深仇大恨，然后访求皇室的后裔，将他立为皇帝。如果皇室的子孙还活着，谁还抗命不从呢？如果皇室没有了后代，天下的士人中，谁能与大王争夺帝位呢？我是唐朝的一个老奴，确实想看见大王成功，然后解甲归田，让百官在洛阳东门送别，而路人也指着我赞叹说：'这是本朝的宣诏使者，是先王的监军。'倘能如此，岂不是大王和臣子都能得到荣名呢？"庄宗却执意称帝，并不听从他的劝谏。张承业知道此事无法阻止，于是仰天大哭说："我们的大王取得天下，却误了我的声名。"于是坐着轿子回到太原，绝食而死，享年七十七岁。同光元年（923），他被追赠为左武卫上将军，谥号为正宪。

【张居翰隐居保命】

张居翰，字德卿，是唐朝的掖廷令张从玫的养子。昭宗时，他被任命为范阳军监军，与节度使刘仁恭关系友善。天复年间，大肆诛杀宦官，刘仁恭将张居翰藏在大安山北面的溪谷中，才得以幸免。后来，梁军攻打刘仁恭，刘仁恭派遣张居翰跟随晋王，攻打梁军的潞州以牵制梁军，晋军攻克了潞州，任命张居翰为昭义监军。唐庄宗即位后，他与郭崇韬一起担任枢密使。庄宗灭掉梁国后，就变得很骄傲，宦官趁机擅权，郭崇韬又独揽政事，张居翰见形势险恶，又无实权，于是寡言少语，以求退身自保。魏王攻克蜀地后，王衍前来京师朝见，走到秦川时，唐明宗在魏州发动兵变。庄宗东征，担心王衍作乱，遣人快马传达诏令，让魏王杀掉他。诏书已经写好封印，张居翰却打开它，看见诏书上写着"杀掉王衍一行人"，张居翰认为杀掉投降之人不吉祥，于是将诏书贴在柱子上，抹去了"行"字，改为"家"字。于是，和王衍一起前来的一千多投降者都得以幸免。庄宗被弑后，张居翰在至德宫

朝见明宗，请求解甲归田。天成三年（928），他在长安逝世，终年七十一岁。

论赞

五代处于战乱之际，史官也不可能尽职，因此许多人的事迹都隐而不显，或事迹不全，或多有错谬，不一而足。而英雄豪杰的奋起，在战争胜负之际、国家兴亡之间，又怎么能没有谋臣的辅佐呢？而文字难以全面详尽地记载这些谋臣的事迹，因此它们就泯灭于后世了。只有张承业的事迹至今广为流传，非常详备，很多老年人都津津乐道。体察他所说的话，的确是英雄豪杰之言，与众不同，不是宦官之流所能说的啊。后来，还没有等到唐庄宗消灭梁国，张承业就死了。张居翰虽然被任命为枢密使，却并没有执管实际朝政。后来宣徽使马绍宏等人，受到庄宗的信任和重用，于是谗害并杀死大臣，结怨天下，最终郭崇韬也被杀死，明宗也萌生出二心，事端都源于他们。宦官、宫妃给国家造成的灾祸，并不是一天形成的，而是这些人伺察到君主的骄纵懈怠，而后乘虚而入，不知不觉地累积成祸患。

和凝 卢质列传

凝和卢质分别是后晋和后唐的官员。和凝曾经在贺瑰和唐庄宗的战争中，舍命保护贺瑰。晋高祖称帝后，他具有远见卓识，预先料到安从进的谋反，并让晋高祖事先做好防范，使安从进的谋反失败。卢质是唐庄宗时期的大臣，他和张承业谋划，拥立唐庄宗即位。后来又为唐废帝效力，为他征收苛捐杂税。

【相臣和凝】

和凝字成绩，郓州须昌人。他的九世祖和逢尧曾经担任唐朝的监察御史，后代却都是平民，不通做官之道。和凝的父亲和矩，生性嗜好喝酒，不拘小节，却唯独喜欢礼遇文学之士，常常倾尽家财资助他们，因此和凝得以和这些文人交游。和凝从小就聪明灵敏，形神俊秀。他考中进士后，梁国的义成军节度使贺瑰征召他担任从事。后来，贺瑰和唐庄宗在胡柳交战，贺瑰战败脱身逃走，只有和凝一直跟随着他，贺瑰回头看见和凝，挥手让他走。和凝说："大丈夫应该为知己而死，我要是现在离开你走了，一定会遗憾不能死得其所！"很快，一个敌兵追上来，几乎就要追到贺瑰，和凝大声呵斥敌兵，敌兵却依然向前，和凝于是弯弓搭箭将他射杀，贺瑰由此得以幸免。贺瑰回去后，告诫他的儿子们说："和凝是有志节的忠义之士，以后必定会大富大贵，你们要态

度恭谨地对待他！"并把女儿嫁给他。天成年间，和凝被拜授为殿中侍御史，后来逐步升迁，官至主客员外郎，负责起草诰命；他还担任翰林学士，主管人才选拔。当时，进士大多浮华浅薄，喜好大声喧哗以引起主考官的注意。主考官每次发榜，都关闭省门，用荆棘围住四周，不让人进出。和凝主持贡举后，下令拆除荆棘，大开省门，而进士们都肃静无声，录取的也都是当时的才俊杰士，人们都称赞和凝善于选拔人才。

后晋初年，和凝被拜授为端明殿学士，兼任判度支和翰林学士。晋高祖多次召见他，询问时事，和凝的回答总能让晋高祖称心如意。天福五年（940），和凝担任中书侍郎、同中书门下平章事。

后来，晋高祖将要去邺都，而此时安从进在襄州已经暴露出反叛的迹象。和凝说："陛下去邺都，安从进必然趁机发动叛乱，怎么办呢？"晋

逃。晋出帝即位后，加封和凝为右仆射，一年后升任左仆射。

汉高祖时，和凝被拜授为太子太傅，封为鲁国公。显德二年，和凝去世，终年五十八岁，被追赠为侍中。

和凝写下很多文章，有集子一百多卷，他曾经将自己的文章散发给世人，很多有识之士因此非议他。但他生性乐善好施，愿意提拔有才能的年轻人。按照唐朝的惯例，主持贡举的人发榜录取的进士，以自己考中进士时的名次为重。和凝当初考中进士时名列第五，后来他主持贡举时，选范质为第五名。后来范质做了宰相，被封为鲁国公，官至太子太傅，与和凝一样，成为当时的一桩美谈。

🌀 琉璃堂人物图（局部）·五代·周文矩

此卷描绘了唐代诗人王昌龄与其诗友在江宁县丞任所琉璃堂厅前聚会吟唱的故事。图中共画有 11 人：僧 1 人，文士 7 人，侍者 3 人。

高祖说："你准备怎么对付他？"和凝说："先发制人才能战胜敌人。请您准备好十多道宣敕，交给留守的郑王，让他一旦情势紧急就命令将领进攻。"高祖深以为然。晋高祖到了邺都，安从进果然反叛，郑王随即拿出宣敕，下令骑将李建崇、焦继勋等人讨伐安从进。安从进认为晋高祖刚刚到达邺都，来不及调动晋兵攻打他，没想到刚走到花山，就遇上李建崇等人的军队，还以为是天降神兵，于是大败而

【宰相卢质】

卢质字子征，河南人。他的父亲卢望飞曾担任唐朝的司勋郎中。卢质小时候聪明颖慧，擅长写文章。他担任唐朝秘书郎期间，母亲去世，于是辞官服丧。后来他游历到太原，晋王让他担任河东节度掌书记。

卢质和张承业等人商定，拥立唐庄宗继位。唐庄宗将要即位时，任命卢质为大礼使，拜授为行台礼部尚书。

白话精编二十四史

第七卷

庄宗即位后，想让卢质担任宰相。但卢质性情疏懒，坚决推辞不接受任命。于是，庄宗任命他为太原尹、北京留守，后来升任户部尚书、翰林学士。他跟随庄宗平定梁国，升迁兵部尚书，又被赐予"论思匡佐功臣"称号。天成元年（926），卢质被任命为匡国军节度使。天成三年，拜授兵部尚书，相继镇守河阳和横海。

当初，梁篡夺唐朝后，封唐哀帝为济阴王，不久用毒酒杀死了他，将他埋葬在曹州。同光三年（925），唐庄宗想将他改葬，不巧曹太后逝世，于是只稍微扩大坟茔，按时献祭。卢质建议为唐哀宗修建祠庙追加谥号，于是追封为"昭宣光烈孝皇帝"，庙号为景宗。天成四年八月，唐明宗前往文明殿，派卢质在曹州为哀宗建庙。而议事的人认为，唐昭宗和何皇后都是被梁所杀，哀帝以"少帝"而丧，实际上是亡国之君，不宜称"昭宣光烈"，而且立庙称宗却不能进入太庙，都不合规矩。众人因此非难卢质，于是奏请取消了庙号。

秦王李从荣因谋反被诛杀后，卢质代替他管理河南府的政事。唐废帝在凤翔反叛，唐愍帝派兵征讨他，倾尽府库犒

赏将士们，而军队到达凤翔后都叛变投降了。唐废帝率领全部降兵向东进发，许诺事成之后加以重赏，军士们都大喜过望。唐废帝登位后，有关部门进献的钱太少，国库入不敷出，他十分恼怒，于是下令从各藩镇到刺史，都要进献钱帛，但即使如此也无济于事。三司使王玫奏请按比例征收百姓的财物补充国用。唐废帝于是派卢质和王玫等人共同议定了征收比例，结果导致贫富不均，民众互相怨恨争辩诉讼，监狱的囚犯一时爆满。而六七天中，收到的钱不足十万。唐废帝十分担忧，于是命令卢质等人根据民房征税五个月，百姓都对此心怀不满。

晋高祖即位后，卢质以病体分管西京，被拜授为太子太保。他七十六岁时去世，死后被追赠为太子太师，谥号叫文忠。

🔴 嵌螺钿经箱

中国晚唐五代间漆器，1978 年出土于江苏省苏州瑞光寺塔窖藏。箱中经卷题记，最早为吴杨溥大和三年（931），故此箱被定为晚唐五代间制品。

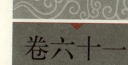

吴世家

徐温是五代时的一代枭雄。他出身贫贱，后来依附杨行密，帮助杨行密铲除异己，从此得到杨行密的重用。杨行密病重时，他拥立杨渥有功，因而大权独揽。后来他谋杀了杨渥。但他爱惜人才，宽恕了降将曹筠，激励他最终立下了战功。他又知人善任，刘信攻打虔州不力，他严加督促，最终使刘信攻克了该地。他信用徐知诰（即李昪），军政大事都交给他裁决。李昪称帝后，尊称他为义祖。

【执掌权柄】

徐温字敦美，海州朐山县（今江苏东海）人。他出生卑微而贫穷，年轻时以贩盐为生，有时还伙同乡里的无赖，做些偷鸡摸狗的事情，以此谋生。杨行密在合淝起兵时，徐温前去投奔他，为他效力。当时和杨行密一起起事的那些人，号称三十六英雄，其余人都相继建立了功勋，只有徐温寸功未立，他心中深以为耻。后来，施展身手的机会来了，杨行密想要杀掉朱延寿等人，徐温心知其意后，就和手下的门客商量。其中有个叫严可求的门客，献计说可以让杨行密假装眼睛生病，趁朱延寿不备时，将他杀掉。徐温大喜，就赶紧秘密地拜见杨行密，向杨行密献上严可求的计策。杨行密依计而行，果然顺利地除掉了朱延寿。杨行密这才对徐温刮目相看，并任命他为右衙指挥使，开始参与商讨和谋划大事。

等到杨行密生病时，他所有的老部下都在外征战，当时只有徐温留在他的军帐中，因此徐温在拥立杨渥的事情上立下了大功。徐温因为权势越来越重，受到了杨渥的猜忌。徐温自己也内心不安，于是和张颢密谋，杀死了杨渥。杨渥死后，徐温和张颢却互相心生嫌疑，徐温于是让钟章杀掉张颢。钟章答应了，挑选了三十个勇士，杀牛宴请他们，歃血为盟。但徐温为人多疑，虽然托付了钟章，心中仍然怀疑钟章没有付出全力，于是半夜派人去试探他，假装说："徐温还有老母亲在世，担心事情不能成功，会连累到家人，不如就放弃此事吧。"钟章说："话已出口，怎么可以说放弃就放弃呢？"徐温这才放心。第二天，钟章杀死了张颢，徐温将杀杨渥的事全部归罪于张颢，并将此事告诉了杨渥的母亲史氏。杨渥的母亲十分害怕，哭着说："我的儿子还年轻，现在闯下了这样的大祸，如果能够让全家上百口人保全性命，回到合淝去，就是你的恩惠。"

【知人善任】

杨隆演即位后，徐温大权独揽。他升任升州刺史，在金陵治理水军。大将李遇对徐温专权非常愤恨，说话不尊重他，徐温于是派遣柴再用到宣州区，将李遇一家全部杀死。见此情景，杨行密手下的老将人人都心神不定。徐温假装对他们谦恭有礼，就像对杨行密一样，老将们这才心安。天祐八年(911)，徐温升任行军司马、润州刺史、镇海军节度使、同平章事。两年后，他派遣招讨使李涛攻打越国，两军在临安大战，副将曹筠逃跑投奔了越国，李涛兵败被俘。徐温暗中派人告诉曹筠："你是我手下的将士，你的军队需要供给，我却没有及时给你，这是我的过错。"接着，赦免了曹筠的妻子儿女，对他们十分厚待。到了秋天，越军攻打毗陵，徐温在无锡作战，曹筠对徐温很感激，临阵叛逃跑回徐温的军队，越军于是被打败。天祐十二年，徐温被封为齐国公，兼两浙招讨使，镇守润州。天祐十四年，徐温到升州任职，任命他的儿子徐知训在广陵辅佐杨隆演，所有大事由自己远程决断。徐知训因为骄奢荒淫被朱瑾杀死后，徐温养子徐知诰从润州渡过长江率先进入广陵，于是徐温让他代替徐知训驻守广陵。

水月观音图·五代·无款

世家

新五代史

徐温虽然奸诈多疑，但是知人善任。江西刘信包围虔州，久久不能攻克，于是派人游说谭全播投降，又派遣使者报告徐温。徐温听说后大怒，说："刘信率领十倍于敌人的军队，却不能攻克一个城，反而派说客去劝降，我们在敌军面前威望何在？"派人将使者鞭打一顿后赶回去，说："我这是在鞭打刘信。"接着，徐温命令军队进攻，最终打败了谭全播。有人诬告刘信故意放走了谭全播，说刘信将要叛乱，刘信知道后，亲自带着捷报到金陵去见徐温。趁着两人掷骰子的时候，刘信收起骰子赌咒说："如果我刘信真的有二心，就扔出恶彩，如果没有，就扔出浑花。"骰子扔出去后，六颗都是红的，徐温十分羞愧，亲自为刘信斟酒，但他始终对刘信心存怀疑。等到唐师攻打王衍的时候，徐温急召刘信到广陵，让他担任左统军，借口让他守卫京城，剥夺了他的地盘。

徐温特别信任的门客只有骆知祥、严可求。骆知祥擅长理财，严可求则擅长出谋划策，徐温常常向严可求征询行军打仗的事，向骆知祥询问有关国家财用的事情。天祐十六年（919），徐温奏请杨隆演继承皇位，杨隆演拒绝，徐温又奏请他登吴国王位，杨隆演于是改国号为武义，拜授徐温为大丞相、都督中外诸军事，封为东海郡王。杨隆演死后，徐温拥立他的弟弟杨溥。

顺义七年（927），徐温又奏请杨溥登皇帝位，杨溥没有答应。这一年，徐温病死，终年六十六岁。他被追封为齐王，谥号"武"。李昪僭位当上皇帝后，称徐温为义祖。

论赞

唉，盗贼也有他们自己的道义，的确如此啊！书上都称赞杨行密的为人，说他宽厚仁慈、诚实可信，士兵们都乐于为他效力。他的将领蔡俦在庐州叛乱，掘平了他家的祖坟，后来蔡俦兵败，将士们请求他也毁掉蔡俦家的祖坟。杨行密长叹说："蔡俦作恶，我何必也作恶呢？"曾经，杨行密让随从张洪背着剑护卫，张洪拔剑刺杀他没有刺中。张洪被处死后，杨行密又任用张洪的亲信陈绍负剑护卫，毫不疑心。有一次，杨行密责骂刘信，刘信气愤之下投奔孙儒，杨行密让左右不要追杀他，说："刘信不会辜负我，他喝醉了酒才跑掉了，等酒醒了就会回来。"第二天刘信果然回来了。杨行密是盗贼出身，他手下的人都勇猛彪悍，却心甘情愿为他效力，就是因为这个原因。因此南吴前后持续了五十年，共经历了四个君王。杨渥死后，政权落在徐温手里。那时，天下大乱，篡位弑君的事情时常发生，奸诈的徐家父子本来可以轻易地杀掉三个君主，但他们却没有这样做，就是因为杨家在国人中间还留有恩威啊！

南唐世家

南唐是由李昪缔造的王国。李昪是徐温的义子，深得徐温的重用，后来逐渐大权独揽，废掉杨溥，建立了南唐王国。后来，他的儿子李璟即位后，重用冯延巳、常梦锡、冯延鲁、陈觉、魏岑、查文徽等奸邪之人，发兵攻打吴越等地，遭受惨败。周世宗南征时，李璟派军抵抗，数次战败，李璟只好割地称臣，并最终禅位给太子李煜。此时南唐国势日渐衰弱，而李煜又高谈阔论，不关心政事，最终被宋军俘虏，押送到京师，南唐就此灭亡。

▶【李昪的崛起】

李昪字正伦，徐州人。他很小的时候就成了孤儿，在濠、泗两州流浪，杨行密攻打濠州的时候遇到他，觉得他外貌不凡，于是收养了他。但是杨行密的儿子们都容不下他，杨行密于是将他交给徐温，取名徐知诰。李昪长大后，身高七尺，额头宽阔，鼻梁高挺，为人敦厚却又足智多谋。柴再用攻打宣州的时候，李昪立下大功，因此被拜授为升州刺史。当时江淮刚刚平定，州县的官吏大多是武夫，广征赋税为打仗做准备，唯独李昪广交儒士，以勤劳节俭自励，以宽厚仁慈为政，逐渐得到老百姓的爱戴。徐温听说李昪把升州治理得很好，于是前往检视，结果看到升州府库充实，城墙修整得很好，于是升任李昪为润州刺史。李昪开始不想去，多次请求去宣州，徐温不答应。不久，徐知训被朱瑾杀死，李昪在润州先得到消息，

当天就率领润州军队横渡长江平定叛乱，于是当政。

李昪对徐温十分孝顺恭谨，徐温曾经大骂他的儿子们不如李昪，儿子们都容不下他，其中徐知训尤其如此。有一次，徐知训约李昪喝酒，暗地里却埋伏弓箭手想暗杀他，行酒吏刁彦能发现了，轮到给李昪斟酒时，他用手指使劲掐李昪，李昪明白后起身逃走了。后来，李昪从润州前来拜见，徐知训和他在山光寺饮酒，又想加害他，徐知谦把他的阴谋告诉了李昪，李昪跑掉了。徐知训把剑交给刁彦能，让他追杀李昪，刁彦能追到半路就回来了，撒谎说没追上，李昪才得以幸免。李昪显贵后，任命刁彦能为抚州节度使，以报答不杀之恩。

徐知训当权的时候，曾经凌弱杨氏，对将士们也肆意轻慢侮辱，因此被杀掉。等到李昪当政的时候，想要笼络人心，于是放宽刑法、推广恩信，

结交四方的仁人志士，让他们出谋划策。他曾经暗中派人寻访民间，资助没有能力操办婚丧大事的穷人。他酷暑的时候也不让人张伞盖或扇扇子，左右的人进献伞盖给他，他都拒绝了，说："大家都暴露在酷暑中，我为什么要用这个呢？"因此，吴地虽然由徐温遥控大政，但人心都归向李昪。

武义元年（919），李昪被拜授为左仆射、参知政事。徐温的行军司马徐玠多次劝说徐温用自己的儿子取代李昪，徐温于是派遣儿子徐知询进入广陵，谋划取代李昪执政。恰在此时，徐温病死，徐知询返回金陵服丧，徐玠反而又为李昪出谋划策，给徐知询罗织罪名，斩杀了他的客将周廷望。杨溥僭位以后，拜李昪为中书令。大和三年（931），李昪出任金陵节度使，依照徐温的旧制，留下他的儿子李景通担任司徒同平章事。大和四年，李昪被封为东海郡王。

【建立南唐】

一次，李昪在镜中看见自己须发皆白，回头望着他的役吏周宗感叹说："等到功成业就的时候，我已经老了，怎么办呢？"周宗明白他想取代杨溥，于是飞奔到广陵去见宋齐丘，谋划讽谏杨溥禅让帝位。宋齐丘认为不能这样做，请求李昪杀掉周宗，李昪不得已将周宗贬为池州刺史。

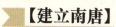
青釉夹耳瓷罐·五代
此罐于广州石马村南汉墓出土，此造型在长沙五代墓的随葬品中也有所见。由此可知，这种夹耳盖罐在五代时期江南地区颇为流行。

临江王杨濛，对徐温抛弃自己而拥立杨溥，常常感到愤恨不平。等到李昪将要谋求篡位的时候，先将杨濛废为历阳公，派兵士看守着他。杨濛杀死看守的人，投奔庐州节度使周本。周本是吴国的老将，想要接纳他，但他的儿子周祚阻止了他。周本说："这是我昔日主公的儿子啊，怎么忍心拒之门外呢？"于是想要亲自出城迎接，周祚关上城门不让周本出去，并将

杨濛绑起来，送往金陵，杨濛于是被杀。

大和五年，李昪被封为齐王。不久，闽、越诸国都派遣使者，劝他称帝，李昪认为人心所向，篡位的时机已经成熟。天祚三年（937），他建立国号，并任命宋齐丘、徐玠为左、右丞相。十月，杨溥派代理太尉杨璘传位给李昪，国号齐，改元升元。李昪将杨溥尊奉为高尚思玄弘古让皇帝，并追尊徐温为忠武皇帝。周本和众将到金陵祝贺登位，回来后叹息道："我不能诛杀篡位者，报答杨家的恩情，如今老了，怎么能侍奉他姓的君主呢？"于是愤恨而死。

升元二年（938）四月，李昪将杨溥迁移到润州的丹阳宫，并任命王舆为浙西节度使、马思让为丹阳宫使，派兵严加防守。

徐温的儿子们请求李昪恢复原姓，李昪谦让说，不敢忘掉徐家的恩德，并让百官商议此事，后来恢复李姓，改名为李昪，并自称是唐宪宗的儿子建王李恪的四世孙，将国号改为唐国，并追封列代祖宗。他尊奉徐温为义父，徐氏的子孙后代都得到了封赏。

重屏会棋图·五代·周文矩

此画描写南唐中主李璟与其弟景遂、景达、景逷会棋的情景。居中观棋者为李璟，对弈者为景达和景逷。人物身后的屏风，画着白居易《偶眠》诗意图，图中又有山水屏风，故此画名《重屏会棋图》。

【邻国关系】

升元四年六月，李昪的部将鄂州屯营使李承裕和晋军交战，兵败战死，都监杜光邺和五百多名士卒被俘，押送到京师，晋高祖重重赐予他们财物，遣送

他们回去。李昪写信给晋高祖，又送回杜光邺等人，请求按败军之将依法处置，晋高祖又将他们遣回，李昪派士兵守住临淮，拒绝接纳他们，晋高祖只好作罢。

升元六年（942），吴越发生火灾，宫室、财物和兵器几乎被焚尽，群臣请求趁机攻讨吴国，李昪不答应，却派遣使者慰问，并极力周济他们。钱氏历来和吴国有仇，李昪见天下战乱已久，不想用兵，即将篡位时，就先和钱氏讲和，送还被擒获的将士，钱氏也遣送了吴国的败将，从此两国通好。

李昪的门客冯延巳喜欢谈论兵事，曾经讥讽李昪说："乡间老头怎能成就大事呢？"李昪只想守住吴国旧地，毫无谋取天下的志向，但吴国人因此得以休养生息。

升元七年，李昪去世，终年五十六岁，他的儿子李璟即位。

【中宗李璟】

李璟是李昪的长子，原名李景通，后改名为李璟。即位后，他改元保大，并将弟弟李景遂、李景达等人封王，并在李昪的灵柩前发誓，约定兄弟代代继位。

李璟重用冯延巳、常梦锡、冯延鲁、陈觉、魏岑、查文徽等人。当时常梦锡专门掌管机密诰命，而其余五人都靠阿谀谄媚得以掌权，被吴人叫做"五鬼"。常梦锡屡次上谏说不能任用这五人，李璟并不采纳他的意见。十二月，李璟下令，朝廷大事全部委托齐王李景遂裁决，只有陈觉、查文徽等人能够入奏，群臣没有召见，就不能入朝。侍卫军都虞侯贾崇求见李璟，说："我侍奉先帝三十多年，先帝能够建功立业，就是由于他从谏如流，广开言路。如今陛下刚刚即位，所信用的都是些什么人呢？如今和群臣隔绝，老臣就要死了，恐怕再难以见到你了。"于是他流泪呜咽，李璟为之动容，召他进来赐予食物，并取消了下达的诏令。

【征伐失败】

保大二年（944）二月，闽地发生变乱，政局动荡不安。李璟趁机派遣查文徽率兵攻打建州。福州、泉州等地都纷纷向查文徽投诚。保大四年八月，查文徽乘胜攻克了建、汀、泉、漳等四州。李璟想要罢兵，而查文徽、陈觉等人劝阻道："敌军还有余党李仁达等人，不如趁机将他们一网打尽。"陈觉夸口，可以不战而擒李仁达等人。李璟于是任命他为宣谕使，召李仁达到金陵朝见，李仁达却不肯从命。陈觉心中惭愧，于是假传皇帝的命令，征集兵马攻打李仁达。魏岑听说后，也擅自发兵和陈觉会合。李璟大怒，冯延巳等人劝说道："军队已经出动，没法阻止了。"于是增派援兵，任命冯延鲁、魏岑、陈觉为监军使。李仁达向吴越投降，吴越派三万兵力前来接应。陈觉等人想争抢战功，与吴越军交战时，互相不肯照应，冯延鲁首先溃败，其余各路兵马也纷纷战败。李璟大怒，派使者逮捕陈觉、冯延鲁等人，押解到金陵。冯延巳时任宰相，为他们求情，于是将陈觉流放到蕲州，冯延鲁流放到舒州。同年，契丹攻陷京师，中原无主，李璟因为在东南用兵，无暇顾及。御史中丞江文蔚弹劾宰相冯延巳、谏议大夫魏岑败乱国政，与陈觉等人罪过相等，却没有受到贬黜，言语非常直切。李璟大怒，将江文蔚贬为江州司士参军，同时罢免冯延巳等人，任命他为少傅，魏岑为太子洗马。

【兵败称臣】

保大十三年（955）十一月，周军南征，并任命李谷为行营都部署，从寿州开始攻打南唐。此时，李璟任命刘彦贞和刘仁赡等人，率军抵抗周军。李谷害怕敌军烧断正阳浮桥，使自己腹背受敌，于是焚烧掉粮草，退兵屯守正阳。当时周世宗御驾亲征，听说李谷退军，说："我军退却，敌军一定会追击。"于是派遣李重进急行军，赶赴正阳。刘彦贞等人听说李谷退军，果然认为敌军胆怯，急忙追击他们。快到正阳时，李重进却抢先抵达，士兵来不及吃饭就投入战斗，将刘彦贞打败。周世宗驻扎在淝水北面，将浮桥移到下蔡。李璟派人争抢浮桥，却没有得逞，于是周军攻克了滁州。李璟很害怕，派遣使者见周世宗，愿意向周朝缴纳贡赋，愿以兄长之礼侍奉世宗，世宗没有回复。李璟的守将冯延鲁、张绍、周祚等人纷纷弃城逃跑，李璟更加害怕，于是派遣翰林学士钟谟、文理院学士李德明等人奉表称臣，进献金银财物犒劳军队，并割让寿、濠、泗、楚、光、海六州，作为罢兵的条件。周世宗不答复，分兵袭击扬州和泰州。李璟派人怀揣蜡丸书，向契丹求救，结果使者被边将捉拿。

保大十四年三月，李璟又派遣司空孙晟、礼部尚书王崇质等人奉

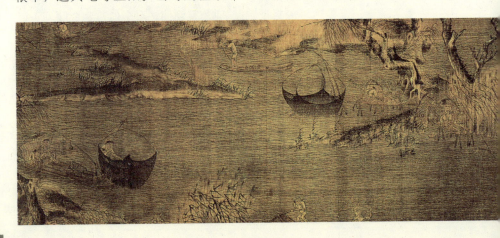

表称臣，言词更加卑顺，世宗依旧不答复，反而将他们连同以前派遣的使者钟谟、李德明等人一并扣留。钟谟等人请求回去取李璟的降表，割让江北的全部土地，世宗这才释放王崇质、李德明等人，并写信给李璟，劝他真心臣服。李德明等人回来后，盛赞周世宗英明勇武，李璟很不高兴。宋齐丘、陈觉等人都认为割地无益，而李德明想要卖国图利。李璟大怒，处死了李德明，并派遣元帅齐王李景达与陈觉等人率兵前往寿春，收复了舒、蕲、泰三州。适逢天降大雨，在扬、滁、和三州的周军撤退了，众将请求在险隘之处攻打他们。宋齐丘恐怕加深仇怨，于是就放走他们，告诫众将闭城不战，因此周军都聚集在寿州。世宗下令各军，合力攻打寿春，军队所过之处，秋毫无犯，因此深得人心。

保大十五年（957），周世宗再次南征，将下蔡浮桥移到涡口，设置镇淮军，在淮河两岸各修一座城池。周军连连攻克紫金山各营寨，李景达率领水兵逃回金陵。世宗班师回朝后，李璟派人焚毁扬州，驱赶走扬州的士庶百姓。十月，世宗再次讨伐南唐，围困了濠州，刺史郭廷谓向周军投降。后来周军又攻克了泗州。周师水陆齐进，兵力十分强盛。

交泰元年（958）正月，李璟大赦天下，并更改年号。周军攻打楚州，守将张彦卿、郑昭业拼死守城，世宗亲自督促士兵，在房屋中挖洞屋，钻进城墙后点火焚城，张彦卿、郑昭业战死，愤怒的周兵几乎杀死全城的百

🌀 江行初雪图·五代·赵幹

赵幹为江南人士，故他的画作多以江南景物为主，此幅《江行初雪图》则描绘了江边渔人劳作的情景。初雪时节，天色清冷，林木葱茏，而江上的渔夫在天寒地冻中撒网捕鱼，维持生计，而此时，画家更是利用对比手法，描绘了几个岸边的骑驴人，用他们的缩手缩脚来反衬着渔夫的乐观无畏，人物神情描绘逼真生动，渔人和旅人恰成绝妙对比。另外，画中树石笔法老硬，水纹用笔尖劲流利，意境高雅而幽远。

姓。周军又连连取胜，攻克了海、泰、扬三州。世宗率领浩浩荡荡的大军，来到长江边，李璟知道败局已定，又耻于去掉帝号屈身投降，于是派遣陈觉上表世宗，请求传位给世子。这时，扬、泰、滁、和、寿、濠、泗、楚、光、海等州，已经被周军占领，李璟于是进献庐、舒、蕲、黄等州，以长江为界，分而治之。五月，李璟下令去掉帝号，自称为国主，尊奉周朝为正朔，此时是周朝显德五年。世宗后来放还了钟谟等人。

李璟为太子时，冯延鲁等人出入东宫，礼部尚书常梦锡屡次上言李昪，不能让冯延鲁等人亲近太子。李璟即位后，冯延鲁掌权，后来李璟割地称臣，有人称周朝为大朝，常梦锡大笑说："你们曾想要君主成为尧、舜之君，如今又自安于小朝廷吗？"钟谟素来和李德明友善，被放还后，听说李德明因宋齐丘等人而被杀死，就想要为他报仇。陈觉是宋齐丘的党羽，和严续向来不和。陈觉曾奉命出使周朝，回来后说，世宗认为南朝不肯从命，是严续的阴谋，因此劝李璟诛杀严续。李璟心存怀疑，钟谟于是请求出使周朝，核验此事。李璟已割地称臣，于是派钟谟入朝谢罪，说没有立刻割地称臣，不是严续的计谋，希望赦免严续。世宗大惊，说："严续能出这样的主意，是忠于他的君王，我怎能杀忠臣呢？"钟谟回来后奏告陈觉为人奸诈，李璟大怒，杀死了陈觉，

并赐宋齐丘等人自尽。李璟又立燕王李翼为太子。

九月，太子李冀去世，次子李从嘉被立为太子。钟谟曾经说李从嘉为人轻浮放肆，请求改立纪国公李从善，李璟发怒，将钟谟贬为国子司业。世宗派人告诉李璟："我和你君臣之义已尽，但恐怕后世容不下你，可以趁我在世时，修筑城墙要害，为子孙早做安排。"李璟于是商议迁都到洪州，群臣都不同意，只有枢密使唐镐极力赞成，于是李璟在建隆二年，留下太子李从嘉监掌国政，迁都到洪州，并将洪州改名为南都。而洪州地方狭小，容不下官府宫城，群臣日夜思归，李璟又悔又怒。唐镐既惭愧又害怕，得病而死。

建隆二年（961）六月，李璟去世，终年六十四岁。

【后主李煜】

李煜字重光，原名李从嘉，是李璟的第六个儿子。他额头饱满，牙齿整齐，为人仁孝，又善于写文章，精通书画。他的五个哥哥都早死，因此他被立为太子。李璟去世后，李煜在金陵即位。

建隆三年（962），韩熙载被任命为中书侍郎、勤政殿学士。五年，李煜下令，召见两省侍郎、给事中、中书舍人、集贤勤政殿学士轮流在光政殿值班，商讨国政。李煜曾经认为韩熙载尽忠为国，敢于直言，想任用他为宰相，但韩熙载后房中

有几十个歌女侍妾，李煜因此责难他，只任命他为右庶子，前往南都赴任。韩熙载于是斥退全部歌女侍妾，单车上路，李煜很高兴，恢复了他的官职。不久，歌妓侍妾又回来了，李煜说："我拿他毫无办法了。"同年，韩熙载去世，李煜叹息道："我最终没能任命韩熙载做宰相。"当初，韩熙载和李谷友善。唐明宗时，韩熙载来到吴，李谷相送到正阳饯行，临别之际，韩熙载对李谷说："江南如果任命我为宰相，我会长驱直入，平定中原。"李谷说："中国王朝如果任用我为宰相，我平定江南，如同探囊取物一样。"后来李谷被任命为将，攻取淮南，韩熙载却未能有所作为。

开宝四年（971），李煜派遣弟弟韩王李从善到京师朝见，李从善于是被扣留不还。李煜亲自写奏疏，请求让李从善回国，宋太祖不允许。李煜怏怏不乐，担忧国势日衰，整天与臣子们宴饮，愁思不断。他性格奢侈放纵，喜欢声色之乐，又喜欢佛教，整天高谈阔论，不关心政事。

开宝七年，宋太祖派使者召李煜前来朝见，李煜推托有病，不肯前来，宋军于是南下征讨。开宝八年十二月，宋军攻克了金陵。次年，李煜被押送到京师，太祖赦免了他，将他封为违命侯，并授予他左千牛卫将军的职务。他此后的事迹，记录在宋朝的国史上。

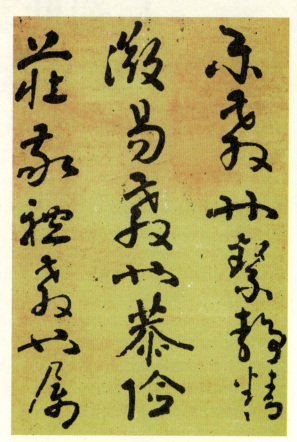

🔖 **南唐后主李煜行草书**

李煜的治国才能一般，但他的艺术才华却是有目共睹的，他精书法，善绘画，通音律，诗和文均有一定造诣，诗词更是一绝。他的诗作有很多流传于世，此书作则为其中之一。

后蜀世家

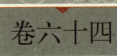

孟知祥是五代十国中后蜀政权的创建者。他最初侍奉唐庄宗，被任命为中门使。后来魏王李继岌平定蜀地后，庄宗任命孟知祥为成都尹、剑南西川节度副大使。他在蜀地任职后，招兵买马，实力越来越强盛，并杀掉朝廷派来的监军，逐渐不再服从朝廷的节制。后来，他勾结董璋，发动叛变，唐明宗派兵镇压，然而却被打败。唐明宗死后，孟知祥建立蜀国并称帝。

【出镇蜀地】

孟知祥，字保胤，是邢州龙冈人氏。他的叔父孟迁在唐朝末年割据着邢州、洺州和磁州，后来被晋军俘虏。晋王任命孟迁镇守泽潞等地，梁军攻打晋军，孟迁献出泽潞等地，向梁军投降。孟知祥的父亲孟道，留下来为晋军效力，却没有显达。孟知祥长大后，晋王将弟弟李克让的女儿嫁给他，并任命他为左教练使。庄宗袭封晋王后，任命孟知祥为中门使。以前出任此职的人大多因罪被杀，孟知祥心中恐惧，就请求别的官职，庄宗命令孟知祥推荐可以替代自己的人，孟知祥于是举荐了郭崇韬。郭崇韬很感激他，而孟知祥也改任马步军都虞侯。庄宗称帝后，以太原为北京，任命孟知祥为太原尹兼任北京留守。

魏王李继岌征讨蜀地，郭崇韬任招讨使，临别时，郭崇韬上奏说："等到平定蜀地后，陛下挑选将帅镇守西川，没有比孟知祥更合适的人选了。"

不久唐军攻克蜀地，唐庄宗于是任命孟知祥为成都尹、剑南西川节度副大使。孟知祥骑马来到京师，庄宗下令有司，以盛大的礼仪迎接他，又拿出官府的奇珍异宝设宴犒劳他。酒酣耳热之际，笑谈到过去的往事，庄宗感叹道："李继岌不久前还是乳臭未干的小儿，如今却能为我平定西川，看来我是老了，后生可畏啊！我回想先帝临终时，疆土不断被侵犯蚕食，只能保全一隅，怎么能料想到如今能占据天下，九州四海的奇珍异宝，充满了我的府库呢？"接着，他对孟知祥说："我听说蜀地富饶，并不比此地逊色，因为你是亲族，又贤明有德，因此将蜀地托付给你来治理。"

【图谋称王】

同光四年（926）正月，孟知祥来到了成都，而此时郭崇韬已经被诛杀。魏王李继岌率领军队归还朝廷，先锋康延孝反叛，攻克了汉州。孟知祥派遣大将李仁罕和任圜、董璋联兵出击，打败了康延孝，孟知祥擒获到李肇、侯弘实等将领，并招降了几千名士兵。庄宗驾崩后，魏王李继岌也死了，唐明宗即位。孟知祥于是操练兵马，暗中有在蜀地称王的野心。他增设了义胜、定远、骁锐、义宁、飞棹等七万多军队，命令李仁罕、赵廷隐、张业等人分别统率他们。

起初，魏王班师回朝时，孟知祥搜刮成都的富人和王氏旧臣的家财，总共得到六百万缗钱，用以犒劳军队，后来结余二百万缗。任圜从蜀地进京任宰相，他向来知道蜀地的余财。这年冬天，孟知祥被封为侍中，唐明宗让太仆卿赵季良赍赐给他诏书，并顺便任命赵季良为三川制置使，督促蜀军将犒劳军队的余款送到京师，并让赵季良主管两川的赋税。孟知祥大怒，不肯执行诏命。但他和赵季良有故交，于是留下了赵季良。

枢密使安重诲怀疑孟知祥心怀异志，因此想要制伏他。当初，孟知祥出镇蜀地时，唐庄宗任命宦官焦彦宾为监军，明宗即位后，将宦官全部杀死，并罢免了各道的监军。焦彦宾罢任后，安重诲又任命李严为监军。李严曾经出使蜀地，回朝后，就向朝廷献上征讨蜀地的计策，因此蜀人都痛恨他。孟知祥也发怒说："焦彦宾已经被罢免，而各道兵马都废除了监军一职，只有我军还保留着，这是李严想要借蜀地再次邀功。"掌书记母昭裔及众多的将领们都请求阻止李严，不接纳他，孟知祥说："等他来后，我自有办法。"李严到达蜀地的边境后，派人送信给孟知祥，孟知祥率领众多的士兵前来相见，希望李严因恐惧而不入境，孰料李严却从容自如。天成二年（927）正月，李严来到成都，孟知祥摆设酒宴，召见李严。此时，焦彦宾虽然已被罢免，却仍然留在蜀地，李严从怀中拿出诏书，要孟知祥杀掉焦彦宾，孟知祥不听命，却责备李严说："如今各道兵马都已废除了监军，你为什么来到此地？"并暗

🔶 **都省铜坊铜镜·五代**

"都省"是尚书省的别称，"铜坊"应指尚书省控制的官营手工业作坊，可知此镜是五代十国时期南唐官府铸造的铜镜。

中向部将王彦铢使眼色，王彦铢将李严抓起来，立刻就斩首了。唐明宗知道后，却无法问罪。

起初，孟知祥镇守蜀地时，派人到太原迎接他的家属，走到凤翔时，凤翔节度使听说孟知祥杀掉了李严，以为孟知祥已反叛，于是扣留了他的家属。明宗既无力问罪，就想用恩信安抚他，于是派遣了李仁矩慰劳孟知祥，并将琼华公主和儿子孟昶送到孟知祥身边。

孟知祥趁势奏请朝廷，任命赵季良为节度副使，事无大小，都和他一起裁决。天成三年，朝廷调任赵季良为果州团练使，任命何瓒为节度副使。孟知祥得到诏书后，秘密藏起来，上奏请求留下赵季良，明宗不允许。于是孟知祥派部将雷廷鲁到京师请求，明宗不得已，只好同意了。而此时，何瓒已到达绵谷，心中害怕，不敢继续向前，孟知祥于是奏请任命何瓒为行军司马。

同年，唐军讨伐荆南，下令孟知祥率兵出三峡，孟知祥派遣毛重威率领三千士兵戍守夔州。不久荆南高季兴死了，他的儿子高从诲请求归降，孟知祥请求撤军，朝廷不允许。孟知祥唆使毛重威鼓动军队闹事，溃散而还，后唐下诏书，要将毛重威治罪，孟知祥上疏请求免罪。从此，后唐的大臣更加断定孟知祥必定会谋反。

天成四年（929），明宗将在南郊祭天，派遣李仁矩责令孟知祥捐助一百万缗作为礼钱。孟知祥察觉到朝廷想要削弱自己，借故不肯出钱。很久后，才请求献出五十万缗。起初，魏王李继岌归朝时，留下五千精兵戍守蜀地。后来，安重诲疑心孟知祥谋反，便任用自己的亲信镇守两川所辖管的各州，每次任命守将，就派精兵做牙队，人数从五百到两三千不等。同年，朝廷任命李仁矩为保宁军节度使，武虔裕为绵州刺史。李仁矩和东川的董璋不和，而武虔裕是安重诲的表兄，因此董璋和孟知祥很恐惧，认为朝廷要讨伐他俩。董璋镇守东川后，本来和孟知祥毫无往来，这时，董璋派人向孟知祥求婚，以图交结。孟知祥心中痛恨董璋，原本不想答应，后来征询赵季良，赵季良认为应该和董璋合作抗拒朝廷，孟知祥这才答应了。于是联名上奏朝廷，请求罢免朝廷派遣的节度使、刺史等人。明宗下诏好言劝慰他们。

【举兵反叛】

长兴元年（930）二月，明宗在南郊祭天，加封孟知祥为中书令。起初，孟知祥和董璋都心怀异志，而安重诲听信小人之言，认为董璋尽忠为国，只有孟知祥存有二心，于是安重诲想依靠董璋来除掉孟知祥。同年九月，董璋先反叛，攻克了阆州，擒获李仁矩并将他杀死。消息传到孟知祥耳中时，正值应圣节，他正在设宴，于是他向东北面数次下拜，伏在地上，泣下沾襟，士兵也为之欷歔不已。次日，孟知祥就举兵反叛了。

这年秋天，唐明宗改封琼华公主为福庆长公主，派秘书监刘岳担任册使，起草藩国册封的礼仪。刘岳到达凤翔，听说孟知祥反叛，只好返回。唐明宗下诏削夺孟知祥的官爵，并任命天雄军节度使石敬瑭担任都招讨使，前去讨伐。孟知祥派遣李仁罕等率领三万士兵会同董璋攻打遂州，另外派侯弘实率领四千人协助董璋据守东川，又派张武沿三邪方向攻取渝州。后唐的军队杀死董璋的守兵三千人，进入剑门。董璋前来告急，孟知祥大惊失色，于是派遣赵廷隐分出一万兵力，向东进发。不久，孟知祥听说后唐军在剑州驻留，高兴地说："如果唐军奔向东川，那么遂州就解围了，我军的气势受损，两川就会随之岌岌可危。现在唐军止步不前，我们就胜券在握了。"十二月，石敬瑭和赵廷隐在剑门交战，唐军大败。这时，张武也已经攻取渝州，他死后，他的副将袁彦超代替他率领大军又攻克了黔州。第二年正月，李仁罕攻克遂州，孟知祥任命李仁罕为武信军留后，并派人骑乘快马，将战死的唐将夏鲁奇的首级送给石敬瑭，石敬瑭只好退兵。利州的李彦珂听说唐军战败，弃城而逃，李仁罕进攻夔州，刺史安崇阮也弃城逃跑。孟知祥任命赵廷隐为昭武军留后。

这时，唐军行军路线十分艰辛，供应军饷的道路崎岖，从潼关以西，老百姓苦于军饷运输，怨声载道，而石敬瑭已经退军，各地的守将都弃城逃命了。唐明宗忧心忡忡，并以此责

地藏十王图·五代

画中地藏菩萨左手持锡杖，右手持宝珠，坐于中央，周围一圈是在地狱中司掌冥判的十王在确定人死后的归宿。其中8个王身着传统文官服饰，右上角身着将军盔甲的是第十即五道转轮王，左下角为身着帝王服饰的第五王即阎罗王。地藏菩萨的下方绘有道明和尚和金狮子，与诸王等大，身边有一牛头狱吏牵着一男子，从旁边的镜中可窥知此人生前犯过杀生罪状。画家采用了多个场面组合起来的构图方法，排列有序而紧凑。

怪安重诲。安重诲很害怕，于是奏请调任外地，最终因谗言获罪而死。唐明宗认为孟知祥之所以造反，是因为安重诲策略错误，因此等安重诲死后，就派遣西川进奏官苏愿等人招降晓谕孟知祥，并告诉他其家属在京城一切安好。

孟知祥听说安重诲已经被杀，而且唐明宗对自己的家属十分厚待，于

写生珍禽图卷·五代·黄筌

是邀约董璋一起前往京师请罪归降，董璋说："你的家属都安然无恙，但我的子孙却被杀，我请什么罪？"孟知祥三次派使臣去见董璋，又派观察判官李昊去游说他，董璋更加怀疑孟知祥出卖了自己，大发雷霆，对李昊言语轻慢。李昊于是劝说孟知祥攻打董璋。一开始，董璋攻破汉州，孟知祥让赵廷隐率兵三万，自己亲自为统帅前去攻打董璋，在鸡距桥摆开阵势。孟知祥让来自董璋军队的降兵，穿上锦袍，带着书信前去招降董璋，董璋说："事已至此，我已经不能反悔了！"董璋的军士们抱怨说："白白地让我们在这里晒太阳，为什么不速战速决呢？"董璋随即率军作战。刚一交战，董璋的副将张守进就前来投降，孟知祥趁机大举进攻，董璋大败而逃。逃到金雁桥，董璋让他的儿子董光嗣投降，以保存性命，董光嗣哭着说："自古以来，哪有杀父求生的人？我宁愿和你一起死！"因而和董璋一起逃走。后来，董璋逃到梓州的时候被杀，董光嗣随即自缢身亡，孟知祥于是兼并了东川。但董璋死后，孟知祥始终不曾派使臣前往朝廷谢罪。

后唐的枢密使范延光说："如果不是朝廷屈身招降孟知祥，他也肯定不会归顺。"唐明宗说："孟知祥是我的老朋友，本来就是因为有人从中挑拨离间，才造成现在的局面，我安抚我的老朋友，怎么算是屈身呢？"此前，李克宁的妻子孟氏是孟知祥的妹妹。唐庄宗杀死李克宁后，孟氏回到孟知祥那里，她的

儿子李瑰留在朝廷做供奉官。唐明宗随即派李瑰探望他的母亲，并赐诏安慰招降孟知祥。而此时，孟知祥据守两川，以赵季良为武泰军留后、李仁罕武信军留后、赵廷隐保宁军留后、张业宁江军留后、李肇昭武军留后。赵季良等人请求孟知祥称王，正在商议未决的时候，李瑰到达了蜀地。孟知祥接见李瑰的时候态度傲慢，让他带回奏表，表上奏请明宗让赵季良等人为五镇节度使，其余刺史以下的职位由自己任命。又奏请唐明宗封自己为蜀王，并告知福庆公主已经去世。唐明宗随即为福庆公主发丧，派阁门使刘政恩为宣谕使，孟知祥派他的将领朱滉跟随刘政恩入朝觐见。

【建立蜀国】

　　长兴四年（933）二月，唐明宗依照孟知祥的奏表，册封他为蜀王，并拜授赵季良等五人为节度使。唐军先前有几万人在蜀国，孟知祥又奏请将他们的家属送到蜀国，唐明宗没有应允。十一月，唐明宗驾崩。第二年正月孟知祥称帝，改国号为蜀，任命赵季良为司空、同中书门下平章事，中门使王处回为枢密使，李昊为翰林学士。

　　三月，后唐潞王在凤翔起兵，唐愍帝派王思同等人讨伐他，王思同兵败，山南西道节度使张虔钊等人都献出他们的领地，归顺后蜀。孟知祥随即改元明德。六月，孟知祥在成都犒赏张虔钊等人时，感到手软不能举杯，

就此发病，于是册立他的儿子孟昶为皇太子，代理国事，不久，孟知祥去世，谥号为文武圣德英烈明孝皇帝，庙号高祖。

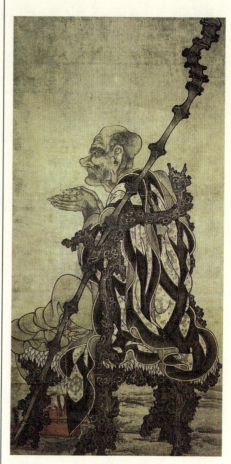

❀ 十六罗汉图·五代·贯休

贯休书比怀素，画比阎立本，所绘罗汉真容，悉是梵相，粗眉大眼，丰颊高鼻，形骨古怪。

楚世家

周行逢是五代时割据一方的楚政权的创建者。他出身卑微,年轻时和王进逵在静江军中效力,后来得到王进逵的提拔,被任命为潭州刺史。潘叔嗣杀死王进逵后,迎立他为主。他随后杀死了潘叔嗣。周行逢为政十分严苛,杀人毫不手软,幸亏夫人严氏生性慈爱,苦苦劝谏,他才略为宽松。他死后,儿子周保权继承了他的职位。衡州刺史张文表不服,发动叛乱,周保权于是归降了宋太祖。

【割据一方】

周行逢,武陵人氏。他出身卑微,年轻时和王进逵都在静江军队效力,被马希萼任命为军校。王进逵进攻边镐时,周行逢却带兵攻克了益阳,杀死李璟的士兵两千多人,捉拿了李璟的部将李建期。后来,王进逵被任命为武安军节度使,他提拔周行逢担任集州刺史,并兼任自己的行军司马。王进逵和刘言不和,于是周行逢为他出谋划策,杀死了刘言。然后王进逵占据武陵,周行逢据守潭州。

显德元年(954),周行逢被封为武清军节度使,并代理潭州军府事。潘叔嗣杀死了王进逵,有人劝他进入武陵,潘叔嗣却说:"我杀死了王进逵,只是为了保命,并不是想要占据武陵。"于是返回到岳州,派遣他的部将李简率领武陵人到潭州迎接周行逢。周行逢来到武陵后,有人劝说他将潭州交给潘叔嗣,周行逢说:"潘叔嗣杀死了主帅,这是死罪,只是因为他迎立我,我才不忍心杀他。如果将武安交给他,就是我唆使他杀死了王公啊。"于是他任命潘叔嗣为行军司马。潘叔嗣大怒,推托有病不肯前来赴任,周行逢发怒说:"他又想杀我!"于是假意将武安交给他,召他前来接受任命,借机将他杀掉了。

【夫人切谏】

周行逢本来是武陵的农家子弟,小时候非常贫贱,没有德行,喜欢夸夸其谈。等到他据守武陵时,生活节俭自励,他性情果敢,杀人毫不手软,部下有些将吏依恃战功,行为傲慢无礼,他毫不犹豫地将他们绳之以法。这激起了将领们的怨恨和不满,其中有十多个人图谋兵变,周行逢察觉到此事后,不动声色。他宴请所有将士,让大家开怀畅饮,酒至半酣时,忽然喝令埋伏好的勇士将那些图谋反叛的

玉堂富贵图轴·五代·徐熙

徐熙是五代南唐画家，善画江湖间汀花、野竹、水鸟、鱼虫、蔬果。

人全部擒拿，并立刻杀死，于是境内从此都畏服于他的权威，不敢再图谋不轨。他持法极为严苛，老百姓犯了过失，无论大小，都被处以死罪。他的夫人严氏生性慈爱，劝阻他说："这些人有好有坏，是不一样的，怎么能将他们一概处死呢？"周行逢发怒说："这是公事，你一个妇道人家，知道什么？"严氏不高兴，骗他说："我们田庄的佃户，因为你富贵了，就不肯勤力耕作，却仗势欺压百姓，我想去看看。"严氏到田庄后就建造房子，

准备在那里养老。周行逢想要强迫她回去，让妻妾们把她拉上车，严氏却丝毫没有留下来的念头，说："你执法太严苛，失去了民心，所以我不想留在这里，一旦遇到灾祸，在田野间反而容易逃生。"周行逢于是执法稍微宽松了一点。

【兵变归降】

建隆三年（962），周行逢生病了，他将将吏召集到身边，将他的儿子周保权托付给他们，说："我出身农民，最开始做团兵，当时一起的十个人，都被诛杀了，只有衡州刺史张文表还活着，但他因为没当上行军司马而快快不乐。我死后，他一定会反叛，你们要让杨师璠前去征讨。如果不能讨伐，就守城不战，归附朝廷。"

周行逢死后，他的儿子周保权继承了他的职位。张文表听说后，大怒道："周行逢和我都出身微贱，后来一起立下功名，我怎么能臣服于一个小孩呢？"于是起兵叛乱，攻下了潭州。周保权向朝廷求援，同时派遣杨师璠征讨张文表，并流着泪将先父的话告诉他，杨师璠也哭了，回头对他的军士们说："你们看见了吧，他这么年幼就如此贤明。"士兵们都十分振奋，都愿意为他拼死效命。杨师璠来到平津亭，张文表出来应战，被杨师璠打败了。宋太祖派遣慕容延钊率兵讨伐张文表，援军还没到达，张文表已经被杨师璠擒获。慕容延钊的军队进入朗州，周保权全家到京师朝见太祖。

吴越世家

钱氏家族是五代十国时吴越政权的统治者,钱镠是其创建者。他出身卑微,以贩卖私盐为生,经常饮酒赌博,相士看见他后,大为惊奇,预言他将来必得富贵。他跟随董昌击败了黄巢的叛军,被任命为都指挥使,又在董昌和刘汉宏的战争中,帮助董昌打败了刘汉宏,并将其斩首。后来董昌谋反,他奉命讨伐他,因讨伐有功被昭宗封为越王。梁太祖称帝后,他又被封为吴王,唐庄宗时被封为吴越王。他死后,吴越国又历经了钱元瓘、钱佐、钱俶等三位国主。周世宗南征时,钱俶协助周世宗,讨伐南唐。宋朝建立后,宋太祖将钱俶全家移居到京师。吴越国从此灭亡。

【术士奇之】

钱镠,字具美,杭州临安人氏。临安的里巷中有棵大树,钱镠小时候和玩伴在树下游戏时,就坐在大石头上,指挥玩伴们,他的号令严明有法,玩伴都很敬畏他。等到成年后,他不喜欢农事生产,于是贩卖私盐,做了盗贼。县录事钟起有几个儿子,经常和钱镠一起饮酒赌博,钟起禁止他们,而他们仍然暗中和钱镠交游。豫章有个擅长方术的人,望见钱塘一带有王者之气,于是游历钱塘。他占卜王气在临安,又来到临安,以看相为名,混杂在街市中,暗中访求即将称王之人。钟起与这个术士私交不错,术士私下对钟起说:"你的县中藏有贵人,我在街市上没有找到此人。你虽然有富贵相,但还是不足以称王。"钟起于是为他摆设酒宴,召集全县的豪杰

前来聚会,暗中让术士察看,都不是称王之人。后来,术士拜访钟起家,适逢钱镠前来,见到钟起后,转身就走,术士望见他的身影,大惊失色,说:"这才是那个贵人啊!"钟起笑道:"这是我的邻居钱生而已。"术士找来钱镠,仔细打量他,然后回头对钟起说:"你的富贵要借此人之力。"并勉励钱镠说:"你的骨相非同寻常,希望你能自爱。"于是术士向钟起告辞说:"我访求这个人,并非是有所贪欲,只是想验证我的方术是否高明。"此后,钟起就听凭自己的儿子和钱镠交游,并常常周济他。

【屡出奇兵】

钱镠擅长射箭和舞动长矛,略通图书典籍。唐乾符二年(875),浙西偏将王郢叛乱,石鉴镇将董昌

招募乡兵讨伐叛兵，上表奏请让钱镠担任偏将，一举攻破王郢。当时，黄巢已有几千人，攻掠浙东，到达临安，钱镠说："现在守兵少而叛兵多，难以抗衡，应当出奇兵拦截叛兵。"于是和精兵二十人埋伏在山谷中，用预先埋伏好的弓箭射杀黄巢的先锋骑兵，黄巢的军队大乱，钱镠率领精兵冲进黄巢的军队，肆意冲撞践踏，杀死几百人。钱镠说："这个方法只能用一次，对付不了叛军的大部队！"于是率兵赶到一个叫八百里的地方，告诉路边的老妇人说："若有人问起，你就说：'临安兵屯驻八百里了。'"不久，黄巢的大军来到，听了老妇人的话，不明白"八百里"是个地名，说："先前十多个士兵我们都对付不了，何况八百里长营呢！"于是急忙率兵走了。都统高骈听说黄巢不敢侵犯临安，召董昌和钱镠都到广陵。但高骈并没有讨伐叛军的打算，董昌等不受重用，告辞回去，高骈表奏董昌为杭州刺史。这时，天下已乱，董昌于是召集各县的兵士组成八都，任命钱镠为都指挥使。

中和二年（882），越州观察使刘汉宏和董昌不和，刘汉宏派他的弟弟刘汉宥等屯兵于西陵。钱镠率领八都兵渡过长江，窃取军中号令，偷袭刘汉宥的营寨，军营被焚毁，士兵们惊慌失措，刘汉宥等都逃走。刘汉宏又派遣将领黄珪、何肃屯驻在暨山、萧山，都被钱镠攻破。钱镠遇到了刘汉宏，双方交战，刘汉宏大败，换掉衣服，手持菜刀而逃，追兵追上了他，刘汉宏说："我是屠夫。"并将菜刀举起给追兵们看，才得以逃脱。

中和四年，唐僖宗派遣中使焦居璠为杭、越通和使，诏令董昌和刘汉宏休兵，双方都不接受诏命。刘汉宏派遣他的将领朱褒等人率领水军屯驻在望海。钱镠出兵平水，成及则率领奇兵趁夜在曹娥埭攻破朱褒的军队，进驻屯丰山，施坚实等人都投降，于是攻破越州。刘汉宏逃到台州，台州刺史将刘汉宏擒拿，送给钱镠，钱镠将他在会稽斩首灭族。钱镠于是奏请董昌取代刘汉宏，自己则留在杭州。

光启三年（887），钱镠被任命为左卫大将军、杭州刺史，董昌担任越州观察使。同年，毕师铎囚禁高骈，淮南大乱，六合镇的将领徐约攻取了苏州。润州牙将刘浩驱逐了他的主帅周宝，周宝逃到常州，刘浩推举薛朗为主帅。钱镠派遣部将成及、杜棱等人攻打常州，将周宝捉拿，钱镠在郊外迎接，将周宝安置在樟亭住下，周宝后来病死了。杜棱等人进攻润州，赶走了刘浩，将薛朗抓获，挖出他的心祭奠周宝。然后派他的弟弟攻打徐约，徐约逃到海上，被追杀掉。

昭宗拜授钱镠为杭州防御使。这时，杨行密和孙儒争夺淮南，和钱镠在苏州和常州等地交战。后来，杨行密杀掉孙儒，占据了淮南和润州等地，而钱镠也攻克了苏州和常州。唐朝任命钱镠为武胜军都团练使，成及为都团练副使。钱镠于是擢拔杜棱等人为将校，招募沈崧等人充当幕僚。

【讨伐董昌】

景福二年（893），钱镠被任命为镇海军节度使、润州刺史。乾宁元年（894），他被加封为同中书门下平章事。次年，越州董昌反叛。董昌向来很愚驽，不善做决断，每当有民间争端，就让争讼人投掷骰子来判定胜负。巫师韩媪等人于是蛊惑他谋反，进献鸟兽作为吉祥之兆。牙将倪德儒也怂恿他。于是董昌自称皇帝，国号罗平，改年号叫顺天。副使黄竭竭力劝阻董昌，董昌大怒，将他斩首，将他的首级扔进厕所，大骂说："你放着三公不做，却自找死路！"董昌写信告诉了钱镠，钱镠于是向朝廷上告董昌谋反。

唐昭宗封钱镠为彭城郡王和浙江东道招讨使，前去讨伐董昌。钱镠说："董昌对我有恩，我不能立刻讨伐他。"于是派出三万兵士，屯驻在迎恩门，派遣幕僚沈滂前去劝说董昌改过自新。董昌奉送二百万钱犒劳军队，并捉拿巫师送到军营，请求服罪，钱镠于是撤军。撤军后，董昌再次反叛，派人向杨行密求援，杨行密派遣安仁义前来救援董昌。钱镠派顾全武攻打董昌，杀死崔温。董昌的将领都不懂用兵，全部被顾全武打败。只有董昌的侄子董真，骁勇善战，顾全武不能攻克。后来，董真和他的偏将刺羽不和，刺羽进谗言，让董昌杀了董真，于是董昌大败。顾全武将董昌押送杭州，走到西小江时，董昌对身边人说："我和钱公都出身乡间，我曾经当过大将，现在有何面目见他呢？"于是投水而死。

【受封为王】

唐昭宗让宰相王溥镇守越州，王溥却推荐钱镠，于是拜授钱镠为镇海、镇东军节度使、加检校太尉、中书令，并赐予铁券，赦免九次死罪。钱镠到达越州领受诰命，然后回到钱塘治事，称越州为"东府"。

天复二年（902），钱镠被封为越王。趁着钱镠巡视衣锦城的时候，武勇右都指挥使徐绾与左都指挥使许再思等人叛乱，到处放火抢掠攻陷外城，又攻打内城，钱镠的儿子钱传瑛等人关上城门拒敌。钱镠巡视归来，到达北郭门不能进入内城。成及与徐绾交战，杀掉数百人。钱镠换装后翻墙而入，派马绰等人分兵把守各处城门，让顾全武守备东府，顾全武说："东府不足为虑，倒是淮南值得担忧，徐绾危急时，必然会召淮南军队来。杨公是大丈夫，一定会同情我们。"钱镠深以为然。顾全武说："我独自前往，一定不能成功，请挑选一位公子和我同去。"钱镠说："我曾经想让钱元璙和杨氏联姻。"于是派他跟随顾全武前往广陵。徐绾果然向田頵求救。顾全武等人到了广陵，杨行密将女儿嫁给钱元璙，并立刻召回田頵。田頵将钱镠的儿子钱元瓘作为人质，带了回去。

天祐元年（904），钱镠被封为

吴越王钱镠像

吴王。梁太祖即位后，封钱镠为吴越王，兼任淮南节度使。有人劝钱镠拒绝梁朝的任命，钱镠笑着说："我难道不能做孙仲谋吗？"于是接受了任命。梁太祖曾经问吴越的进奏官："钱镠平生有什么喜好？"进奏官回答说："他喜好玉带和名马。"太祖笑着说："他是真英雄啊。"于是赐给他玉带和御马等物。开平二年（908），钱镠被加封为守中书令，将临安县改名为安国县。杨渥的部将周本、陈章围困苏州，钱镠派他的弟弟钱锯、钱镖前去救援。敌军修建水栅包围州城，用铜铃系在网上沉入水中，防止有人潜水而入。有一个水兵叫司马福，足智多谋，水性也好，先用长竹竿碰网，敌军听到铃声后将网挑起检视，司马福趁机通过，潜入城中偷得他们的军号，然后内外夹攻，敌军以为天降神兵，大败而逃，敌军将领闾丘直、何明等人被活捉。

开平四年(910)，钱镠游览衣锦军，作《还乡歌》："三节还乡兮挂锦衣，

父老远来相追随。牛斗无孛人无欺，吴越一王驷马归。"

乾化元年（911），钱镠被加封为守尚书令，兼任淮南、宣润等道四面行营都统。皇上在衣锦军中为钱镠修建生祠。钱镠的弟弟钱镖镇守湖州，擅自杀死守将潘长，畏罪潜逃到淮南。乾化二年，梁郢王朱友珪即位，册封钱镠为尚父。梁末帝贞明三年，加封钱镠为天下兵马都元帅。

唐庄宗进入洛阳，钱镠派使者进贡，请求天子专用的玉册。群臣都反对，郭崇韬尤其如此，但庄宗还是应允了他的请求，赐予玉册金印。钱镠于是自称为吴越国王，并封授百官，又派遣使者册封新罗、渤海等海中诸国的国王。

唐明宗即位后，安重诲专权，钱镠写信给安重诲，言词轻慢，安重诲大怒。这时，供奉官乌昭遇、韩玫出使吴越归来，韩玫诬告乌昭遇对钱镠称臣，安重诲于是免去钱镠王爵、元帅、尚父等职务。安重诲死后，唐明宗恢复了钱镠的官爵。长兴三年（932），钱镠去世，享年八十一岁，谥号叫武肃。儿子钱元瓘即位。

【钱元瓘】

钱元瓘字明宝，年轻时被田頵扣

为人质。后来田頵背叛吴国，杨行密联合越兵讨伐他，田頵每次战败归来，都想杀掉钱元瓘泄愤，田頵的母亲却总是袒护他。后来田頵准备出战，对身边人说："今天如果再战败，我一定要杀了他。"当天田頵战死，钱元瓘得以回到钱镠身边。

钱镠卧病不起，召集将领们说："我的儿子们都愚笨懦弱，不足以担当大事，我死后，你们挑选继承人吧。"将领们流着泪说："钱元瓘跟随您出征，功劳最大，应该立他为王。"钱镠将钥匙悉数交给钱元瓘说："将领们都同意你了。"钱镠死后，钱元瓘登位，袭封为吴越国王，玉册、金印，都依照钱镠时的旧例。

后来，王延政在建州自立为王，闽中大乱，钱元瓘派遣将领仰诠、薛万忠等人征讨他，一年多后大败而归。钱元瓘也善于安抚将士，喜好儒学。但他性格奢侈僭越，喜好大建宫室。天福六年（941），杭州大火，他的宫室几乎被烧光，钱元瓘所到之处，火就跟随着他。钱元瓘十分害怕，精神失常。当年去世，终年五十五岁，谥号为文穆。他的儿子钱佐继位。

【钱佐】

钱佐字祐，继位时年仅十三岁，众将都欺他年幼，钱佐起初还容忍他们，将领们逐渐为非作歹，于是钱佐罢黜了大将章德安等人，将内都监杜昭达、统军使阚璠等人斩首，从此国人都很畏惧他。

地藏菩萨像·五代

地藏菩萨像的雕绘在唐代比较普遍，常见的有菩萨形和沙门形，这类戴巾帽的地藏菩萨像出现得比较晚。

卓俨明、朱文进、李仁达等人相互攻杀，连年争战不断。李仁达依附于李璟，后来又背叛李璟，李璟派兵讨伐他，李仁达向钱佐求救。钱佐召集众将商议，众将都不想援救，钱佐激动地说："我身为元帅，却不能发兵吗？我一直养着你们这些将领，难道你们不肯为我出战吗？有异议者斩！"于是他派遣统军使张筠、赵承泰等人率领三万士兵，从水陆两路进攻。张筠等人大败李璟的军队，俘获上万人，然后攻克了福州，胜利而归，从此众将都畏服钱佐。开运四年

（947），钱佐去世，年仅二十岁，谥号为忠献。他的弟弟钱俶继位。

【钱俶亡国】

钱俶字文德。钱佐死后，弟弟钱俶继位。起初，钱元瓘在宣州当人质时，胡进思、戴恽等人随侍左右，钱元瓘继位后，任命胡进思等人为大将。钱佐年少，很尊敬礼遇胡进思，等钱俶继位后，却对他态度轻慢，胡进思心怀不平。钱俶在碧波亭阅兵，正在行赏时，胡进思进言说赏赐太丰厚，钱俶恼怒地将笔扔到水中，说："我将财物分赏给军士们，又不是私吞了，有什么过错呢？"胡进思十分恐惧。年底，画师进献《钟馗击鬼图》，钱在图上题诗，胡进思读过诗后猛然醒悟到，钱俶将要杀死自己。当晚，他率领卫兵废掉钱俶，将他囚禁在义和院，迎立钱俶为君。钱俶历经汉、周两朝，始终袭封吴越国王。

周世宗征讨淮南，诏令钱俶攻打常、宣二州以牵制李璟，钱俶召集国中兵马，整装待命。李璟听说周军将大举进攻，于是派遣使者前去安抚。苏州侯吏陈满不知道是李璟的使者，以为朝廷已攻克诸州，急忙告诉钱俶，请求派兵响应周军。钱俶的宰相吴程急忙调兵遣将，而宰相元德昭却认为周师没有渡过淮河，与吴程在钱俶面前争论，却无济于事。吴程等人进攻常州，果然被李璟的部将柴克宏打败，吴程仅仅单身逃命。周军渡过淮河，钱俶于是征召国内的壮丁补充军队，又派遣邵可迁等人率领战船四百艘、水军一万七千人在通州与周军会合。

吴越从唐末建国以来，江淮等地一直被杨行密和李昇占领。吴越缴纳贡赋，或者朝廷派遣使者，都要取道登、莱等海道，每年都有使者淹死。显德四年，周世宗派遣左谏议大夫尹日就、吏部郎中崔颂等人出使吴越，周世宗晓谕他们说："我决意要平定江北，等你们回来的时候就可以走陆路了。"五年，周军平定淮地，尹日就等人果然从陆路返回。周世宗派遣使者赐给钱俶兵甲旗帜和骆驼羊马。

钱家割据两浙几百年，和其他国家相比，那里的人性情怯弱，风俗喜好骄奢淫逸，自钱镠以来，就征收重赋。等到周世宗平定淮南后，宋朝建立，荆楚等国陆续归顺，钱俶日渐孤立，便倾尽国家财物进献供奉。宋太祖时，钱俶前来朝见，太祖赐予厚礼，钱俶很高兴，就进献更多的奇珍异宝，不可胜数。太平兴国三年（978），诏令钱俶前来京师朝见，于是钱俶全家到了京师，吴越国亡。

论赞

唉，考察钱氏王朝的兴亡，并没有功德恩泽惠及一方，期间却一直横征暴敛，残酷地役使老百姓，亡国是理所当然的啊！

白话精编二十四史

第七卷

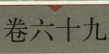

南平世家

高季兴出身卑微，后来受到梁太祖的器重，为梁太祖出谋划策，攻克多地，因功被任命为荆南节度使。梁国灭亡后，高季兴被封为南平王。唐兵讨伐蜀地时，高季兴请求攻打夔、忠等州，庄宗任命他为招讨使，但他却不出兵。魏王破蜀以后，他要求唐明宗将夔、忠等州划作他的属郡，却拒不接纳朝廷派遣的刺史。唐明宗派兵攻打他，他投降吴国，并被册封为秦王。

高季兴字贻孙，陕州硖石人。他原名叫高季昌，因为要回避后唐献祖的庙讳，就改名为高季兴。高季兴年少的时候，家境非常贫寒。当时连年战乱，适逢饥馑，父母无法养活他，就将他送到汴州富人李让家里做家僮。梁太祖担任宣武节度使时，李让靠进献财物得到梁太祖的宠幸，被太祖收为养子，改名朱友让。高季兴因此也得以觐见梁太祖。梁太祖察觉到他的才能后，非常惊叹，对他倍加爱惜，并让朱友让将他当做儿子抚养。高季兴于是改姓朱，并被任命为制胜军使，后来升任毅勇指挥使。

▶【名出凤翔】

天复二年（902），梁兵攻打凤翔，李茂贞坚守不出，梁太祖和将领们商议，想要撤军返回河中，唯独高季兴反对。他说："天下豪杰注视着这件事已经一年多了，现在岐州军士已经疲惫不堪，攻破他们只是早晚之间的事，我知道大王担忧他们坚守不出会拖垮我们的军队，我们可以引诱敌军出来。"梁太祖觉得他的话充满豪壮之气，于是命令高季兴招募骁勇之士，前去诱敌。高季兴找到骑兵将士马景后，向他做了番交代，然后带着他拜见梁太祖。马景说："这次行动我必然有去无回，希望皇上以后顾怜我的后代。"梁太祖听后，心中恻然。马景于是率领几个骑兵来到敌军城下，梁军的大军隐秘地跟随在后面，不让敌人察觉到。马景让骑兵敲打城门，哄骗敌军说："梁兵准备向东边撤退，先锋部队已经出发了。"岐州军队信以为真，也没有细加考察，就打开城门追击梁军。这时，跟在马景后面的梁军忽然冲进了城中，奋力拼杀，杀死了九千多名敌人，马景也战死。高季兴因此也声名远扬。第二年，他被任命为宋州刺史。梁太祖攻打青州时，他随军出征，攻破青州后，他被改任为颍州防御使，并恢复了原先的姓氏。

唐代末年，襄州节度使赵匡凝在荆南打败了雷彦恭，任命他的弟弟赵匡明为留后。后来梁兵攻克了襄州，赵匡凝逃奔到吴地，赵匡明则逃奔到蜀地。梁太祖于是任命高季兴为荆南的节度观察留后。开平元年（907），高季兴被封为荆南节度使。次年，他被加封为同中书门下平章事。当时，天下战乱已久，各地方割据势力互相争夺土地，荆南所辖的十个州县，在唐代末年被各方侵占，高季兴赴任时，他的辖境仅仅剩下江陵一个城，而且凋敝不堪。高季兴于是招抚民众，鼓励他们回到家园，从事农耕，同时，他礼遇并重用有才之人，任命倪可福、鲍唐等人为将帅，加强军备和城防，又任命梁震等人为宾客，为他出谋划策。几年之后，江陵重新变得欣欣向荣，民众也都安居乐业。

太祖驾崩后，即位的梁末帝生性多疑，对藩镇大臣都心怀猜疑。同时，朝政受到奸臣的控制，赏罚不明，君臣逐渐离心离德。高季兴眼见梁末帝失德，梁国

🌀 秋山晚翠图轴·五代·关仝

的国势也日渐衰落，于是心生不臣之意，图谋巩固自己的势力，割据一方。他大肆操练士兵，并修治城池，设置瞭望楼。等到兵力强盛后，他就率兵攻打归、峡二州，然而蜀地的守将王宗寿深有谋略，将高季兴击败。高季兴于是转而出兵攻打襄州，却声称是救梁攻晋。结果他再次败北，被孔勍击败。

两次失败后，高季兴从此也就多年不再向朝廷进贡。梁末帝当时势力逐渐衰微，于是只好纵容他，并封他为渤海王，赐予龙袍王冠和配剑。贞明三年（917），高季兴才重新向梁国进贡。

【朝见唐廷】

梁国灭亡以后，唐庄宗进入洛阳，下诏抚慰高季兴。当时，庄宗因为刚刚胜利，兵锋势不可当，司空熏等人都劝高季兴到京师朝拜，向后唐表示顺服之心。梁震却独持异议，说："梁唐世代都是仇敌，在黄河两岸血战将近二十年，现在皇上才刚消灭梁朝，而你是梁朝旧臣，手握强兵身居重镇，你若亲自入朝，一定会沦为俘虏。"高季兴不听从他的意见，由三百骑兵护卫着前往洛阳。唐庄宗果然想扣留他，郭崇韬进谏说："唐刚刚得到天下，应该以信义昭示天下人。现在四方的诸侯纳贡，也都只派手下的将领前来，而高季兴亲自来朝见皇上，皇上应该优待他，以鼓励后来人效仿他。若将他扣留，天下人会觉得我们心胸狭窄，四面八方本来想要归顺我们的人也会就此止步。"唐庄宗于是作罢，赐予高季兴厚礼让他回去了。唐庄宗曾经问高季兴说："我已经灭掉梁朝，接下来想征讨吴、蜀两地，应该先攻打谁呢？"高季兴说："应该先攻打蜀地，请让我率领本道军队打先锋。"唐庄宗很高兴，用手拍他的背，高季兴于是命令绣工将唐庄宗的手印绣在衣服上，回去以后把这当成荣耀。高季兴

走后，唐庄宗后悔放了他，秘密诏令襄州刘训算计他。高季兴到达襄州后，心神不宁，于是趁夜夺路而逃。而密诏第二天才送达。高季兴回去后对梁震说："我没听你的话，差点不能活命。我前去朝见是过失，皇上将我放还也是过失。皇上常常夸耀说他曾经亲手抄录《春秋》，又说'我于手指上得天下'。他如此骄矜，又沉迷于游乐狩猎，不理政事，我可以不必担忧了。"同光三年（925），高季兴被封为南平王。魏王李继岌攻破蜀地后，缴获金帛四十多万，从峡州而下，而唐庄宗在京城变乱中被杀。高季兴听说后，将蜀中缴获的财物全部拦截，并杀掉使者韩珙等十多人。

【弃唐投吴】

当初，唐兵讨伐蜀地，高季兴请求率领本道军队攻取夔、忠等州，庄宗于是任命高季兴为峡路东南面招讨使，但高季兴却不曾出兵。魏王破蜀以后，唐明宗即位，高季兴请求唐明宗将夔、忠等州划作他的属郡，大臣们都反对。高季兴多次奏请，唐庄宗迫不得已只好答应，但对于朝廷派遣的刺史，高季兴却拒不接纳。唐明宗于是任命襄州刘训为招讨使，攻打高季兴，没有攻克。后来将领西方邺攻克了夔州等三地，高季兴于是献出荆、归、峡三州向吴国称臣，吴国册封高季兴为秦王。

天成三年（928）冬天，高季兴去世，终年七十一岁，谥号为武信。

东汉世家

白话精编二十四史

第七卷

刘 旻本是贪酒好赌之徒，在他的胞兄（即后汉高祖刘知远）即位后得以显贵。后来，枢密使郭威（即周世宗）控制了朝政。郭威称帝，刘旻也在太原称帝，建立北汉。北汉向辽国乞援，与辽国约为父子之国，并与后周战争不断，但胜少败多。郭威去世之际，北汉南攻后周，却被后周世宗打败，刘旻仅率百余骑，穿着农人的衣服，狼狈逃走。经此一役，北汉元气大伤，无力南下，而刘旻亦忧愤成疾，不久去世。

▶【结怨太祖】

刘旻是后汉高祖的胞弟，原名叫刘崇，他年少时不务正业，贪酒好赌，曾经被脸上刺字后发配军营。汉高祖登上帝位后，任命他为太原尹、北京留守、同中书门下平章事。汉隐帝时，多次升官，最后当到中书令。

汉隐帝登位时还很年幼，大臣主政。当时，周太祖担任枢密使，刚刚平息三镇叛乱，立下汗马功劳。刘旻因为和他向来不和，为此深感不安，于是对判官郑珙说："皇上年幼弱小，大臣当政，而我和郭公不和，不知道日后会怎么样呢。"郑珙说："后汉的朝政快要乱了！晋阳的军队雄霸天下，而且地势险固，依靠十个州的赋税，也不用担心军饷供应。您是皇室的人，应该趁早谋划对策。"刘旻说："你说中了我的心思。"于是，不再上交赋税，同时广招天下豪杰之士，还让成年百姓入伍当兵。三年后，周太祖在魏州起兵，汉隐帝被杀，刘旻于是谋划起兵。

周太祖从魏州进入京师，反叛之心众人皆知，但因为后汉大臣还没有接受他，因此不敢马上登上皇位，于是他禀告后汉太后，请求拥立刘旻的儿子刘赟，并派宰相冯道迎到徐州迎接刘赟。人们都知道这只是周太祖的权宜之计，只有刘旻很高兴，说："我的儿子当了皇帝，还怕什么呢？"于是他立刻休兵，派使臣前往京师。周太祖出身低贱，脖子上刺有飞雀，世人因此都叫他"郭雀儿"。周太祖见了刘旻的使者，陈说了拥立刘赟的意愿，又指着自己的脖子，对使臣说："自古以来，哪有脖子上刺纹身的皇帝？希望刘公不要怀疑我。"刘旻信以为真，十分高兴。太原少尹李骧对刘旻说："姓郭的起兵造反，是想当皇帝，绝对不会再拥立刘家的人。"接着劝刘旻率兵控制孟津，静候时机，等到

●世家●

刘赟登位后再休兵不迟。刘旻大骂道："李骧这个迂腐的家伙，想离间我们父子的关系！"下令左右的人将他推出去杀了。李骧临刑前，感叹说："我替愚蠢的人出谋划策，难怪会被杀掉！不过我的妻子病重，一个人活不了，请把她也杀了吧。"刘旻于是将他的妻子也一起杀了，还把这事上报朝廷，以表明自己没有异心。不久，周太祖果然篡位，将刘赟降级改封为湘阴公。刘旻派牙将李鄩送信给周太祖，请求他让刘赟返回太原，而此时刘赟已经死了。刘旻恸哭，为李骧修建祠庙，逢年过节都去供奉他。

【建立北汉】

广顺元年（951）正月，刘旻在太原登上皇位，任命判官郑珙、赵华为宰相，并派遣通事舍人李鄩出使契丹。契丹永康王兀欲和刘旻结为父子之国，刘旻于是派宰相郑珙送信给兀欲，自称侄皇帝。兀欲也册封刘旻为大汉神武皇帝，册立刘旻的妻子为皇后。兀欲性情豪爽，每逢汉的使臣到来，就酒肉伺候，郑珙本来就生了病，醉酒而死。然而兀欲听说刘旻自立为皇帝，对中原地区战乱多事庆幸不已，于是派人带着他钟爱的黄骝马等奇珍异宝回访。

不久，兀欲被述轧杀害，述律即位。刘旻派人出使契丹，请求述律发兵进攻周国。述律派萧禹厥领兵五万援助刘旻。刘旻从阴地进攻晋州，被王峻打败。这一年天气十分寒冷，刘旻的军队饥寒交迫，死伤过半。第二年，刘旻又率兵攻打府州，又被打败。

周太祖驾崩，刘旻听说了十分高兴，又请求契丹派兵支持。契丹于是派杨衮率领铁骑兵一万人，各部落士兵五六万人援助刘旻。刘旻以张元徽为先锋，亲自率领三万骑兵攻打潞州。潞州李筠派穆令钧率领三千兵士在太平驿迎战，张元徽大败穆令钧，将潞州包围。

【兵败忧死】

这时候，周世宗刚刚即位，他认为要煞灭刘旻的锐气，自己应该亲自出征。宰相冯道等人都说不行，但周世宗主意已定，十分坚决。于是，显德元年（954）三月，周世宗亲自率兵在高平和刘旻的军队大战，他兵分三路，由李重进等统领左路军，樊爱能等统领右路军，向训、史彦超居于中军，张永德则率领禁兵保护周世宗。刘旻的军队也分成三路，张元徽在东军，杨衮在西军，刘旻居中。杨衮远远望见周国的军队，告诉刘旻说："敌人兵力强劲，我军不能轻举妄动。"刘旻生气地说："机不可失，不要乱说！"杨衮气愤地离开了。刘旻下令东军打头阵，王得中劝阻他说："南风很猛，对北军不利，应该等风平息了再出兵。"刘旻大怒说："你这穷酸的老书生，不要乱我军心。"随即命令张元徽攻打周世宗的右军，两军刚一交战，周军将领逃跑，骑兵随即乱作一团，几千步兵都放下武器投靠了张元徽，刘旻的士兵高呼万岁，声振山谷。周世宗十分惊骇，于是亲自督战，将士们受到激励拼命战斗。这时，南风刮得愈加猛烈，刘旻亲自挥动红旗，下令收兵，而周军乘胜追击势不可当，刘旻的军队被冲击得七零八落。日暮时分，刘旻聚集了残兵败将大约一万人，依靠山涧就地休息。

周军的后军随后赶到，乘胜追击，刘旻再次大败，器甲和车辆等都被周军缴获。刘旻独自骑着契丹馈赠的黄骝马，从雕窠岭的山间小道逃走，夜里却在山谷中迷了路，结果走错了路奔向平阳，后来又从其他的路绕了回来。张元徽已经战死。杨衮对刘旻十分愤怒，在西边按兵不动，因此得以全军返回。刘旻回营后，将他的坐骑黄骝马封为"自在将军"，以金银装饰马厩，用三品马料饲养。

周世宗在潞州整顿军队，大宴将士，斩杀败将七十多人，军威大振。接着，周军进攻太原，派符彦卿等人在北边控制忻口，截断契丹的援兵。太原城方圆四十里，周军在距离城墙三百步远的地方，形成包围圈，但直到两个月后仍然攻城不下，而符彦卿等人被契丹打败，史彦超也战死，周世宗急忙班师回朝。

当初，周军围城的时候，刘旻派王得中送杨衮回契丹，并趁机再次向契丹请求援兵，契丹派出几万骑兵援助刘旻，让王得中先回来。王得中到了代州，代州将领桑珪杀掉防御使郑处谦，献城投降周世宗，并将王得中送到周国。周世宗召见王得中，问他契丹派遣了多少援兵，王得中说他只是送杨衮回去，没有请求援兵，周世宗相信了他。不久，契丹的援兵在忻口打败符彦卿，王得中于是被杀。

刘旻自从在高平战败，不久就被围困，他因此忧郁成疾，在第二年十一月去世，终年六十岁。

菩萨头像·五代

此菩萨头像虽为残片，仍可见其华丽丰盛的冠饰，脸型已从晚唐的肥胖逐渐向北宋的清俊、娟秀发展。

白话精编二十四史

· 第七卷

新唐书 · 新五代史

【特邀编审】

阎守诚

【特邀校对】

李向荣　文慧校对

【文图编辑】

樊文龙

【文字撰写】

陈博

【装帧设计】

罗雷

【美术编辑】

刘晓东

【图片提供】

王露　Fotoe.com